本书为重庆市教委科学技术研究项目"敏捷治理模式下人工智能应用分类监管与政策匹配研究"（KJQN202400304）、重庆市教育委员会人文社会科学重点研究基地项目"大学生心理健康科普短视频信息获取效用的影响机制研究——基于成渝地区双城经济圈高校联盟的数据"（24SKJD021）结项成果。

政务服务"跨省通办"
满意度形成机理研究

朱永涵 著

Study on the Formation Mechanism of
User Satisfaction on
"Inter-Provincial Government Services"

中国社会科学出版社

图书在版编目（CIP）数据

政务服务"跨省通办"满意度形成机理研究 / 朱永涵著. -- 北京：中国社会科学出版社，2025.3.
ISBN 978-7-5227-4684-5

Ⅰ. D630.1

中国国家版本馆 CIP 数据核字第 20259V3Q98 号

出版人	赵剑英
责任编辑	周 佳
责任校对	胡新芳
责任印制	李寡寡

出 版	中国社会科学出版社
社 址	北京鼓楼西大街甲 158 号
邮 编	100720
网 址	http://www.csspw.cn
发 行 部	010-84083685
门 市 部	010-84029450
经 销	新华书店及其他书店
印 刷	北京明恒达印务有限公司
装 订	廊坊市广阳区广增装订厂
版 次	2025 年 3 月第 1 版
印 次	2025 年 3 月第 1 次印刷
开 本	710×1000 1/16
印 张	16
插 页	2
字 数	251 千字
定 价	89.00 元

凡购买中国社会科学出版社图书，如有质量问题请与本社营销中心联系调换
电话：010-84083683
版权所有　侵权必究

目 录

第一章　导论 ……………………………………………………（1）
　第一节　研究背景与问题提出 ……………………………………（1）
　第二节　研究意义 …………………………………………………（7）
　第三节　研究设计 …………………………………………………（9）
　第四节　研究创新点 ………………………………………………（13）

第二章　相关概念与文献综述 …………………………………（17）
　第一节　基本概念 …………………………………………………（17）
　第二节　相关理论 …………………………………………………（23）
　第三节　文献综述 …………………………………………………（37）
　第四节　本章小结 …………………………………………………（55）

第三章　政务服务"跨省通办"满意度形成机理的扎根分析 ……（56）
　第一节　扎根分析方法选择缘由与流程设计 ……………………（56）
　第二节　扎根分析资料收集 ………………………………………（60）
　第三节　扎根分析资料编码 ………………………………………（63）
　第四节　扎根分析研究结果 ………………………………………（84）
　第五节　基于扎根分析的新发现 …………………………………（88）
　第六节　本章小结 …………………………………………………（90）

第四章　研究假设与研究模型 …………………………………（91）
　第一节　研究假设 …………………………………………………（91）

第二节　研究假设总结与研究模型确立 …………………… （107）
　　第三节　研究模型内在逻辑描述 ……………………………… （109）
　　第四节　本章小结 ……………………………………………… （113）

第五章　量表开发与收集 ……………………………………… （115）
　　第一节　量表设计 ……………………………………………… （115）
　　第二节　初始量表形成 ………………………………………… （117）
　　第三节　预调研与量表修正 …………………………………… （138）
　　第四节　数据收集 ……………………………………………… （146）
　　第五节　本章小结 ……………………………………………… （150）

第六章　政务服务"跨省通办"满意度形成机理的实证分析 …… （152）
　　第一节　实证分析方法与工具 ………………………………… （152）
　　第二节　数据分析 ……………………………………………… （153）
　　第三节　假设检验 ……………………………………………… （162）
　　第四节　结果讨论 ……………………………………………… （181）
　　第五节　本章小结 ……………………………………………… （188）

第七章　政务服务"跨省通办"满意度形成的组态效应分析 …… （190）
　　第一节　基于模糊集的定性比较分析 ………………………… （190）
　　第二节　数据收集与校准 ……………………………………… （193）
　　第三节　分析与结果 …………………………………………… （195）
　　第四节　结果讨论 ……………………………………………… （203）
　　第五节　本章小结 ……………………………………………… （206）

第八章　研究结论与展望 ……………………………………… （207）
　　第一节　主要研究结论 ………………………………………… （207）
　　第二节　政策建议 ……………………………………………… （210）
　　第三节　研究局限与展望 ……………………………………… （215）

参考文献 …………………………………………… (217)

附　录 ……………………………………………… (246)

后　记 ……………………………………………… (251)

第一章

导　论

第一节　研究背景与问题提出

一　研究背景

（一）国家治理体系和治理能力现代化背景下政民关系转型的内在要求

信息时代公共价值的重构打破了传统政务工作范式，推动政府角色由"管理者"向"服务者"深刻转变，"政府重塑运动"就此依托"信息高速公路"席卷全球（马欣，2016）。信息革命与政务改革的紧密结合催生了电子政务、数字政府等新兴治理形态（孟天广，2021；冯朝睿、徐宏宇，2021），它们以"公众为中心"为核心原则，通过电子信息技术手段为公众与企业提供便捷、优质、透明的行政服务（黄璜，2020），同时推进业务协同和公众参与（Milakovich，2012），有效改善了"政府为中心"的传统政务格局，成为数字浪潮下政府响应公共价值与公众需求，迈向服务型政府的重要依托（马亮，2021）。

传统行政工作处于关系型社会的框架之下，非正式关系往往取代正式规则在行政工作中扮演重要角色（Bian，2019），公众与企业在找政府部门办事时，往往倾向于"熟人社会"的路径依赖，而非诉诸正式制度和书面程序（Tsai，Xu，2018），导致明文的规则和现实的操作相去甚远。正式规则的架空使公民不去信任抽象化的契约精神，而是转投大量资源维系与行政人员的社会关系，以此润滑办事渠道，滋生出权力腐败等诸多问题（Peng，2003）。所以中国进行的行政改革，主要围绕强化正式规则地位，使法治逐步取代人治而展开（马亮，2022）。电子政务等全新模式的出现从工具革新的角度促成了"不见面审批""政务信息全公开"等改革的落实,实现了政务服务的非人格化、契约化与规范化(马亮,2020)。由此,传统"熟人社会"的行政逻辑被撼动,公众与企业的行政负担有效减少,政府在政民互动中逐步从主导者向服务者转变(马亮,2019)。因此,统筹发展电子政务,推进数字政府建设,逐渐成为中国实现国家治理体系和治理能力现代化的内在要求与必要支撑(李季,2020)。

党的十八大以来,数字政府建设受到高度重视,电子政务服务快速发展。党的十九届四中全会提出"推进数字政府建设",党的十九届五中全会进一步提出"加强数字政府建设",国务院印发《关于加快推进"互联网+政务服务"工作的指导意见》《关于加快推进全国一体化在线政务服务平台建设的指导意见》等一系列政策文件。党的二十大报告强调将信息化融入公共服务的重要性。紧密围绕党的领导,各级政府积极推动政府数字化建设,不断加强电子政务服务工作,取得了较为显著的成果(李季,2020)。《第49次中国互联网络发展状况统计报告》显示,截至2021年12月,中国已建成政府网站14566个,涵盖31个省(区、市)和新疆生产建设兵团;互联网政务服务用户规模达到9.21亿,占整体网民的89.2%;全国一体化政务服务线上平台实名用户超过10亿人,总使用量达到368.2亿人次。2020年,国务院办公厅印发《关于加快推进政务服务"跨省通办"的指导意见》,旨在依托全国一体化政务服务线上平台,积极推进政务服务跨省"同标准""无差别"办理。2022年6月,国务院颁布《关于加强数字政府建设的指导意见》,将构建全时在线、渠道多元、全国通办的政务服务体系作为重要工作内容。2022年10月,《国务院办公厅关于扩大政务服务"跨省通办"范围进一步提升服务效能的意见》颁布,意在扩大"跨省通办"事项范围,提升"跨省通办"服务效能,加强"跨省通办"服务支撑。中国约有2亿跨省流动人口,他们的工作生活时常受到跨区域行政壁垒的制约。"跨省通办"服务不仅有利于解决广大群众办事"多地跑""往返跑"等问题,便捷服务流程,还能使办事的脱域性加强,帮助公众与企业实现对地域性关系网络的突围,成为助力政府角色向服务型政府转变的重要支撑和保障。

(二) 政务服务"跨省通办"与国家区域发展规划良好衔接

区域协同发展一直受到国家高度重视，党的二十大报告专门强调了区域协同发展的重要性。政务服务"跨省通办"的服务性质决定了其将在区域协同发展中扮演重要角色，而国家区域发展规划的实施也为政务服务"跨省通办"提供了良好的政策基础与发展环境。2007年《东北地区振兴规划》颁布，强调引导东北地区区域分工与合作，加强跨区域协调发展；2015年《京津冀协同发展规划纲要》颁布，确定了京津冀地区"功能互补、区域联动、轴向聚集、节点支撑"的布局思路；2019年《长江三角洲区域一体化发展规划纲要》颁布，明确了长三角区域内"城市群同城化水平进一步提高，各城市群之间高效联动"的发展目标；2019年《粤港澳大湾区发展规划纲要》颁布，强调"探索协调协同发展新模式，深化珠三角九市与港澳全面务实合作，促进人员、物资、资金、信息便捷有序流动"；2021年《成渝地区双城经济圈建设规划纲要》颁布，要求成渝两地"唱好'双城记'，共建经济圈，合力打造区域协作的高水平样板，在推进新时代西部大开发中发挥支撑作用"。

区域的协同发展离不开人力、资金等生产要素的相互流通，而人口的流动势必引起异地落户、学历认证、社保迁移等一系列异地办事需求，跨越省际行政壁垒从而使这些政务服务能够高效办结，已经成为实现区域协同发展的刚需，而这种刚需为政务服务"跨省通办"提供了重要的发展空间（郝海波，2022）。从2020年起，中国在推行全国"跨省通办"的基础上，根据国家重大区域发展规划率先开通了"京津冀一网通办服务专区""长三角区域政务服务一体化专区""泛珠区域专区""川渝通办专区""东北三省一区通办专区"等"跨省通办"专区，旨在鼓励这些区域对"跨省通办"进行更为深入的先行探索。一方面，这些区域内密集的合作与流动为各自的"跨省通办"专区带来大量刚需用户；另一方面，这些区域"跨省通办"专区的设立也能帮助打通区域内更多服务事项的行政壁垒，简化政务流程，为异地办事的公众与企业带来实实在在的便利。以"川渝通办专区"为例，第七次全国人口普查结果显示，四川省与重庆市总人口约为1.16亿人，其中四川省约为8367.49万人，重庆市约为3205.42万人。在成渝地区双城经济圈建设的大背景下，两地庞大的人口基数为"川渝通办专区"带来了众多刚需用户，仅开通一年时间，"川渝通办专区"累计办件量就超过 589 万件，覆盖 1.28 万个市场主体，惠及 574 万名专业技术人员。随着国家重大区域发展规划的进一步推进，未来政务服务"跨省通办"将会持续深入发展，并扮演着越来越重要的角色。

（三）新冠疫情侧面推动政务服务"跨省通办"拓展应用

新冠疫情暴发三年来，疫情的持续导致世界不稳定性加剧。2020 年 4 月，中央财经委员会第七次会议强调了要构建以国内大循环为主体、国内国际双循环相互促进的新发展格局。2022 年 3 月，中共中央、国务院颁布《关于加快建设全国统一大市场的意见》，强调"立足内需，畅通循环"。党的二十大报告再次强调，要加快构建以国内大循环为主体、国内国际双循环相互促进的新发展格局。因此从宏观层面上讲，未来国内各地区之间生产要素的流通会更加频繁。另外，从 2020 年年初到 2022 年年末，新冠疫情反复，迫使人民至上的中国政府不得不采用强有力的管控措施。在长达近三年的时间里，省际人员流动时常因为疫情而受到限制。虽然这些管控措施在疫情中属于不得已而为之，但是客观上管控也在物理层面为异地工作、求学、生活的人回户籍地办理政务事项产生阻碍。疫情影响之下，一方面构建国内大循环要求国内跨区域之间生产要素的流通更为频繁，然而另一方面疫情管控又常常对人员流动进行限制，因此需要全新的工具去解决这前后的矛盾。而政务服务"跨省通办"依靠其线上办理的特性打破了物理空间的限制，成为非常时期帮助异地群众办理跨省业务的有效手段。即使在疫情管制的情形下，人们仍然可以采用"跨省通办"通道办理社保迁移、资格认证、学位认定等业务。在疫情的影响下，越来越多在异地工作与生活的人选择使用政务服务"跨省通办"，这在侧面加速了政务服务"跨省通办"的拓展应用。随着疫情管控的全面放开，虽然人们可以较为自由地在省际进行流通，但是政务服务"跨省通办"仍然成为人们异地办理政务事项的重要选择。

（四）现阶段人民群众对"跨省通办"满意度水平较低、满意度评价差异较大

数字技术与政府治理的融合推动了数字公民的身份建构，而数字公民满意度的形成具有深刻的复杂性。这种复杂性源于从传统行政转向数字治理过程中的诸多矛盾，包括数字技术的冰冷理性与公民主体价值的

冲突；技术吸纳与算法伦理的冲突；数字素养与公民能力的冲突等（顾爱华、孙莹，2021）。这些冲突使公民对政府治理的水平有着更高的期待和要求（Zhu et al.，2023）。

就电子政务服务而言，电子政务服务满意度是衡量服务供给质量的重要依据（张育英等，2016）。国家治理体系和治理能力现代化的一个重要目标是建设人民满意的服务型政府，而群众对电子政务服务的满意度评价将直接影响这个目标的达成，因此十分重要。《2020联合国电子政务调查报告》显示，中国电子政务服务发展指数为0.7948，位列全球第45位。虽然较2018年上升了20位，但是与发达国家相比还存在差距，服务满意度水平仍然较低，还需进一步提升（李季，2020）。

政务服务"跨省通办"是新兴的电子政务模式，从长远的角度看，"跨省通办"的推广利国利民，因此理想的情况是人民群众都对"跨省通办"感到满意，然而现实却不然。由于"跨省通办"刚推出不久，还处于发展的初期，不同地区的人民群众对于"跨省通办"执行的满意度评价存在较大且较明显的差异。并且现阶段"跨省通办"仍存在诸多缺陷，使得人民群众的满意度还处在较低水平，有着较大提升空间。而随着"跨省通办"使用人群的不断扩大和服务需求的日益增长，如果不及时厘清人们对于"跨省通办"满意度的形成机理，那么就无法有针对性地优化"跨省通办"服务，使"跨省通办"发展与人民需求之间的矛盾越来越大。

推行一项利国利民的政策或项目（例如"跨省通办"）固然很好，但是从公共政策实施的可持续性上看，如果在政策实施初期不探究清楚公众对其满意度的形成机理，就可能导致公众对该政策后续实施的满意度较低，甚至导致该政策的后续发展偏离公众的满意度需求。

因此，面对广大人民群众对现阶段"跨省通办"满意度水平较低、满意度评价差异较大的问题，需要及时识别出到底是哪些因素影响着人们对"跨省通办"满意度的形成以及厘清其中的形成机理。这样才能够有的放矢地改善"跨省通办"服务，使人民群众感到满意，保障"跨省通办"实施的可持续性。

二 问题提出

通过上述背景分析可知，政务服务"跨省通办"是推进"放管服"改革的重要内容，也是数字政府时代建立人民满意的服务型政府、实现国家治理体系和治理能力现代化的重要实践。随着省际协同合作不断加强，越来越多的公众和企业开始使用政务服务"跨省通办"。然而现阶段政务服务"跨省通办"还存在诸多缺陷，人们对"跨省通办"执行的满意度评价有着较为显著的差异，并且整体满意度水平较低。不同于普通电子政务服务，"跨省通办"具有跨区域、跨层级等全新特征，因此人们对"跨省通办"服务满意度的形成可能会涉及新的影响要素和作用路径。所以，识别出人们对"跨省通办"服务满意度的影响因素是哪些，以及弄清楚满意度形成的内在作用机理是什么，对于优化"跨省通办"服务水平、提高"跨省通办"实施的可持续性与有效性具有重要意义。

目前，学界鲜有研究对影响政务服务"跨省通办"满意度形成的因素以及机理进行实证分析。一方面是公众和企业对于政务服务"跨省通办"日益增长的服务需求，另一方面却是巨大的研究空白，理论研究和现实实践的脱节不利于政务服务"跨省通办"的下一步发展，不利于建设人民满意的服务型政府。基于此，本书将根据正在如火如荼推进的成渝地区双城经济圈建设，围绕"川渝通办专区"这个"跨省通办"服务的前沿专区，对影响政务服务"跨省通办"满意度形成的因素和机理进行探讨。研究主要针对以下三个方面问题展开。

问题一：人民群众对政务服务"跨省通办"满意度的评价可能涉及哪些方面的内容？每个可能涉及的方面包含了哪些具体维度？由于"跨省通办"投入使用不久，属于新兴电子政务服务范畴，因此现阶段人们对"跨省通办"的认知与理解可能存在较大差异，对"跨省通办"的满意度到底涉及哪些方面的评价，没有形成较为统一的标准。这就需要探究当前人民群众对"跨省通办"满意度的评价可能涉及的内容，为明晰满意度的形成机理做好铺垫。

问题二：哪些要素显著影响了对政务服务"跨省通办"满意度的形成？而其中揭示出"跨省通办"的哪些新特质？在了解到"跨省通办"满意度的评价可能涉及的内容之后，需要将这些内容概念化为潜在的影响因素，然后通过实证研究明确其中能够对"跨省通办"满意度产生显著影响的要素，并从中分析这些具有显著影响的要素展现了"跨省通办"服务的哪些新特点，进而丰富电子政务服务领域的研究发现。

问题三：政务服务"跨省通办"满意度的形成机理是什么？从形成机理中能够揭示出哪些新变化、新特征？人民群众对"跨省通办"满意度的形成是一个涉及多方主体、多个影响要素的复杂过程。要想更好地提升"跨省通办"的满意度水平，就需要明确"跨省通办"满意度的形成机理，即各个影响要素通过怎样的相互作用关系促成了满意度的形成，以及各个影响要素通过怎样的组合联动促成了满意度的产生。通过对"跨省通办"满意度形成机理的解析，需要进一步提取出其中蕴含的中国数字政府实践中的新变化、新特征，拓展与丰富电子政务服务领域的研究成果。

第二节 研究意义

一 理论意义

本书的理论意义主要体现在以下方面。

第一，本书根据已有研究，通过对政务服务"跨省通办"使用人群的半结构化访谈获取访谈资料，使用扎根分析解析访谈资料，并进行编码工作，从而提炼出对政务服务"跨省通办"满意度的评价可能涉及的方面，并进一步解析出每个方面包含了哪些维度。在了解政务服务"跨省通办"满意度的评价可能涉及哪些方面，以及每个方面包含了哪些维度的基础上，开发出相应的量表，为政务服务"跨省通办"满意度的实证研究提供测量工具，也为学者对不同实证研究的结果进行比较提供更多机会。

第二，由于政务服务"跨省通办"兴起不久，目前学界还鲜有研究从微观的个体视角出发对影响政务服务"跨省通办"满意度形成的要素进行探索，因此该研究领域亟待填补。随着政府数字化转型的不断深入，政务服务"跨省通办"将成为践行整体性治理理念的重要场域，在数字治理中扮演重要角色，对政务服务"跨省通办"满意度影响因素的探究能够有效弥补现阶段的研究空白。同时，由于"跨省通办"属于电子政务服务的一个类型，因此通过对"跨省通办"满意度影响因素的探究，本书能够挖掘出更多展现"跨省通办"特点的、前人文献所不具备的新要素和新路径，从而拓展与丰富电子政务服务领域的研究成果。

第三，本书建构起解释政务服务"跨省通办"满意度形成机理的研究模型，该模型在既有经典理论模型基础上，融入了新要素、新路径。这些新要素与新路径展现了"跨省通办"服务的新特点，也揭示出中国数字政府建设过程中的新变化。因此，本书的模型能够丰富电子政务服务领域的理论模型框架，为后续相关研究提供理论借鉴。

第四，采用定性与定量相结合的方法进行研究，相较于传统单一的研究方法而言有所突破。在质性研究方面主要采用扎根分析，通过深入访谈、分析编码等步骤，从使用者的角度出发提炼出对满意度的评价可能涉及的方面，以及解析出每个方面所包含的维度。在此基础上构建研究模型，并通过定量研究方法开展实证研究，找到显著影响满意度形成的因素，并剖析出内在形成机理。目前学界对于电子政务服务满意度影响因素及形成机理的研究大多遵循定量研究的方法，因此本书对混合方法的运用能够进一步拓展和丰富针对该领域的研究方法，为相关研究提供借鉴。

二 现实意义

本书的现实意义主要体现在以下方面。

第一，有助于找准优化政务服务"跨省通办"的切入点，从而更快更好地提升人民群众满意度，推动建设人民满意的服务型政府。本书通过对政务服务"跨省通办"满意度影响因素的研究，找到能够显著影响满意度形成的因素，从而为政府相关部门出台政策措施以优化当前政务服务提供有效参考，使政务服务"跨省通办"的发展更契合人民群众的实际需求，让人民群众对提供的服务感到更加满意，践行"以人民为中心"的核心价值取向。

第二，有助于挖掘与理解政务服务"跨省通办"使用人群的心理需求，提升政务服务供给绩效，增加"跨省通办"实施的可持续性。针对当前"跨省通办"满意度水平需要提高的现实问题，本书通过阐述各影响因素和满意度之间的相互作用，帮助政府相关部门在实践过程中更好地理解"跨省通办"使用人群满意度的产生机理，从而更好地对政务服务"跨省通办"进行规划设计，增加人民群众的满意度，推动"跨省通办"可持续性实施。

第三，有助于面向不同需求的使用群体有针对性地提供科学、高效的服务。通过识别能够最大限度地提升使用人群满意度的服务条件的组合方案，能够深化对政务服务"跨省通办"满意度形成机理的理解，这将有助于政府相关部门采取有针对性的措施，发挥各前置条件要素的协同作用，在优化政务服务"跨省通办"时采取多种方式，针对不同需求偏好的使用群体实施有针对性的、科学的、有效的服务，提升满意度水平。

第三节 研究设计

一 篇章结构

本书旨在探索显著影响政务服务"跨省通办"满意度形成的因素，以及解析其中的形成机理。本书分为八章，具体篇章结构如下。

第一章：导论。本章主要对研究背景、研究问题、研究意义、篇章结构安排、研究方法与创新点等内容进行介绍，发挥提纲挈领的作用。

第二章：相关概念与文献综述。本章的主旨在于为研究的开展提供相关理论基础，并且明确当前国内外相关研究的现状，找到存在的研究局限。具体而言，本章紧扣研究主题，对电子政务服务、成渝地区双城经济圈、政务服务"跨省通办"等相关概念进行解释与界定，并对整体政府理论、期望确认模型、信息系统成功模型等相关理论，以及国内外相关文献进行梳理与回顾，对现有研究进行评述与反思，找到存在的局限，为后续章节奠定文献基础。

第三章：政务服务"跨省通办"满意度形成机理的扎根分析。本章运用焦点小组、一对一访谈等方法对43位政务服务"跨省通办"的使用者进行半结构化访谈，采用扎根分析编码程序对收集到的经验资料进行处理，从微观个体视角出发，了解政务服务"跨省通办"满意度的内在构成，剖析对满意度的评价可能产生影响的内容，并将其概念化为要素范畴，通过梳理各要素范畴与满意度之间的典型结构关系，初步构建起政务服务"跨省通办"满意度形成机理的基本理论模型框架。

第四章：研究假设与研究模型。承接第三章扎根分析结果，本章围绕各要素与满意度之间的相互作用关系提出研究假设，深化并凝练出本书的研究模型，并且阐释研究模型的内在逻辑。

第五章：量表开发与收集。结合第三章与第四章的研究结果，遵照严格的量表开发流程和步骤，参考访谈资料内容以及已有研究中的相关量表，吸收相关领域专家的意见反馈，开发出测量政务服务"跨省通办"满意度影响要素及形成机理的初始量表。通过预调研的方式对初始量表进行检验与修正，形成正式量表，此后对正式量表进行发放、回收与筛选。

第六章：政务服务"跨省通办"满意度形成机理的实证分析。本章开展大样本实证研究，首先对收集数据进行信效度分析，以及共同方法偏差分析，此后运用结构方程模型、层次回归分析等对研究模型与研究假设进行检验，解析出"跨省通办"满意度的形成机理，并就实证分析结果进行探讨。

第七章：政务服务"跨省通办"满意度形成的组态效应分析。本章采用模糊集定性比较分析法（fsQCA）对各个前因条件变量的组合联动作用进行研究，从而识别出各影响要素能够通过什么样的相互组合促成高水平满意度的产生，拓展对于"跨省通办"满意度形成机理的理解与认识。

第八章：研究结论与展望。本章总结归纳研究结论，并根据研究结果有针对性地对政务服务"跨省通办"的优化提出政策建议，最后对本研究中存在的局限进行反思，并对未来研究进行展望。

基于上述对研究篇章结构及内容的归纳，总结出本书的结构安排如图 1.1 所示。

二 研究方法

（一）文献资料法

对文献进行综述的主要目的在于了解所选择的研究领域当前阶段的研究状况，发掘现有研究局限，并为研究的开展奠定理论基础与提供文献支撑。本研究充分利用国内外专业数据库资源开展文献搜索，包括

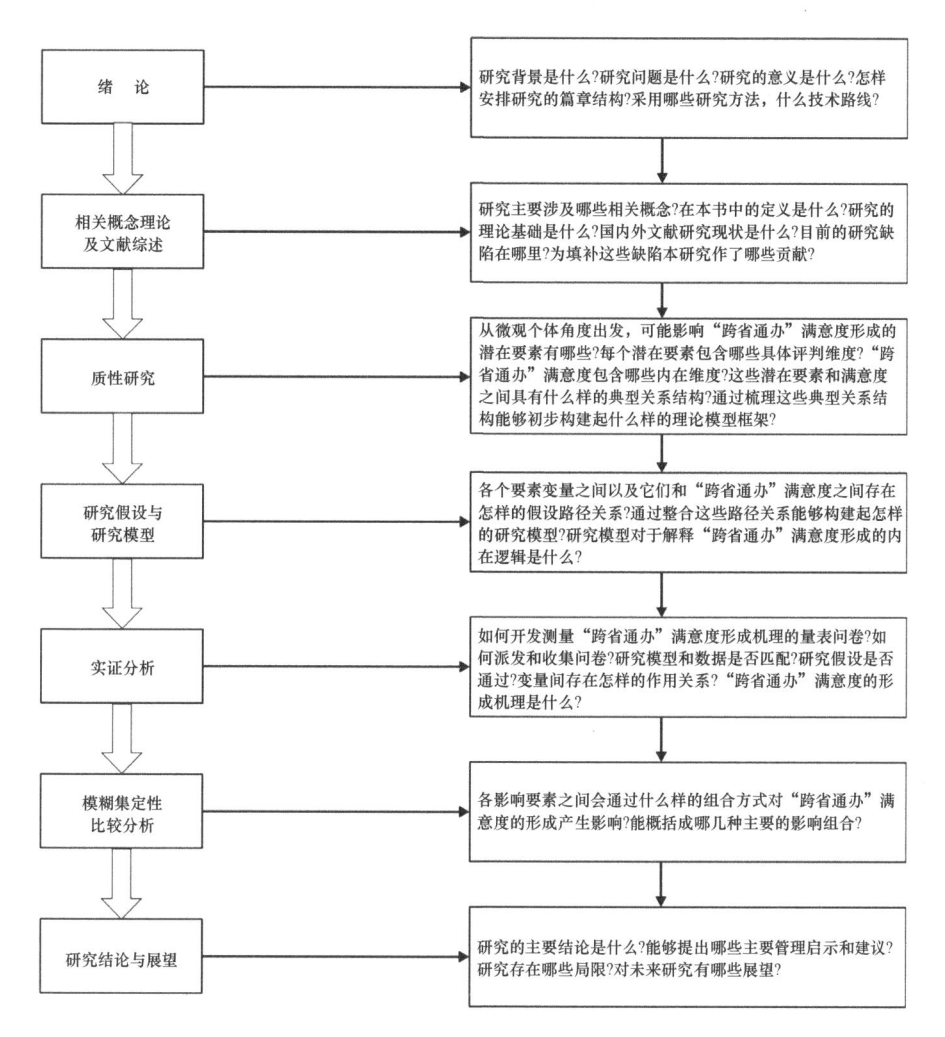

```
绪论  →  研究背景是什么?研究问题是什么?研究的意义是什么?怎样
              安排研究的篇章结构?采用哪些研究方法,什么技术路线?
   ↓
相关概念理论  →  研究主要涉及哪些相关概念?在本书中的定义是什么?研究的
及文献综述         理论基础是什么?国内外文献研究现状是什么?目前的研究缺
                  陷在哪里?为填补这些缺陷本研究作了哪些贡献?
   ↓
质性研究  →  从微观个体角度出发,可能影响"跨省通办"满意度形成的
              潜在要素有哪些?每个潜在要素包含哪些具体评判维度?"跨
              省通办"满意度包含哪些内在维度?这些潜在要素和满意度
              之间具有什么样的典型关系结构?通过梳理这些典型关系结
              构能够初步构建起什么样的理论模型框架?
   ↓
研究假设与  →  各个要素变量之间以及它们和"跨省通办"满意度之间存在
研究模型        怎样的假设路径关系?通过整合这些路径关系能够构建起怎样
                的研究模型?研究模型对于解释"跨省通办"满意度形成的内
                在逻辑是什么?
   ↓
实证分析  →  如何开发测量"跨省通办"满意度形成机理的量表问卷?如
              何派发和收集问卷?研究模型和数据是否匹配?研究假设是否
              通过?变量间存在怎样的作用关系?"跨省通办"满意度的形
              成机理是什么?
   ↓
模糊集定性  →  各影响要素之间会通过什么样的组合方式对"跨省通办"满
比较分析        意度的形成产生影响?能概括成哪几种主要的影响组合?
   ↓
研究结论与展望  →  研究的主要结论是什么?能够提出哪些主要管理启示和建议?
                    研究存在哪些局限?对未来研究有哪些展望?
```

图 1.1　本书的篇章结构

Web of Science、Scopus、CNKI 等。主要检索并获取电子政务服务满意度影响因素、政务服务"跨省通办"等相关文献资料,对相关已有研究进行梳理和归纳,系统性地把握研究现状,找到研究局限,并按照研究主题的分类对现有研究进行综述,明确研究的切入点。

(二) 质性分析法

本研究针对政务服务"跨省通办"满意度的评价可能涉及的方面设

计出半结构化访谈提纲，运用焦点小组等方法对成渝两地使用过"跨省通办"服务的人群进行访谈，以收集经验资料。遵循扎根分析方法和程序，运用NVivo 11软件工具对获取资料进行编码、概念化等操作，提炼出对政务服务"跨省通办"满意度的评价可能涉及的内容，以及其所包含的维度，识别出本研究的主范畴及核心范畴，初步构建政务服务"跨省通办"满意度形成机理的理论模型框架。

（三）问卷调查法

本研究采用问卷调查法，以成渝地区使用过"跨省通办"服务的人群为收集对象。以问卷网为发放平台，按照建立量表的规范程序创建初始量表，进行预调研，修正与纯化量表，从而形成正式量表。此后通过线上线下相结合的形式对量表进行发放，线上以问卷网为渠道，线下采用传统纸质问卷。在回收问卷后，甄别出有效问卷，并对问卷进行验证分析，增强研究结果的系统科学性。

（四）统计分析法

在获取有效问卷后，使用统计分析软件检验与分析所收集的数据，从而对研究模型和研究假设进行验证。具体而言，基于SPSS23软件对收集数据开展描述性统计分析、探索性因子分析等，并进行调节效应检验。使用Amos23软件对研究模型进行拟合度指标检验等，然后进行路径分析和中介效应检验，验证研究假设。

（五）模糊集定性比较分析法

基于统计分析结果，使用模糊集定性比较分析法对影响政务服务"跨省通办"满意度各要素的组态效应进行分析，厘清各要素存在的联动效应，以此对各影响要素相互之间的作用机理进行补充解释，更为深入地理解政务服务"跨省通办"满意度的形成机理。

三 研究对象

本书的研究对象为"跨省通办"满意度的形成机理。由于当前全国各省份都在推进"跨省通办"，因此本书选择其中具有代表性的"川渝通办"平台开展研究，以"川渝通办"为载体研究"跨省通办"满意度的形成机理。

"川渝通办"服务的线上载体是全国一体化政务服务平台的"川渝通

办专区",该专区是全国首批开通的"跨省通办"服务专区,其直接连接四川省的"天府通办"电子政务平台与重庆市的"渝快办"电子政务平台。四川省的用户可以通过点击"天府通办"平台中的"川渝通办"选项进入四川省的业务办理页面,而重庆市用户同样可以点击"渝快办"平台中的"川渝通办"选项进入重庆市的办理页面。进入办理页面之后,用户在已开通的服务清单中找到所需办理的业务,阅读平台给出的业务介绍,了解业务办理形式与流程,并按要求下载表格,提交所需材料等,进行业务办理。

第四节 研究创新点

本研究的创新点主要体现在如下几个方面。

第一是理论模型融入"业务规范与协同"等新变量、新路径,体现出中国实践背景下的新变化,拓展与丰富了现有理论模型。

"跨省通办"是数字政府时代整体性治理的重要实践场域,然而诸如信息系统成功模型、整合技术接受模型等现有的理论模型对于"跨省通办"满意度形成机理的解释存在不足,尤其是无法较好反映出中国实践背景下"跨省通办"所蕴含的新变化、新特征。本书所构建与检验的研究模型从自变量、中介变量、调节变量三个层面对"跨省通办"满意度形成机理进行了剖析,模型融入新的条件变量与路径关系,集中体现出"跨省通办"在跨域协同联动、服务泛在可及等方面的特点,巩固与拓展了现有理论模型框架。

首先,是对现有理论模型在自变量以及对应作用关系上的新拓展。

与信息系统成功模型、整合技术接受模型、SERVQUAL 模型等现有理论模型相比,本书中研究模型包含了两个新的要素变量:业务规范与协同、设施设备与空间环境。业务规范与协同集中体现出"跨省通办"标准化、协同性的特征。与普通电子政务服务相比,"跨省通办"的一个明显特点是强调政府内部跨区域、跨部门、跨层级的协同联动。由于中央政府拥有强大的统筹协调能力,"跨省通办"的协同联动能力更为凸显。因此,业务规范与协同成为影响公众对"跨省通办"满意度评价的重要因素。然而,电子政务服务满意度领域的众多现有理论模型,诸如信息系统成功模型、整合技术接受模型、SERVQUAL 模型等，并未包含类似要素变量，也就没有涵盖"跨省通办"服务的标准化、协同性对满意度的影响关系。所以，本研究对业务规范与协同这一要素的融入与验证能够有效弥补现有理论模型的局限。

本书提炼的另一个新要素为设施设备与空间环境，其内涵包括业务设施设备条件、办理空间环境条件、整体设施环境的泛在可及程度三个方面。以整合技术接受模型为代表的现有理论模型虽然包括设备环境这一变量，但其变量的内涵仅聚焦于业务设施设备条件，忽略了空间环境和泛在可及对满意度的影响。随着数字政府的发展，人们所关注的不只是业务设施设备，也会看重业务办理的空间环境。随着"跨省通办"在全国的推广，这些业务设施设备与空间环境在不同地区的泛在性和可及性也成为办事群众关注的一环，因为这涉及人们能否公平、均等地享受到同样的设施与环境。本书将以上新的变化和业务设施设备相结合，构建出设施设备与空间环境这一全新变量，丰富了影响要素的内涵，弥补了整合技术接受模型等现有理论模型的不足。

其次，是对现有理论模型在中介变量以及对应作用关系上的新拓展。

本书所构建的研究模型蕴含了两个中介变量：感知效用性与感知愉悦性。其中重要的发现是感知愉悦性对"跨省通办"满意度的中介作用。在传统的行政框架下，"官本位"思想作为主导，使政务工作中服务意识较淡薄。过去人们对电子政务服务满意度的评价主要从实用主义出发，只看业务是否办结，不注重服务过程中自己的情绪体验，而政务服务长期以来也被认为是"严肃而庄重的"。因此，围绕电子政务服务满意度中介效应的现有研究几乎都从服务的实用性特征、功能性特征等方面出发，缺少对感性情绪要素的探索。

随着中国向"服务型政府"不断迈进，人们的服务意识也在觉醒。随之而来的是政务服务可能跳出庄严肃穆的刻板场域，拥有更多轻松愉悦的因素，人们在形成对电子政务服务的满意度时，也许会加入更多享乐性情绪的衡量。本研究中，感知愉悦性作为中介变量有效传递了业务规范与协同、信息质量等因素对"跨省通办"满意度的影响。这种中介路径关系还没有被现有理论模型涵盖，不能很好地反映当前人们服务意识觉醒的新变化。感知愉悦性作为中介变量加入本文研究的模型中，有效弥补了现有理论模型在衡量办事群众享乐情绪方面的局限，使本书的研究模型更为全面、饱满。

最后，是对现有理论模型在调节变量以及对应作用关系上的新拓展。

本书提炼出政策感知度这一重要变量，并将其作为调节变量融入研究模型中，成功证明其能够积极调解感知效用性和感知愉悦性对"跨省通办"满意度的影响。政策感知度是公众参与政务活动的重要体现，目前中国政府越来越重视公众对政务服务相关政策的了解与支持，然而电子政务服务满意度领域的现有研究模型并未将政策感知度作为调节变量融入。本研究有效弥补了这一不足，并且证实了政策感知度对感知效用性和感知愉悦性的正向调节作用，这是以往研究所没有的发现。

第二是微观上对"跨省通办"满意度形成过程中新现象、新问题的挖掘。

目前，学界对政务服务"跨省通办"的研究较匮乏，已有的少许研究从宏观上入手对"跨省通办"的制度、技术、结构等方面进行探讨，鲜有从微观上对"跨省通办"开展的研究。宏观上的研究固然有其优势，但是微观视角下的研究往往能够挖掘出更为细致的新现象、新问题。本书从微观的个体视角出发，对"跨省通办"满意度形成机理进行探索性研究，发现了一些具有新意与价值的问题。

从影响因素上看，数字系统与隐私安全对"跨省通办"满意度的影响并不显著，这一定程度上反映出中国建设数字政府所面临的现实困境，人对"数智"时代政务服务的适应实际上是一种跨技术文化适应。从进化论角度来看，现在所经历的是从"自然选择"转换到"技术选择"的过程。就上述研究结果而言，目前很多人还没有实现与"跨省通办"服务的协调匹配，在对数字系统和隐私安全的认知层面存在模糊乃至漠视。从影响因素的组合作用来看，研究发现存在四种不同的满意度类型，分别为"服务有用驱动型满意""愉悦情绪催化型满意""综合水平衡量型满意""操作使用主导型满意"。这勾勒出"跨省通办"服务过程中使用者对服务的复杂评价心理，而这种个人层面评价的复杂性也将成为数字政府时代政务服务的重要特点。这些研究结果与问题发现为将来后续的相关研究提供了实证对话资源。

第三是定性与定量研究方法的结合拓展了研究方法的运用。

学界对电子政务服务满意度的研究多数采取单一的研究方法，很少有研究采取定性与定量相结合的方法，这也导致了研究结果存在一定的片面性。本书弥补了这一不足，将定性与定量研究相结合，相较于传统单一的研究方法而言有所突破。对扎根分析的使用能够初步构建政务服务"跨省通办"满意度形成机理的理论模型框架；对结构方程模型分析的使用能够验证对"跨省通办"满意度具有显著影响的因素，以及其中的作用机理；对模糊集定性分析的运用能够进一步拓展对"跨省通办"满意度形成机理的理解等。本书对混合方法的运用能够进一步拓展和丰富针对该领域的研究方法，为相关研究提供借鉴。

第二章

相关概念与文献综述

随着信息技术与政务服务结合的不断加深,电子政务的相关研究20年来呈现出方兴未艾之势,其中电子政务服务满意度的研究是该领域的一大主题。本章主要是为研究提供理论支撑,同时梳理已有研究脉络,明晰研究现状以及存在的主要研究局限。

第一节 基本概念

一 电子政务服务

电子政务的起源可追溯至20世纪70年代美国发动的"政府办公自动化运动"。1993年,美国国家绩效评估委员会发布《运用信息技术改造政府》,率先提出要实现政府信息化。此后,随着信息技术的快速发展,全球范围内掀起了电子政务的热潮(刘燕,2006)。1999年,以"政府上网工程"为标志,中国拉开了电子政务建设的序幕(Mensah,2018)。随着"互联网+政务服务"战略的实施,电子政务成为数字治理的重要依托,在推进国家治理体系和治理能力现代化中发挥出越来越重要的作用。近年来,国务院先后颁布《关于加快推进"互联网+政务服务"工作的指导意见》《关于在线政务服务的若干规定》《关于加强数字政府建设的指导意见》等一系列政策文件,提纲挈领地对中国电子政务发展进行统筹与规划,推动电子政务工作持续深化。

目前,对电子政务的定义主要是基于三种角度。从技术角度出发,电子政务是政府部门依托信息通信技术(information and communication technology),以数字网络为平台实现日常行政、政务服务和内部管理等功能，在政府和公众间建立有机服务系统的集合（李林，2003；Seo, Bernsen, 2016）。从管理方式转变的角度来看，电子政务是政府部门运用信息通信技术对传统职能和行政活动进行的持续优化与改造，从而达成高效、优质、低成本的政府管理与服务（Halchin, 2002；汤志伟，2003）。从公共服务和管理集成的角度来看，电子政务是依靠信息通信技术对政府部门工作的重塑，通过不同的信息技术手段优化政府职能，为公众、企业、社会组织提供全天候、高品质、负责任的政务服务（吴江，2002；Athmay et al., 2016）。

从对电子政务的定义可以发现，电子政务体现了政府部门转向服务型政府的价值追求，其核心是为公众服务，因此电子政务服务成为电子政务领域的重要概念。有学者结合三种不同视角下电子政务的定义，对电子政务服务做出界定，认为电子政务服务是政府部门运用信息通信技术提供公共服务的一种形式（王鹏、陈涛，2012）。具体而言，是以满足公共服务需求为导向，通过信息通信技术对公共服务内容进行数字集成，并通过信息通信技术实现政府机构和工作流程的优化改革，打破时间、空间及行政壁垒，向社会大众提供优质、高效、透明的公共服务。随着研究的深入与实践的发展，电子政务服务的外延也在不断扩张。也有学者认为电子政务服务应该是多内容的服务，包括交通出行、户籍迁移、社会保障、教育就业等（Zhu, Kou, 2019）；T. Nam认为电子政务服务应该是多形式的服务，比如政务信息服务与政务事务服务等（Nam, 2014）。近年来，越来越多的学者指出，广义上的电子政务服务不应该只包含服务内容与形式这一狭小的部分，而是应该囊括电子政务服务全过程中所有涉及的相关方面，比如服务系统、服务人员、设备条件、服务环境、数据安全等（Seo, Bernsen, 2016; Aboelmaged, 2018; Sachan et al., 2018; Zhang, Zhu, 2021）。

此外，从服务对象来看，电子政务主要包含政府对公众（Government to Citizen）、政府对企业（Government to Business）、政府之间（Government to Government）以及政府对政府人员（Government to Employees）四种（Montagna, 2005；李宝杨，2015）。通常情况下，公众与企业是电子政务的主要服务对象。本书所探讨的政务服务"跨省通办"属于电子政务服务的一种重要形式，并且主要针对公众与企业开展。综上所述，本书中电子政务服务主要指依靠信息通信技术，政府部门面向公众与企业提供的政务服务。这里的服务遵循广义上对电子政务服务的定义，包括了服务全过程中所有涉及服务的相关方面。

二 政务服务"跨省通办"

政务服务"跨省通办"是数字政府背景下的一种新兴电子政务服务形式，其主要依托信息网络，通过对政务事项办理模式的改革以及各地政府部门跨区域的协同合作，打破政务事项办理的属地化管理限制，为大众提供一系列可以"跨越行政区域""无差别""同标准"的政务服务。2020年国务院办公厅发布《关于加快推进政务服务"跨省通办"的指导意见》，政务服务"跨省通办"在全国范围内开始快速发展。2022年6月，《关于加强数字政府建设的指导意见》颁布，再次强调了要打造全国通办的一体化政务服务体系。同年10月，《国务院办公厅关于扩大政务服务"跨省通办"范围进一步提升服务效能的意见》颁布，对政务服务"跨省通办"的发展作出进一步指示，要求扩充办理事项数量，提升服务效率，强化服务支撑等。顶层设计的重视推动政务服务"跨省通办"如火如荼地发展。

现阶段，全国层面的"跨省通办"服务主要依靠全国一体化政务服务平台，并结合政务服务大厅的线下窗口开展办理。目前，政务服务"跨省通办"主要包含三种业务模式。第一种是"全程网办"，即政务业务事项全程在网上进行办理。"全程网办"会将指定好的政务服务事项纳入全国一体化政务服务平台，申请办理政务事项的个人或法人无须回到业务属地，只需通过在网上提交办理申请和材料，系统会自动将该业务通过网络派发到对应业务属地，由业务属地在网上进行全流程的远程办理。第二种是"异地代收代办"，指对"全程网办"没有覆盖的政务服务事项（一般是法律法规要求必须要现场办理的事项），在不改变各省份原有办事权的基础上，通过"收受分离"的形式进行办理。具体而言，申请办理政务事项的个人或法人到就近的政务服务大厅提交申请表和材料，政务服务大厅工作人员对材料进行审查，审查通过后将申请表和材料邮寄到对应业务属地完成办理，再由业务属地部门网络告知办理结果或者邮寄纸质办理结果。第三种是"多地联办"，指一些原本要去不同行政部门办理的政务事项现在只需要到一个地方进行受理申报,然后相关行政部门进行内部协同就能将政务事项办结。"多地联办"是对政务服务原有规则和流程的革新。目前,"多地联办"的申报材料直接通过全国一体化政务服务平台共享给各业务受理部门,实现申请人只到一地即可完成办理政务事项。

全国一体化政务服务平台上线了全国"跨省通办"专区,并在2020年率先开通了"京津冀一网通办服务专区""长三角区域政务服务一体化专区""泛珠区域专区""川渝通办专区""东北三省一区通办专区",其后又陆续开通了"丝路通办专区"等专区,鼓励与推动各区域内部对"跨省通办"服务的先行探索与合作。各区域通办专区在实施国家规定的高频"跨省通办"服务事项的基础上,可以根据区域内具体发展需要与群众办事需求,自主开展跨区域部门协作,拓展区域内"跨省通办"服务事项,以达到服务地区和先行探索的目的。因此,相较于国家统一规定的"跨省通办"服务事项,区域通办专区的服务事项拥有更多的数量与更丰富的内容。从这种意义上看,区域通办专区是国家政务服务"跨省通办"的前沿阵地。

整体而言,政务服务"跨省通办"属于一种新兴的电子政务服务形式。因此在本书中,政务服务"跨省通办"所囊括的服务也是广义上的电子政务服务,包含了政务服务"跨省通办"全流程中所有涉及服务的相关方面。

三 成渝地区双城经济圈

成渝地区双城经济圈是中国西部地区发展水平最高的城镇化区域(龚勤林等,2022)。长期以来,成渝两地的发展紧密相连,两地在过去十年中,城市群的发展规划经历了一系列完善和优化。2011年《成渝经济区区域规划》颁布,成渝两地的经济合作加速发展;2016年《成渝城市群发展规划》颁布,进一步加大了两地的合作与融合。2019年,四川省和重庆市的年度地区生产总值之和已经超过7.02万亿元人民币,占西部12省份地区生产总值总额的34.22%(孙昊,2021)。2020年1月,中央财经委员会第六次会议提出推动成渝地区双城经济圈建设,在西部打造高质量发展的重要增长极。至此,成渝地区双城经济圈建设被提升到国家战略高度。2021年，中共中央、国务院印发了《成渝地区双城经济圈建设规划纲要》，对成渝地区双城经济圈建设作出重大部署，要求成渝两地强化双圈互动，促进两翼协同，统筹大中小城市和小城镇发展，推动成渝地区成为全国高质量发展的重要增长极和新的动力源。《成渝地区双城经济圈建设规划纲要》为成渝两地下一阶段的合作协同指明了方向，规划的范围包括重庆市27个区（县）、四川省15个市以及开州、云阳的部分地区，总面积为18.5万平方公里，2019年常住人口和地区生产总值分别达到9600万人和6.3万亿元人民币。

成渝地区双城经济圈建设必将促进川渝两地在经济、文化、交通、教育、科研、环保等领域的深入合作，两地的人口往来与流动将大大加强。随着两地居民的往来迁移，他们对异地办理生活类、教育类、交通类等政务事项的需求将前所未有地加大，而传统的要求返回业务属地办理政务事项的服务方式会为这些异地工作、生活、求学的人群带来极大不便。因此，如果政务服务"跨省通办"能够快而好地发展，将有效减少这些群众两头跑、反复跑的次数，降低他们的办事损耗，提升生活质量与幸福感，保障区域内的要素流动，为成渝地区双城经济圈的发展提供有力支撑。在这种背景下，全国一体化政务服务平台专门开通了"川渝通办专区"，方便成渝地区双城经济圈内公众与企业异地办理政务服务事项。

四　政务服务"川渝通办"

政务服务"川渝通办"是指四川省与重庆市开展的一系列"跨省通办"服务。"川渝通办专区"是中国最先开通的"跨省通办"专区之一。由于中国幅员辽阔，发展全国范围内的"跨省通办"服务要面临东西部经济差异、地区行政壁垒、设施配备水平差异等众多现实问题，不可能立即实现全国所有地区政务服务的"同标准""无差别"办理。因此，在发展全国范围内"跨省通办"的过程中，国家更加鼓励条件相近、联系紧密的地区之间率先深化"跨省通办"的合作，在国家规定的高频服务事项基础上，根据区域内具体需求，自主增加可操作的服务事项。这一方面可以加快拓展地区之间的"跨省通办"合作，增加更多服务事项，从而便利当地群众；另一方面也可以达到对"跨省通办"先行探索、吸取经验的目的。由于这种地区与地区间的合作要领先于全国层面的"跨省通办"合作，因此国家可以在这些地区之间的先行合作中吸取发展经验，以便更好推动全国层面的"跨省通办"服务。"川渝通办"服务就是在这种背景下由四川省和重庆市先行开展的地区与地区之间的"跨省通办"服务。

"川渝通办"也主要通过"全程网办""异地代收代办""多地联办"三种形式开展。相较于全国层面的"跨省通办"服务，"川渝通办"在办理事项上更加丰富，在服务内容上更加细致。2020年10月，四川省人民政府办公厅和重庆市人民政府办公厅联合发布了第一批95项"川渝通办"服务；2021年3月，第二批115项"川渝通办"服务发布，其中包含国办确定的"跨省通办"事项65项，川渝两省自主增设的特色事项50项；2022年2月，第三批101项"川渝通办"服务发布。前三批"川渝通办"服务共计311项，涉及公安、民政、司法、交通、医疗、商贸等领域。

"川渝通办"服务的线上载体是全国一体化政务服务平台的"川渝通办专区"，该专区直接连接四川省的"天府通办"电子政务平台与重庆市的"渝快办"电子政务平台，四川省的用户可以通过点击"天府通办"平台中的"川渝通办"选项进入四川省的业务办理页面，重庆市用户同样可以点击"渝快办"平台中的"川渝通办"选项进入重庆市的办理页面。进入办理页面之后，用户在已开通的服务清单中找到所需办理的业务，阅读业务介绍，了解业务办理形式与流程，并按要求下载表格，提交所需材料等，进行业务办理。

"川渝通办"紧紧结合成渝地区双城经济圈建设，积极助力政务服务"异地受理、两地可办"，为成渝两地人民群众带来实在便利，为促进成渝地区双城经济圈内生产要素的流通作出贡献。成渝两地的融合发展使得跨省办理政务事项成为两地人民不可回避的刚性需求，在开通办理的第一年时间里，"川渝通办专区"的累计办件量就超过589万件，覆盖1.28万个市场主体，惠及574万名专业技术人员。随着成渝地区双城经济圈的深入发展，未来"川渝通办"将会覆盖更多的使用人群，服务更多的市场主体。

第二节 相关理论

一 整体政府理论

政府部门之间关系的演进历程先后经历了等级化的官僚制模式、分权与竞争的新公共管理模式以及协调与整合的整体政府模式（高轩，2013）。从20世纪50年代开始，传统官僚行政体制的弊端日益凸显，"官本位"意识突出，行政反应迟缓，政策执行低效。为应对这些问题，西方自20世纪70年代发动了新公共管理运动，其显著特点是在公共管理中引入了市场竞争机制和分散化管理模式（孙迎春，2013）。然而，传统官僚制突出的"碎片化"管理问题无法靠新公共管理解决，随着政策环境的不断复杂以及公众需求的不断多元，这一弊端逐步显现，而"碎片化"也成为一个时代的特征（徐信贵，2016）。

在政府部门中，"碎片化"管理模式的形成有其特定的历史背景。在工业化时代，为了追求理性价值和效率水平，以专业分工、科层节制为特点的官僚制成为主流管理模式。后兴起的新公共管理主导分散化管理，这种分散化管理的主张却更加强化了管理的碎片化（高斯芃，2020）。进入信息化时代，以信息通信技术为代表的现代化信息技术被政府部门广泛使用，然而"碎片化"的管理模式导致以分工为基础的各个政府部门之间壁垒重重、沟通不畅，使得组织行动僵化、流程繁琐破碎的同时"官本位"意识严重，服务能力低下，在信息时代造成"信息孤岛""信息壁垒"等众多问题。整体政府理论（Holistic Governance）正是在数字政府背景下，应对与解决管理模式"碎片化"的重要理论。从20世纪90年代中后期开始，整体政府理论受到越来越多的关注，其倡导的协同治理、网络治理等逐步发展为重要的现代管理理念（高斯芃，2020）。

对于整体政府理论的内涵，学界有着多种阐释，其中具有代表性的是英国学者希克斯。他认为整体政府代表了政府部门机构间为了保持彼此目标的连续性而应当进行充分协调与合作，同时政府部门机构间为了实现共赢的治理行动会采用相互支持配合的政策与手段。希克斯认为，整体政府的主要价值在于有效解决新公共管理未能解决的管理"碎片化"问题，整体政府能够调解公众需求综合化与政府功能分工过度之间的矛盾。希克斯指出整体政府是以结果为导向，看重政务活动的结果（叶璇，2012）。此外，C. Pollit 认为整体政府的理念内涵包括了政府各部门之间采取充分有效的合作，以更好地联合使用行政资源、为公众提供全流程非分离的服务（Pollit, 2003）。还有学者则认为，整体政府是指政府部门为解决某一问题而采取的两种途径，一种途径是跨部门合作，另一种是为解决问题而组成的联合机构（Morrison, Lane, 2005）。T. Ling 则从"内、外、上、下"四个角度分别阐释了整体政府的理念内涵，"内"代表了政府部门内部的合作，即通过构建合作机制、人文价值等途径将组织内部联合起来；"外"是指政府部门之间的合作，即通过分享执行权、共享利益分配等途径达到外部联合；"上"代表了自上而下制定目标，即通过绩效评估、责任机制、激励机制等方式实现从上到下的目标联合；"下"代表了以公众为中心，注重对公众的服务结果，让公众参与服务全过程，即通过打造"一站式服务"等方式实现联合（Ling, 2010）。翟云对上述有关整体政府的阐述进行了归纳，从理论层面总结出整体政府理论的几个重点：一是明确以人民为中心的治理导向；二是构建以数字信息技术为支撑的治理方式；三是推行以协同整合为构架的治理思路；四是实现为人民提供全流程、无缝隙公共服务的治理目标；五是强调以服务结果为重点的治理要求（翟云，2019）。整体政府理论是对官僚制与新公共管理的进一步反思与修正（王建平，2011），三者的特征对比如表2.1所示。

表2.1　　　　　　　　三种公共管理模式比较

	传统官僚制	新公共管理	整体政府
管理理念	公共部门形态	私有部门形态	公司合伙 中央地方结合
运作原则	政府功能性分工	政府功能部分整合	政府部门整合协作
核心关注	依法行政	绩效指标与作业标准	以人民为中心
成效检验	注重输入	产出控制	注重结果
权力使用	集权	单位分权	扩大授权
运作资源	大量人力	资讯科技	数字治理
组织形态	层级节制	专业管理	网络式

随着经济社会的发展，人们对高品质政务服务的诉求不断加强，然而政府管理的"碎片化"制约了公共服务的供给效能，导致人们日益增长的需求无法得到有效满足。同时，数字化浪潮的推进使数字信息技术成为当前人类社会最重要的生产力之一，政府部门的治理模式必然要积极调整以适应生产力的发展（陈丽君、童雪明，2021）。数字信息技术具有显著的开放性、实时性、网络性特征，政府部门在使用数字信息技术过程中必然需要加强横向、纵向的合作协调，也必须遵循以人民为中心的核心价值取向，重视对人民提供服务的成效结果（曾凡军等，2021）。公众需求的提高与技术生产力的进步使得政府部门亟须打破管理"碎片化"的固有模式，推动组织部门间整合协作，注重服务供给的成效结果（曾维和，2008）。这成为整体政府理论产生与发展的实践动因与技术动因。整体政府的理念内涵符合数字政府背景下政府部门的改革需要，成为当前公共管理领域最为重要的理论之一（曾渝、黄璜，2021）。

整体政府理论以人民为中心的价值取向、以协同整合为框架的治理思路、以数字技术为支撑的治理方式与政务服务"跨省通办"的特点有着极高的契合度。从价值取向上，政务服务"跨省通办"遵循以人民为中心，将"人民满意"作为服务的目标追求；从运营思路上，政务服务"跨省通办"强调跨层级、跨区域、跨部门的协同联动，以协同整合为纲领提升服务效率与质量；在技术方式上，政务服务"跨省通办"以政府数字化系统平台等数字技术为支撑，实现政府内部横向与纵向的相互连接，畅通服务办理通道。可以说，政务服务"跨省通办"是整体政府理论的重要实践。从整体性治理的视角来看，对于"跨省通办"而言，协同整合是方法，数字技术是工具，其最终目的是实现"人民满意"的服务目标。因此使用者的满意度对于"跨省通办"而言十分重要。了解政务服务"跨省通办"满意度的形成机理，以便优化治理方法与治理工具，从而提升人民的满意度，这成为一个重要的研究课题。

二 期望确认理论与期望确认模型

（一）期望确认理论

理论模型是研究人员在遵循相关性或相似性等原则条件下，为某种特定的认知目的而创造的一套系统。理论模型的运用能够将研究对象的描述抽象化，使研究问题相对客观（王汇宇，2021）。通常，理论模型由变量以及变量之间的相关关系构成（Deng et al.，2013）。随着20世纪后半叶全球市场环境的不断复杂，研究人员开始重视提供服务后的结果输出问题，而顾客满意度作为一种典型的服务结果，成为市场研究中的重要概念，如何使顾客感到满意从而留住他们成为商业营销中的重点问题（王正沛，2018）。此后，研究人员尝试使用理论模型的方式探寻"顾客满意度是如何构成？""影响顾客满意度的因素有哪些？"等一系列问题，以期更好地服务于实践活动，帮助市场提升顾客满意度。期望确认理论（Expectation-confirmation Theory）便是其中的著名理论之一（Roca et al.，2006）。

期望确认理论的贡献主要在于构建了顾客满意度的预测和解释框架。该理论认为顾客满意度的形成主要受到初始期望、性能表现以及期望确认（体验差距）的影响（Oliver，1977），具体过程如图2.1所示。根据期望确认理论，顾客在消费某项产品或服务之前，首先会形成对该项产品或服务的初始期望。初始期望具有主观性，是顾客根据自身经历以及所掌握的信息资讯等对某项产品或服务的性能表现做出的预期（Zhu et al.，2023）；其中，当顾客掌握的信息资讯有误或者不可靠时，他们将形成过高或过低的初始期望（Lankton et al.，2010）。在顾客实际接触并使用目标产品或服务之后，他们将真正了解该项产品或服务的性能水平，从而形成对其性能表现的评价（Casimir et al.，2012）。最后，顾客会将实际的性能表现和自己的初始期望进行对比，并根据这种比较的差距水平来判断期望是否获得确认（韩啸、李洁，2018）。如果实际性能表现比初始期望好，顾客会产生正向的期望不确认，即虽然实际性能表现和自身的初始期望不一致，但是性能表现带来的体验是更加积极的；反之，如果实际性能表现比初始期望差，顾客会产生负向的期望不确认，即性能表现达不到自己的期望，使用体验也是消极的；而如果实际性能表现与初始期望基本相符，顾客会产生期望确认，确定自己的期望已经达到（Chang，Zhu，2012）。期望确认理论认为，最终期望确认的情况将进一步影响顾客的满意度水平。期望确认或正向的期望不确认可以提高顾客满意度，负向的期望不确认会削弱顾客的满意度，甚至形成不满感受，从而降低顾客的评价与后续使用（Yu et al.，2020）。

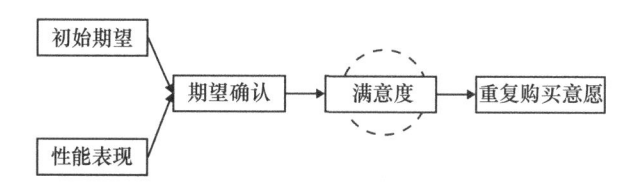

```
初始期望 ┐
          ├→ 期望确认 →（满意度）→ 重复购买意愿
性能表现 ┘
```

图 2.1　期望确认理论

期望确认理论的提出对于顾客满意度研究具有重要意义，其为后续该领域的理论发展产生了铺垫作用，对期望确认模型与顾客满意度测量模型等理论模型的构建都产生了重要影响。

（二）期望确认模型

随着期望确认理论的兴起，该理论受到来自信息系统领域的高度关注。信息系统的运营与商业营销类似，留住老用户（老顾客）的成本通常比扩展新用户（新顾客）的成本更少，因此用户满意度成为信息系统运营者所在乎的重要因素（Sinha et al., 2020）。然而，由于信息系统领域的产品和服务与实体商业营销领域的情况有所差异，传统期望确认理论不能较为全面地解释其中用户满意度的形成过程（刘思，2019），在这种背景下，A. Bhattacherjee 结合技术接受模型对传统期望确认理论进行了改进，构建了期望确认模型（Expectation-confirmation Model）（Bhattacherjee，2001）。

期望确认模型继承了期望确认理论的核心观点，认为用户满意度受到用户期望确认程度的影响，而期望的确认程度源于初始期望与信息系统实际性能表现的比较（Hsu，Lin，2015）。期望确认模型将初始期望与实际性能表现的比较结果提炼为期望确认这一变量，并认为满意度会受到期望确认水平的积极影响，当用户形成高水平满意度后，他们的持续使用意愿将会进一步增强（赵杨、高婷，2015）。除此之外，期望确认模型还引入了感知有用性这一重要概念。感知有用性指用户对使用某个产品或服务所感知到的有用程度的评价（Davis，1989）。期望确认模型认为，期望确认程度对感知有用性具有积极影响，并且感知有用性可以促进用户满意感知的形成，提升满意度水平（汤志伟等，2016）。图 2.2 展示了期望确认模型的构架。

期望确认模型被认为跳出了初始采纳研究的理论窠臼，为信息系统

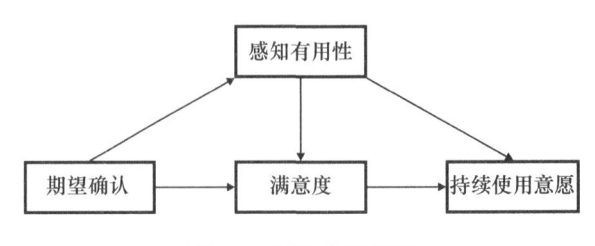

图 2.2 期望确认模型

用户满意度及使用的研究提供了可靠的解释框架（韩啸、李洁，2018）。该模型在提出以后受到信息系统领域研究人员的广泛使用，主要覆盖与工商管理有关的信息系统应用，比如在线付费教育（赵杨、高婷，2015；赵保国、姚瑶，2017；谭霞、付有龙，2020）、在线金融（刘震宇、陈超辉，2014；王正沛，2018）、社交媒体（戚媛媛、邓胜利，2010；黎斌，2012）等领域。而随着该模型使用的不断成熟，也有少量的研究尝试将其引入对公共管理领域在线服务的研究中，例如对公共服务网站（汤志伟等，2016；蒋宇澄等，2017）和公共图书馆在线服务（赵雪芹、邢慧，2019）的研究。

三 顾客满意度测量模型

顾客满意度测量模型（Customer Satisfaction Index），简称 CSI 模型，在测量顾客满意度的领域久负盛名。具体来讲，CSI 模型包含了众多分支，其中的重要代表有 SCSB 模型（Sweden Customer Satisfaction Barometer）、ACSI 模型（American Customer Satisfaction Index）、ECSI 模型（European Customer Satisfaction Index）以及 CCSI 模型（Chinese Customer Satisfaction Index）。

从时间顺序上看，SCSB 模型是最早构建的全国性 CSI 模型（Fornell，1992）。SCSB 模型把顾客满意度作为核心要素，强调预期质量和感知质量对满意度的影响，认为满意度是引发顾客忠诚和顾客抱怨的前因条件（刘燕，2006）。该模型认为预期质量是顾客在购买商品或服务之前对质量的主观预期，而在购买商品或服务之后的实际使用感受为感知质量，预期质量对满意度产生直接作用影响，也可以依靠感知质量的中介作用从而影响顾客满意度（王汇宇，2021）。顾客如果对使用的商品或服务感到满意,则会加深顾客忠诚;如果感到不满意,则可能触发顾客抱怨(Goodman, Newman, 2003)。图2.3展示了SCSB模型。

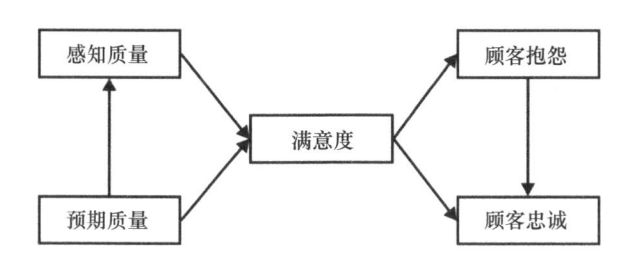

图2.3 SCSB模型

ACSI模型是C. Fornell教授及其团队在对SCSB模型进行修正的基础上所提出的(Fornell et al., 1996)。如图2.4所示,ACSI模型继承了SCSB模型的主体构成,并将感知价值作为前置变量加入其中。

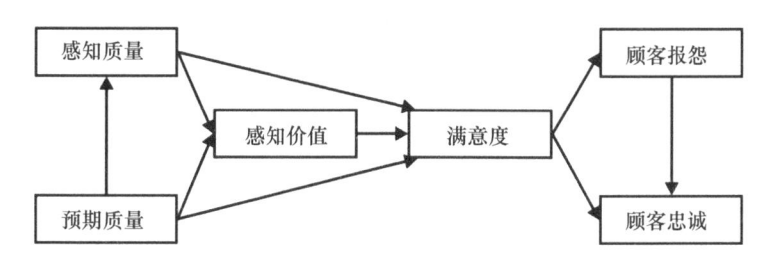

图2.4 ACSI模型

在该模型中,顾客在购买某项产品或服务之前会对目标产生预期期望,预期期望包括三个观测变量:可靠性预期、顾客化预期和总体预期(Gerpott et al., 2001);感知质量是指顾客在消费产品或服务之后的实际感受,具体包括了满足个人需求感知、可靠性感知和整体感知三个观测变量(刘武、杨雪,2007)。可以看到,ACSI模型中的顾客期望和感知质量分别受到了期望确认理论中初始期望和性能表现的影响,在主要概念释义上具有相似性,但是ACSI模型进一步对顾客期望和感知质量的构成做出了更为细致的分类。感知价值是顾客对价格与质量感知后所产生的得失判断;而顾客满意度是使用产品或服务后所感知的满意程度,具体包括了与理想相比后的满意度、与希望相比后的满意度以及总体满意度三个观测变量（张强强等，2017）。ACSI 模型认为，在顾客满意度形成之后，顾客会根据满意度水平进行忠诚与抱怨两种行为（Goodman，Newman，2003）。

在 ACSI 模型提出后，ECSI 模型也相继提出，其包含了品牌形象、预期质量、感知质量、顾客满意度等 6 个变量（刘新燕等，2003）。ECSI 模型对 ACSI 模型进行了补充与删减。品牌形象是 ECSI 模型新加入的结构变量，指顾客对商品或服务的抽象感知，是顾客喜好程度的浓缩表达（蒋伟伟，2007）。此外，该模型中感知质量分为硬件与软件两个方面，均对顾客满意度产生正向影响。同时，预期质量也会对顾客满意度产生积极影响（刘新燕等，2003）。图 2.5 展示了 ECSI 模型。

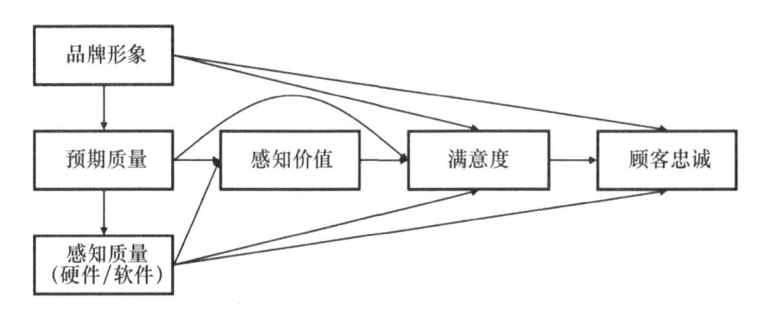

图 2.5　ECSI 模型

此后，中国学者提出了 CCSI 模型。该模型基本保持了 ECSI 模型的构型，但在变量关系之间略微做出调整（蒋伟伟，2007）。例如，品牌形象和感知质量不再直接影响顾客忠诚，而是先影响满意度，再通过满意度影响顾客忠诚；此外，品牌形象与感知质量相互影响。具体如图 2.6 所示。

长期以来，顾客满意度测量模型被广泛吸纳并运用于顾客满意度的测量研究中。随着将公众视为顾客的理念逐渐受到认可，顾客满意度测量模型也被越来越多地运用至公共服务满意度的研究中，包括电子政务服务领域。尤其在中国，采用 ACSI 模型研究电子政务服务满意度的已有研究不在少数（刘燕，2006；邹凯、包明林，2016；李志刚、徐婷，2017）。已有研究证明，以 ACSI 模型为代表的顾客满意度测量模型在电

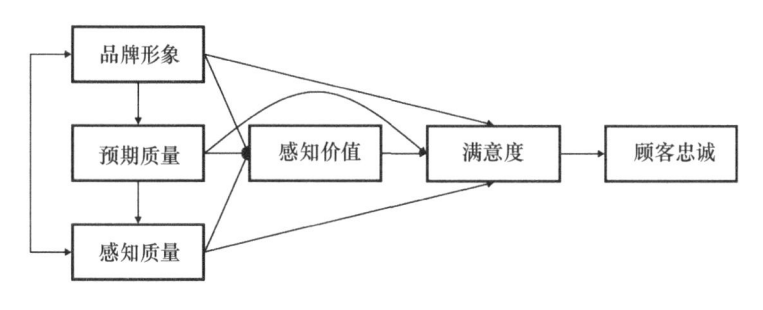

图 2.6　CCSI 模型

子政务服务满意度的探寻中具有其运用价值。然而，对于顾客满意度测量模型的大量使用也可能导致对电子政务服务满意度解释的路径依赖。因此，中国需要考虑使用更多的理论视角对电子政务服务满意度进行解析。

四　其他电子政务服务满意度相关理论模型

（一）信息系统成功模型

信息系统成功模型（Information System Success Model），在 1992 年被首次提出（Delone，Mclean，1992），属于信息系统使用满意度和采纳行为领域中里程碑式的理论成果（虞萍，2014）。信息系统成功模型的发展主要分为两个重要阶段，1992 年的诞生阶段和 2003 年的重大修正阶段。1992 年，W. H. Delone 和 E. R. Mclean 两位学者在梳理了 1981—1987 年超过 180 篇有关信息系统的文献之后，将当时学界公认的几个影响信息系统成功的主要因素整合成一个整体，从而构建起第一代信息系统成功模型（Xu，Du，2018）。该模型包含了六个变量：系统质量、信息质量、用户满意度、使用、个人影响与组织影响（韩啸、黄剑锋，2019）。这六个变量的分类受到了 Shannon-Weaver 通信模型的启发（虞萍，2014）。Shannon-Weaver 通信模型将信息确定为三个层级：技术层级，即系统能够准确产生的信息；语义层级，即系统能够确保信息按照原意进行传送；效益层级，即系统能够制造对受众产生影响的信息（Weaver，1963）。后续有学者将第一代信息系统成功模型的每一个变量映射为对应的层级，系统质量对应技术层级、信息质量对应语义层级，而其他四个变量对应效益层级（Shin，Biocca，2017）。并且 W. H. Delone 和 E. R. Mclean 打破通信理论认为信息流仅为线性的观点,对第一代信息系统成功模型中六个变量的相互关系进行了构建。其中,用户满意度受到来自系统质量和信息质量的影响;用户满意度还能与使用这一要素产生相互作用影响;同时,使用与用户满意度还对个人影响产生积极作用;而个人影响和组织影响正向相关(张亚军等,2016)。图2.7展示了第一代信息系统成功模型以及其中各变量间的关系。

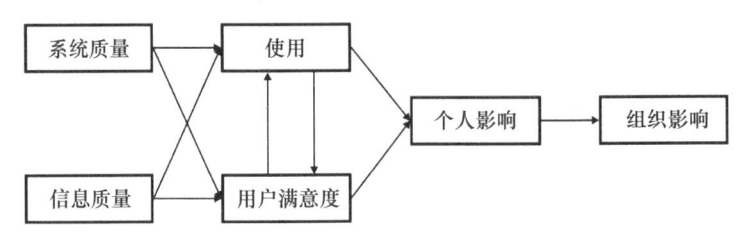

图2.7 第一代信息系统成功模型

第一代信息系统模型的开创性价值主要体现在两个方面:一是其提供出一个科学的分类方案,将文献中使用的众多要素进行整合,并且明确归纳为六个变量;二是其系统梳理了六个变量之间的相互关系,加深了对于信息系统使用的理论认知(虞萍,2014)。第一代信息系统成功模型诞生以后,受到众多研究者的关注与运用,在此过程中,其局限与弊端也被越来越多地指出。例如,有研究指出第一代信息系统成功模型的部分前置要素和组织影响之间的单向关系不确切(Wixom,Todd,2005);也有研究指出对方差模型和过程模型的组合方式是对Shannon-Weaver通信模型的曲解(Seddon,1997);等等。

2003年,有学者基于信息系统管理的变化以及众多研究的反馈,修正并改良了第一代信息系统成功模型,而改良后的信息系统成功模型由此诞生(Delone,Mclean,2003)。随着信息系统的发展,信息系统管理所面临的主要变化是用户的"顾客身份"更加明显,而劣质的服务将导致用户流失,并最终使销售受损(Delone,Mclean,2003)。所以和从前相比,信息系统的服务元素也变得尤为重要。因此,服务质量被作为新的因素加入,与信息质量、系统质量共同组成信息系统的质量维度(Athmay et al.,2016)。并且,W. H. Delone和E. R. Mclean在改进模型中加入使用意愿,用以解释 P. B. Seddon 在过程和因果方面的质疑（Seddon，1997）。最后，他们认为个人影响与组织影响所指代的影响意义并不明确，可能积极也可能消极（Delone，Mclean，2003）。因此在改进后的模型中，他们将两种影响统一为净收益这一变量（王长林等，2010）。图 2.8 展示了改进后的信息系统成功模型。

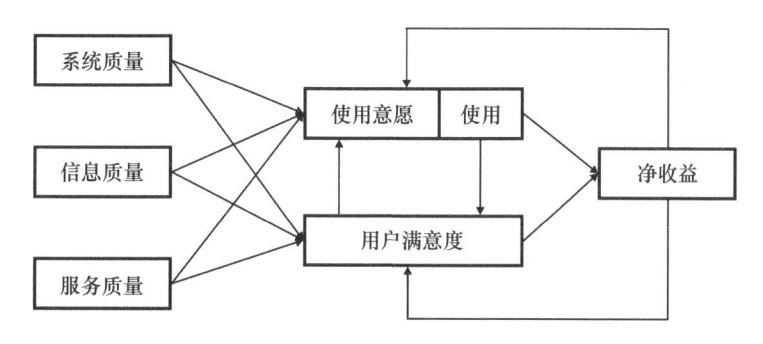

图 2.8 改进后的信息系统成功模型

2004 年，W. H. Delone 和 E. R. Mclean 对改进后的信息系统成功模型所包含的七个变量做出了准确定义：服务质量指由信息系统服务提供商所提供的全面支持；信息质量指信息系统在信息传递与表达方面的质量水平；系统质量指针对信息系统自身特性的测度；用户满意度指用户对信息系统使用后的满意度评价；使用意愿指用户希望使用信息系统的动机强度；使用行为指用户付诸具体行动去使用信息系统；净效益指信息系统在多大程度上为个人和组织达成目标作出的贡献。该模型重新整合了各变量之间的关系，强调了服务质量、信息质量和系统质量的重要作用（Ashfaq et al.，2020）。改进后的信息系统成功模型被国内外学者广泛运用于对信息系统产品或服务使用满意度的评测，其中就包括了电子政务服务。而大多数实证研究发现，电子政务的满意度水平受到来自服务质量、信息质量与系统质量的积极影响（Athmay et al.，2016；Weerakkody et al.，2016；张育英等，2016；明承瀚等，2016；朱春奎、李文娟，2019；徐晓林等，2019；Alkraiji，2020；Alkraiji，2021）。

（二）整合技术接受模型

整合技术接受模型（Unified Theory of Acceptance and Use of Technology）是个体层面的经典技术接受理论模型之一，被广泛地运用于对信息系统采纳与满意度的研究之中。2003年，该模型由V. Venkatesh等在梳理及融合了八大技术接受理论模型的基础上提出。这八大技术接受理论模型包括动机模型（motivational model）、理性行为理论（theory of reasoned action）、技术接受模型（technology acceptance model）、计划行为理论（theory of planned behavior）、创新扩散理论（innovation diffusion theory）、技术接受模型和计划行为理论的组合模型（combined technology acceptance model and theory of planned behavior）、社会认知理论（social cognitive theory）以及计算机可用性模型（model of PC utilization）（Venkatesh et al.，2003）。在整合八大技术接受理论模型之后，共有四个核心变量被提出，分别为绩效期望、努力期望、社会影响和设备环境（李洁、韩啸，2019）。其中，绩效期望指用户感觉使用某一信息技术能够提升办事效率的程度；努力期望指用户对使用某一信息技术自己需要付出努力程度的评判；社会影响指用户对身边其他人群所产生影响的感知程度；设备环境指用户对于使用某一信息技术在设施设备上感觉被支持的程度（Rahi et al.，2019）。

除此之外，整合技术接受模型还发展出四个调节变量，分别为性别、年龄、经验和自愿使用（Joa，Magsamen-Conrad，2022）。性别分别对绩效期望、努力期望和社会影响产生调节作用；年龄对绩效期望、努力期望、社会影响和设备环境产生调节作用；经验则主要调节努力期望、社会影响和设备环境；自愿使用对社会影响具有调节作用（Raza et al.，2021）。图2.9详细展示了整合技术模型的构成及相互关系。相较于其他技术接受理论模型，整合技术接受模型的主要突破在于其将用户行为意图的解释力提升到了70%，而先前的八大技术接受理论模型解释力仅在17%—53%（Oliveira et al.，2016）。最初整合技术接受模型主要被用于研究用户的使用意愿与采纳行为，但是随着相关研究的不断深入，越来越多研究将模型中的使用意愿替换为使用满意度，从而运用该模型对用户使用满意度进行测量（Chan et al.，2010；Rodrigues et al.，2016；Marinković et al.，2020）。在电子政务领域，目前也已有不少研究采用整合技术接受模型对行为输出结果，例如使用行为和满意度等，进行实证分析（Zuiderwijk et al.，2015；Sharma et al.，2018；Mansoori et al.，

2018)。整合技术接受模型的出现为信息系统使用及满意度的评测提供了科学的分析工具（Venkatesh et al.，2012）。

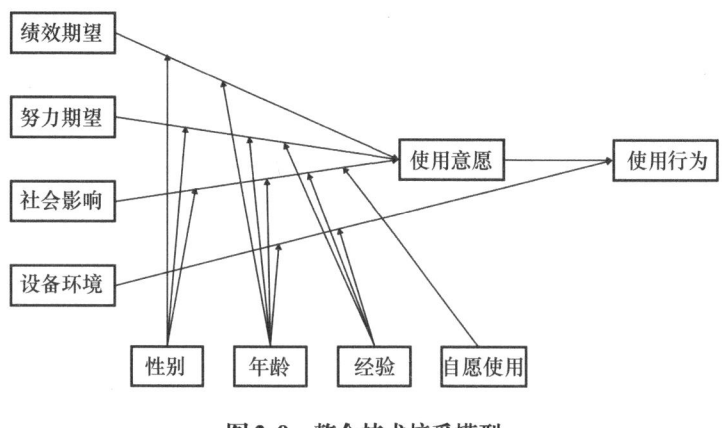

图2.9　整合技术接受模型

（三）SERVQUAL模型与E-SERVQUAL模型

SERVQUAL模型又称为服务质量模型，起源于20世纪80年代的市场营销领域，由A. Parasuraman等提出（Parasuraman et al.，1988）。SERVQUAL模型受到期望确认理论的影响，认为顾客的期望是决定服务是否优质的主要条件，优质的服务必须要超越顾客的期望（陈涛、明承瀚，2014）。以此为基础，SERVQUAL模型将服务评价细分为5个层面以及22个维度。5个层面分别为有形性、可靠性、响应性、保证性与移情性（黎春兰，2013）。这5个层面的服务水平对顾客的满意度具有重要影响。

有形性指提供的有形服务证明，例如具有实体的设施设备等；可靠性指提供服务的精准度与稳定水平；响应性指服务提供者对顾客需求的灵敏程度以及做出行动的反应速度；保证性指服务提供者具备让顾客信任的能力；移情性强调了服务的人文关怀，考量了服务提供者能否设身处地为顾客着想，例如提供个性化的服务等（孙秀明等，2015）。表2.2展现了SERVQUAL模型的5个层面及对应的22个维度。

表2.2　　　　　　　　SERVQUAL 模型主要层面及维度

服务质量层面	包含维度	服务质量层面	包含维度
有形性	设施吸引力	保证性	信心程度
	员工衣着		安全感
	设备外观		提供最新材料
	信息内容易懂		保持礼节
可靠性	准时回复	移情性	专业知识
	遵循服务准则		关注顾客
	避免差错		服务时间长
	精准传递		以顾客利益为根本
	态度诚恳		理解顾客
响应性	快速处理问题		
	快速回答问题		态度热情和善
	及时服务		

在 SERVQUAL 模型提出的初期，该理论模型被认为拓展了对服务水平的评价角度，成为衡量服务质量、研究顾客满意度的重要工具。然而随着信息系统服务的深入发展，SERVQUAL 模型的局限被越来越多的学者指出。例如，其单一的测量方法不适用于复杂的信息系统服务（Van Dyke et al., 1997），以及预测效果较差等（Pitt et al., 1997）。这种背景下，更适用于信息系统服务的 E-SERVQUAL 模型得以构建。

2005 年，A. Parasuraman 等通过概念化、构建与测试等步骤，对 SERVQUAL 模型进行了修正与发展，建立起一个全新的用于评价信息系统服务质量的模型，即 E-SERVQUAL 模型（齐向华，2014）。该模型由两个核心部分组成：核心服务评价指标（E-S-QUAL）和补救服务评价指标（E-RecS-QUAL）。核心服务评价指标包括可靠性、完成性、效率和隐私性四个主要层面，补救服务评价指标包括补偿性、可接触性、响应性三个主要层面（Raza et al., 2020）。相较于 SERVQUAL 模型，E-SERVQUAL 模型能够更为全面地囊括信息系统服务的特征。E-SERVQUAL 模型被众多学者运用于对信息系统服务使用满意度的测量之中，其中也包括了电子政务服务满意度。

第三节 文献综述

一 电子政务服务满意度的内涵研究

根据《现代汉语词典》对满意一词的定义，满意度反映的是一种主观评价，是个体对自身需求被满足程度的表现（王汇宇，2021）。就电子政务服务而言，其属于一种公共服务，而对电子政务服务的满意度实际上是一种公共服务满意。M. A. Anwer 等认为，公共服务的供给过程是创造公共价值的过程，而公共服务满意度正是其中尤为重要的一种公共价值（Anwer et al., 2016）。公共服务满意度蕴含了"以公民为中心""结果导向"等价值追求，实现公共服务满意度是政府的职责所在，符合公众的共同利益（Chan et al., 2010）。

目前学界对电子政务服务满意度的内涵释义包括期望感知差异视角与服务对象视角等。期望感知差异视角认为，电子政务服务满意度是用户对服务前主观预期与服务后主观体验的感知差异的评判反应（刘燕，2006；Chan et al., 2010；Morgeson et al., 2011；Porumbescu, 2016；Zhu et al., 2023）。该视角与期望确认理论对顾客满意度的看法相似。具体而言，期望感知差异视角下的电子政务服务满意度是对服务使用的全部体验累积的总体评价，是基于自身感知对事前期望和事后体验的比较（Porumbescu, 2016）。刘燕认为对服务事前的期望包括理想的服务水平期望与合格的服务水平期望，对服务的事后体验会产生愉悦、满意和不满意三种情绪反馈，并指出事后体验越比事前期望高，使用的情绪反馈将会越好（刘燕，2006）。在电子政务服务过程中，当事后体验超出理想水平，使用者将会感到愉悦；当事后体验低于理想水平，但高于合格水平，使用者将会感到满意；当事后体验低于合格水平，使用者将会感到不满。

服务对象视角是将电子政务服务满意度按照电子政务的服务主体进行定义。目前电子政务按照服务主体可分为以下四个大类：政府对公众的电子政务服务（Government to Citizen）、政府对企业的电子政务服务（Government to Business）、政府之间的电子政务服务（Government to Government）以及政府对政府人员的电子政务服务（Government to Employees)(Sorn-in et al.,2015；李宝杨，2015；马欣，2016），而学界主要研究的是前两种服务类型。从对公众的视角出发，有学者认为电子政务服务满意度是政府通过服务的质量过程管理实现公众不同层次的需求后，公众在感知上的体现（李志刚、徐婷，2017）；A. Sachan 等认为电子政务服务供给的核心是政府与公众的互动，这一互动过程涵盖服务、信息、系统等多个方面，电子政务服务满意度表现了公众对互动过程的评价（Sachan et al.，2018）；A. I. Alkraiji 认为电子政务服务满意度是公众对服务在完整性、有效性、智慧化等方面的评价（Alkraiji，2021）。从对企业的视角出发，马亮认为电子政务服务满意度是企业与政府之间的一种关系评价，企业在运行过程中通过电子政务进行在线填报、纳税、支付等活动，这些活动使企业与政府建立了一种客观联系，而对电子政务服务的满意度就是对这种关系的评价（马亮，2014）。王汇宇对涉及营商环境方面的电子政务满意度进行了研究，认为对服务的满意度是企业对服务产品在质量与价值上的量化衡量（王汇宇，2021）。

综上所述，电子政务服务满意度是一种重要的公共价值，提升电子政务服务满意度水平符合广大人民的利益。学界对电子政务服务满意度的内涵释义有着不同的视角，根据对不同视角定义的梳理发现，电子政务服务满意度的价值内容包含期望满足、需求实现、服务互动等要素。而了解使用者对电子政务服务有怎样的期待，从而优化服务以满足使用者的需求与期望，成为提升电子政务服务满意度的关键。

二 电子政务服务满意度形成的影响因素研究

对影响电子政务服务满意度形成的因素进行测量是电子政务服务领域的研究主题之一，国内外大量研究人员对此开展了多角度、多层次的实证分析。从电子政务整体运用的细分角度上看，可以按照电子政务的类属对已有研究进行总结，例如对政务新媒体服务满意度影响因素的研究（邹凯、包明林，2016），对政务网站使用满意度影响因素的研究（李志刚、徐婷，2017；宋雪雁等，2018），或者对电子化公共服务满意度影响因素的研究（张育英等，2016；明承瀚等，2016；程镝，2021）等。从理论模型的建构角度上看，也可以按照理论模型的建构思路与路径对已有研究进行总结。为了更好梳理当前研究在理论模型上的发展以及找到其中的不足，特别是对政务服务"跨省通办"存在的理论缺失，本书主要按照理论模型的构建思路与路径对现有文献进行综述。

已有研究对电子政务服务满意度影响因素的理论模型构建主要有三种路径。一是采用单个经典理论模型直接对影响电子政务服务满意度的因素进行分析，基于对模型中变量要素的实证检验结果得出结论。二是通过对现有理论进行拓展从而构建出理论模型。这种方式又主要分为两种类型：第一种是将两个或两个以上经典理论模型拼接整合从而构建出拓展后的理论模型；第二种是通过演绎或归纳提炼出一个或多个独立的影响要素，再将独立的影响要素同现有理论模型组合从而构建出新的理论模型。三是不使用现有理论模型，依靠演绎或归纳将提炼出的独立影响要素进行组合从而构建新的理论模型。

第一种主要路径是采用单个经典理论模型的研究，这类研究往往直接根据现有理论模型中各要素间相互关系构建研究假设，其后通过验证假设从而找到影响因素。比如，基于技术接受模型，有学者对电子政务在线学习服务进行了研究，发现感知有用性是影响满意度形成的显著因素（Shyu，Huang，2011）；另外有学者根据技术接受模型的研究结果表明，感知易用性的影响效果高于感知有用性（George，Kumar，2013）；也有学者使用技术接受模型对西班牙城市行政大厅的电子政务服务进行了调查，发现感知易用性与感知有用性均对居民的使用满意度产生积极影响（Cegarra et al.，2014）；中国学者基于技术接受模型对移动政务服务用户满意度展开研究，证明了感知有用性与感知易用性的积极作用（朱多刚、郭俊华，2016）；还有学者研究了电子政务服务供给体系对用户满意度的影响，发现电子政务服务供给体系中的感知有用性是提升满意度的显著因素（Sachan et al.，2018）；有研究对中国大学生的电子政务服务使用满意度进行了调查，发现感知易用性与满意度呈现显著的正向相关（Mensah，Luo，2021）。

基于 ACSI 模型，M. S. Awwad 对移动政务服务满意度的形成进行了研究，发现顾客期望、感知质量等因素对满意度的形成发挥正向作用（Awwad，2012）；而其后有学者的研究指出公众的使用满意度仅受感知质量的显著影响（Lobato-Calleros et al.，2017）；一项来自土耳其学者对当地公共交通领域在线政务服务的实证研究确认了 M. S. Awwad 的研究结果，认为顾客期望、感知价值与感知质量均有着显著影响（Yilmaz et al.，2021）；在中国，以朱国玮为代表的学者较早地开始使用单一的 ACSI 模型对电子政务服务满意度进行研究（朱国玮、黄珺，2006；朱国玮等，2006）；其后，有学者基于 ACSI 模型对政务微博信息服务的公众满意度进行了探索，发现满意度受到感知价值和感知质量的积极影响（邹凯、包明林，2016）；而另外一项研究则显示，顾客期望对电子政务服务满意度不产生影响（李志刚、徐婷，2017）；程镝更是通过政务服务中心的实证研究发现顾客期望负向影响公众满意度（程镝，2021）。

依靠信息系统成功模型，明承瀚等对中国公共服务中心的实证研究表明，办事群众的满意度提升主要受到服务质量、信息质量、系统质量的影响（明承瀚等，2016）；张育英等在随后的研究中（张育英等，2016）证实了这一点；同年，有学者对英国居民电子政务服务满意度的实证研究也显示，良好的服务质量、信息质量、系统质量能够促进人们对服务感到满意（Weerakkody et al.，2016）；另一项对智慧政务服务平台的调查也证实了服务质量、信息质量、系统质量的显著作用（Tsai et al.，2017）；此外，有学者证明企业的电子政务服务使用满意度受到服务质量、信息质量、系统质量的积极影响（Mellouli et al.，2020）；也有学者发现，系统质量的影响效果要高于信息质量的影响效果（Khalid et al.，2021）；A. K. Abdulkareem 和 R. M. Ramli 对 369 名尼日利亚公民的实证研究显示，服务质量、信息质量、系统质量都和电子政务服务使用满意度积极相关（Abdulkareem，Ramli，2022）；然而，也有研究发现并非所有质量维度都对使用满意度产生显著影响。例如，有学者发现仅信息质量和系统质量具有显著作用，而服务质量并不显著（Nulhusna et al.，2017）。

基于整合技术接受模型，有学者较早对电子政务服务使用满意度进行了实证研究，发现绩效期望、努力期望、设备环境对满意度形成具有显著的正向影响，而社会影响并没有积极作用（Chan et al.，2010）；其后，有学者对 115 名巴基斯坦公民的回收数据进行了实证分析，结果显示努力期望、设备环境以及社会影响等要素对他们的使用满意度产生显著作用（Ahmad et al.，2013）；也有人对政府开放数据的使用情况进行了研究，发现绩效期望和社会影响积极影响公众的使用满意度（Zuiderwijk et al.，2015）；此外，有学者对哪些因素影响着以公众为中心的电子政务服务的构建进行了研究，发现绩效期望、努力期望和设备环境对使用满意度产生积极影响（Rodrigues et al.，2016）；这一研究结果与同年另外一项研究的结果（Gupta et al.，2016）相似；另外，也有研究关注学生群体的电子政务网站服务的使用，结果证实了绩效期望、努力期望、社会影响等因素与满意度之间的正向联系（Arif et al.，2018）；其他还有学者探究了电子公共卫生服务使用满意度的影响因素，发现绩效期望、努力期望和社会影响具有显著作用（Yousaf et al.，2021）；最后，有研究通过370份问卷的实证分析，发现绩效期望、努力期望、设备环境和社会影响都对公众使用开放政府数据的满意度产生积极作用（Islam et al.，2021）。

基于SERVQUAL模型，有学者对电子政务使用满意度的影响因素进行了探究，结果表明可靠性、响应性等因素具有显著作用（Orgeron，Goodman，2011）；陈岚则对公众使用电子政务信息服务满意度进行了研究，发现服务个性化、保证性、互动性对满意度具有显著影响（陈岚，2013）；孙秀明等使用SERVQUAL模型对中小企业电子政务服务满意度进行了研究，证明了可靠性的重要影响（孙秀明等，2015）。通过计划行为理论，有学者对中国台湾电子政务服务的使用情况进行研究，发现态度、主观规范、感知行为控制对使用满意度产生积极影响（Hung et al.，2009）；此外，还有学者根据SWOT框架从风险、机遇、收益与成本四个方面分别分析了影响电子政务服务满意度的因素，认为感知易用性、信息准确性、服务可达性、系统速度、系统语言多样性、服务效率等因素对电子政务服务满意度会产生显著影响（Osman et al.，2014）；而来自美国的一项针对在线公共卫生服务使用满意度的研究表明，期望确认能够提升公众的使用满意度（Serrano et al.，2018）；还有学者基于消费价值理论构建起针对电子政务服务的价值模型，并发现功能价值和经济价值对公众的电子政务服务满意度产生积极影响（Kumar et al.，2021）；而中国的学者同样使用消费价值理论构建起价值模型，对新冠疫情中人们使用在线公共心理咨询服务的满意度进行了研究，发现功能价值、情绪价值、学习价值和环境价值能够正向作用于满意度（Zhu et al.，2022）。

第二种主要路径是通过对现有理论模型的拓展与检验从而找到显著

的影响要素。具体而言，目前主要有两种拓展理论模型的方式，一种是直接将两个或两个以上现有理论模型进行整理组合，以此实现模型的拓展，构建出新的理论模型。例如，有学者便将技术接受模型和计划行为理论进行整合，从而对电子政务服务满意度及使用意愿进行探究。他们的研究发现感知有用性、态度和主观规范与满意度形成之间存在正向联系（Suki，Ramayah，2011）；王卫、王晶则融合信息系统成功模型和整合技术接受模型，检测了开放政府数据使用满意度的影响因素（王卫、王晶，2020）；M. A. Camilleri 基于技术接受模型和整合技术接受模型构建起融合研究模型，并对网络用户的电子政务服务使用满意度进行了研究，结果发现感知有用性和感知易用性是提升满意度的重要因素（Camilleri，2020）；此外，有学者将技术接受模型和整合技术接受模型进行组合，对电子政务采购服务满意度展开探究，发现绩效期望、努力期望和社会影响对提升满意度具有显著作用（Soong et al.，2020）；A. Alshaher 则融合信息系统成功模型和整合技术接受模型探讨了电子政务系统的成功因素，并指出绩效期望和努力期望是提升公众使用满意度的主要因素（Alshaher，2021）。

另一种是通过演绎或归纳围绕具体研究的电子政务类型提炼出潜在影响因素，再将所提炼出的一个或多个潜在影响因素与经典理论模型融合，从而实现理论模型的拓展，根据对拓展模型的检验找到显著影响因素。例如，有学者以技术接受理论和计划行为理论为基础，融合信仰这一要素构建起研究模型对电子政务服务的使用进行了研究（Danila，Abdullah，2014）；也有学者将整合技术接受模型、信息系统成功模型与感知效率这一要素结合，对阿联酋居民电子政务服务使用满意度的形成进行了研究，指出社会影响、系统质量、感知效率能够显著提升满意度水平（Athmay et al.，2016）；杨菲、高洁将感知信任作为结构变量引入技术接受模型和信息系统成功模型中，对中国政府网站的使用情况进行了研究，发现信息质量、感知有用性和感知信任与满意度正向相关（杨菲、高洁，2017）；同年，S. Saxena 通过将技术接受模型和计划行为理论相结合，并引入公众信任、自我效能两个变量构建起研究模型（Saxena，2017）；有学者则将技术焦虑和态度这两个变量加入整合技术接受模型中，研究结果表明努力期望、设备环境以及态度对电子政务服务满意度的形成具有显著影响，而技术焦虑对此没有显著影响（Batara et al.，2017）；N. Hajiheydari 和 M. Ashkani 对于伊朗居民移动政务服务满意度的研究则相对复杂，他们将技术接受模型、信息系统成功模型和计划行为理论进行结合，并加入自我效用、顺畅度、公众信任三个要素构建起研究模型，结果证明了感知有用性和服务质量的重要作用，而顺畅度等要素则不具备显著影响（Hajiheydari，Ashkani，2018）；徐晓林等通过将信息技术成功理论与技术信任、政府信任相结合，证明了信息质量、系统质量、服务质量对电子政务服务的特定满意度和累积满意度均产生积极影响（徐晓林等，2019）；还有研究将公众信任、办理效率和信息系统成功模型相结合，但仅发现信息质量对电子政务服务满意度产生显著积极影响（Santa et al.，2019）；另外一些学者将授权强度与整合技术接受模型相结合，发现授权强度、绩效期望、设备环境对电子政务服务满意度产生积极作用，而努力期望和社会影响则不具备显著影响（Naranjo-Zolotov et al.，2019）；最后，有学者将参与程度加入 ACSI 模型中，发现参与程度和感知价值对公众满意度产生积极影响（Yap et al.，2021）。

第三种主要路径是不依靠现有理论模型，而直接根据所研究电子政务类型的特征，通过演绎或归纳析出潜在影响因素，再根据实证检验验证要素的显著性。较早采用这种路径方式的研究人员发现，服务效率、感知愉悦性、完整性、视觉设计等要素对电子政务服务使用满意度产生积极影响（Hsu et al.，2009；Kunstelj et al.，2009；Bargas-Avila et al.，2010）；随后，有学者的研究证明隐私安全保护、信息综合性、服务透明度、服务个性化、办理时间长短、互动性、回应性等因素对电子政务服务满意度具有积极作用（Bhattacharya et al.，2012；Alanezi et al.，2012）；此外，有学者通过对政府网站使用满意度的研究表明，服务技巧、服务渠道、服务表现、服务意识等是提升满意度的重要因素（Anwer et al.，2016）；中国学者张晓娟等对政务微信服务和电子政务门户网站知识服务的研究发现，版面布局、颜色搭配、多媒体呈现、集成性等因素是影响使用满意度的关键（张晓娟等，2017；宋雪雁等，2018）；另一个对中国 13 座城市政务交通服务的研究表明，服务便捷性、服务安全性、服务可靠性、服务舒适性对使用满意度产生积极影响（Zhang et al.，2019）；也有学者的研究发现，服务完整性、用户支持、隐私安全保护、服务透明度等对公众使用电子政务服务的满意度具有正向作用（Chan et al.，2020）；M. Noor 对电子政务信息服务满意度影响因素的研究则表明，信息服务的准确性对满意度具有积极作用（Noor，2022）；而也有对政府网站使用满意度的研究发现，服务完整性、透明度、网站人性化对使用满意度产生积极影响（Lee et al.，2022）；A. I. Alkraiji 和 N. Ameen 则发现，服务质量和信任传递对公众电子政务服务的使用满意度具有正向影响（Alkraiji，Ameen，2022）。表 2.3 展示了电子政务服务满意度影响因素测量研究领域的主要特点、要素归类与已有研究等。

表 2.3　电子政务服务满意度形成的影响因素测量总结

研究路径	模型构架	影响要素	代表研究者
单一模型	TAM ACSI ISSM/D&M SERVQUAL UTAUT 等	感知易用性、感知有用性、顾客期望、感知价值、感知质量、服务质量、信息质量、系统质量、绩效期望、努力期望、社会影响、设备环境、态度、主观规范、感知行为控制、性能表现、期望确认、功能价值、经济价值、情绪价值、服务可达性、系统速度、语言多样性等	Shyu 和 Huang（2011）；George 和 Kumar(2013)；Cegarra 等（2014）；朱多刚、郭俊华(2016)；Sachan 等（2018）；Alkraiji(2021)；Mensah 和 Luo(2021)；朱国玮、黄珺(2006)；朱国玮等(2006)；Awwad(2012)；邹凯、包明林(2016)；李志刚、徐婷(2017)；Lobato-Calleros 等(2017)；程镝(2021)；Yilmaz 等(2021)；明承瀚等(2016)；张育英等(2016)；Weerakkody 等（2016）；Tsai 等（2017）；Nulhusna 等(2017)；Mellouli 等（2020）；Khalid 等（2021）；Abdulkareem 和 Ramli(2022)；Chan 等（2010）；Ahmad 等（2013）；Zuiderwijk 等（2015）；Rodrigues 等（2016）；Gupta 等（2016）；Arif 等（2018）；Yousaf（2021）；Islam 等（2021）；Orgeron 和 Goodman(2011)

续表

研究路径	模型构架	影响要素	代表研究者
拓展模型（组合两种或两种以上模型）	模型+模型	感知有用性、感知易用性、态度、主观规范、绩效期望、努力期望、个性化、保证性、互动性等	Suki 和 Ramayah(2011)；陈岚(2013)；王卫、王晶(2020)；Camilleri(2020)；Soong 等(2020)；Alshaher(2021)
拓展模型（组合现有理论模型与模型之外的要素）	模型+要素	服务质量、信息质量、系统质量、公众信任、感知效率、自我效能、绩效期望、努力期望、设备环境、态度、参与程度、授权强度等	Danila 和 Abdullah(2014)；Athmay 等(2016)；杨菲、高洁(2017)；Saxena(2017)；Batara 等(2017)；Hajiheydari 和 Ashkani(2018)；徐晓林等(2019)；Santa 等(2019)；Naranjo-Zolotov(2019)；Yap 等(2021)
组合现有理论模型之外的要素	要素+要素	服务效率、感知愉悦性、完整性、透明度、有形性、个性化、隐私安全保护、服务响应性、服务可靠性、版面布局、颜色搭配、服务便捷性、用户支持、信任传递、互动程度、多媒体呈现、集成性等	Hsu 等(2009)；Kunstelj 等(2009)；Bargas-Avila 等(2010)；Bhattacharya 等(2012)；Alanezi 等(2012)；Anwer 等(2016)；张晓娟等(2017)；Al-samady(2017)；雪雁等(2018)；Zhang 等(2019)；Rasoolimanesh 等(2020)；Chan 等(2020)；Noor(2022)；Lee 等(2022)；Alkraiji 和 Ameen(2022)

从对电子政务服务满意度影响因素已有研究的梳理来看，依托现有经典理论模型的研究所构建的影响因素主要来源于经典模型框架，例如感知有用性、感知易用性、系统质量等，这些都是经典理论模型已经提出的概念要素。而对于那些没有使用已有经典理论模型的研究而言，他们构建影响要素的过程主要围绕所针对的电子政务类型展开，也就是根

据所研究的具体电子政务类型的特点来构建，最终所识别出的影响因素也主要反映出这一类电子政务服务的特点。然而，现有研究所构建的要素概念与模型框架都未能较好解释中国实践背景下"跨省通办"这一新兴电子政务服务的新变化与新特征，这一问题将会在后续对现有文献的评述与反思中详细阐述。

三 电子政务服务满意度形成机理的内涵研究

"机理"这一概念目前还没有形成一个统一而确切的定义，其出现可以追溯到古希腊时期。古希腊时期机理一词首先被运用于物理领域，意指机械的构造和运作的原理（迟铭，2021）。具体而言，其概念可以分为两个层次：第一个层次是机器由哪些零部件构成，以及为什么由这些零部件构成；第二个层次是这些零部件彼此通过怎样的相互作用让机器运转，以及为什么这种相互作用能让机器运转（杨贤传，2021）。此后，随着时间的推移，机理作为概念被引入其他研究领域，其内涵也根据具体的研究场景而发生变化。在社会科学领域，机理被很多学者描述为客观机体的内在要素之间的相互关系、作用以及运行方式（Magoutas, Mentzas, 2010；Alawneh et al., 2013；许晖等, 2020；刘晓军等, 2022）。由此可见，虽然各领域对机理的具体定义有所不同，但是共性都是用机理来指代客观机体内部各组成要素之间的相互关系，以及整体系统的作用原理。

机理常常和制度、体制相联系，以至于三者概念容易混淆。制度一词主要指规章制度。体制一词主要指组织职能与岗位权责的配置（迟铭，2021）。机理则主要涉及三个方面。一是机体的内在系统构成，包括主体、客体与介质。其中主体是作用影响的主要施加方，客体则是承受作用影响的对象，介质是主体对客体进行作用影响的方式、方法的统称。二是机理功能，即机理在实践行动中发挥的作用。人们研究机理的目的是了解内部系统的运作方式，从而优化机理在实践行为中的作用与功效。三是机理的运行原理，即系统内部各要素之间通过何种关系、何种方式发挥作用（Magoutas, Mentzas, 2010）。也就是说，机理展现了系统内部主体、客体、介质以及构成三者的要素之间如何协调彼此的互动关系，从而使它们相互作用形成合力，最终完成机理系统的整体功能。

通过对机理概念的辨析，可以对电子政务服务满意度形成机理做出以下理解：在这一套有机系统中，服务满意度的影响因素是施加作用的主要参与方，用户的满意度形成水平是承受作用的客体，介质则是协调影响因素与满意度之间作用关系的方式或方法。电子政务服务满意度形成机理的运行原理体现了影响因素、介质、满意度之间通过怎样的互动关系构成了用户满意度的影响系统。电子政务服务满意度形成机理在实践中的主要作用在于构造一套完整的用户满意度影响系统，促成满意度的形成与提升。因此，研究电子政务服务满意度形成机理的主要意义在于了解影响用户满意度形成的原理结构，从而采取行动优化各要素之间的互动关系，形成更高水平的用户满意度。由此，本书所研究的"电子政务服务满意度形成机理"主要反映了电子政务服务过程中用户满意度产生与形成的一套有机系统，是为了实现用户满意度的形成与提升，以及各个满意度的影响要素、介质要素、满意度水平之间相互作用的具体运行过程。

四 电子政务服务满意度形成机理的实证研究

随着对于电子政务服务满意度影响因素研究的不断发展，研究者不再停留于对影响因素的探寻与验证，而是更加深入地了解各影响要素之间通过什么样的相互作用、依靠什么样的内在介质对满意度产生作用。从对形成机理影响介质的研究角度来看，目前针对电子政务服务满意度形成机理的实证研究主要分为以下三种类型：一是以中介变量为介质，对形成机理进行探究；二是以调节变量为介质，从而揭示形成机理；三是同时用中介变量与调节变量对形成机理进行解析。

就以中介变量为介质的研究而言，刘燕发现感知易用性和感知质量能够成功传递公众期望对电子政务服务使用满意度的影响，即公众期望对满意度的积极影响来源于公众感觉到使用容易并且服务质量高（刘燕，2006）；有学者的研究发现感知重要性能够显著传递感知有用性、完整性和回应性对服务满意度的积极影响，即公众在觉得电子政务服务有用、完整且回应性强之后，他们会产生一种电子政务服务对于他们而言很重要的感觉，从而进一步形成满意感受（Kunstelj et al., 2009）；也有国内外学者从 ACSI 模型出发对电子政务服务满意度形成机理进行研究，结果证明感知价值能够正向传递感知质量和公众期望对满意度的积极影响（Awwad，2012；邹凯、包明林，2016；李志刚、徐婷，2017）；L. Hwang 和 M. Choi 的研究则从立法角度出发，发现立法水平对社会影响和电子政务效率满意度之间的关系具有正向中介作用（Hwang，Choi，2017）；N. Hajiheydari 和 M. Ashkani 此后的研究则表明，感知有用性积极传递着服务质量对满意度的影响（Hajiheydari，Ashkani，2018）；其后，有学者使用期望确认理论的研究发现，期望确认能够正向传递性能表现对电子政务服务满意度的影响（Serrano et al.，2018）；也有研究发现办理效率能够正向传递信息质量对电子政务服务满意度的影响，即当公众感觉到政务信息服务质量高时，他们会感觉到业务办理很有效率，从而进一步形成满意感受（Santa et al.，2019）；还有学者的研究证明，感知价值能够成功传递服务安全性、服务便捷性、服务可靠性对用户满意度的影响（Zhang et al.，2019）；A. I. Alkraiji 和 N. Ameen 的研究发现，公众信任传递在服务质量和用户满意度之间充当了正向的中介媒介（Alkraiji，Ameen，2022）。

而就采用调节变量为介质的研究而言，有学者对蒙古国电子政务的研究发现，设备环境对社会影响和电子政务服务满意度的关系具有调节作用（Park et al.，2014）；随后，他们又对政府社交媒体服务进行了研究，证明传播的同步性可以调节感知价值和用户满意度之间的关系（Park et al.，2014）；一个通过对 55 个国家的数据分析发现，经济发展水平可以调节绩效期望等对电子政务使用的影响（Zhao et al.，2014）；明承瀚等发现公民参与正向调节系统质量对电子政务服务满意度的影响，同时负向调节信息质量和服务质量对满意度的影响（明承瀚等，2016）。这意味着公民参与程度越高，对系统越了解，他们越会觉得系统质量对满意度产生积极影响；反之公民参与程度越低，服务质量和信息质量的作用就越弱。人口学要素也被诸多学者证实是参与电子政务服务满意度调节作用的重要因素。例如，有研究发现工作经历的长短负向调节绩效期望和态度对使用满意度的影响，意味着工作经历越长的人可能会更挑剔，因此绩效期望和态度的正向影响更弱（Batara et al.，2017）；I. K. Mensah 和 J. N. Mi 则发现性别与受教育水平不能显著调节公众信任对用户满意度的影响，意味着男性与女性之间、受教育水平高与受教育水平低的人群之间信任对满意度的影响没有显著区别；此后，他们又发现年龄会正向调节自我效用对用户满意度的影响（Mensah，Mi，2017）；M. A. Camilleri 的研究则是证明，感知有用性和感知易用性对电子政务服务满意度的作用会受到年龄、性别和个人经历的调节影响（Camilleri，2020）；另有学者考察了感知有用性对信息成功模型的调节作用，发现对于用户而言，他们越是觉得电子政务服务是有用的，他们对业务服务、信息、系统的使用评价就会越高，也越容易形成满意（Salim et al.，2021）；此外，一个面向学生群体的研究表明，学生的使用动机能够正向调节感知愉悦性对电子政务在线学习服务满意度的影响（Arquero et al.，2022）。

除了单一采用中介或调节变量的研究，还有少部分研究同时采用两者对电子政务服务满意度形成机理进行分析。例如，有研究发现，感知功能获益可以传导期望确认对用户满意度的影响，同时感知风险会调节感知功能获益对用户满意度的影响（Akram et al.，2019）；P. Rawat 通过对电子政务服务参与满意度的研究表明，设备环境、使用技能、经济承担水平能够传递制度环境对用户参与满意度的影响，同时也能调节公民自由度对用户参与满意度的影响；此后，一个对 350 份问卷的调查研究证明，认知水平不能有效调节服务质量和用户满意度的关系，但是政策一致性可以传导服务质量对用户满意度的积极作用（El-Gamal et al.，2022）。表 2.4 展现了电子政务服务满意度形成机理的研究概况。可以看到，已有研究主要是通过引入中介变量或调节变量作为中间介质，从而揭示潜在影响因素与用户满意度之间的关系。

表2.4 电子政务服务满意度形成机理的实证研究总结

研究类型	介质	代表研究者
中介效用	中介介质：感知质量；感知易用性；感知重要性；立法状况；感知有用性；期望确认；办理效率；感知价值；公众信任传递	刘燕（2006）；Kunstelj 等（2009）；Awwad（2012）；邹凯、包明林（2016）；李志刚、徐婷（2017）；Hwang 和 Choi（2017）；Hajiheydari 和 Ashkani（2018）；Serrano 等（2018）；Santa 等（2019）；Zhang 等（2019）；Alkraiji 和 Ameen（2022）

续表

研究类型	介质	代表研究者
调节效用	调节介质：设施环境；传播同步性；经济发展水平；公民参与；文化宽紧程度；年龄；性别；使用体验；感知有用性；使用动机	Park 等（2013）；Park 等（2014）；Zhao 等（2014）；明承瀚等（2016）；Batara 等（2017）；Mensah 和 Mi（2017）；Tang 等（2019）；Camilleri（2020）；Salim 等（2021）；Arquero 等（2022）
中介＋调节作用	中介介质：透明度；公众信任；感知价值；感知功能获益性；内容满足；设备环境；使用技能；经济承担水平；政策一致性 调节介质：透明度；公众信任；地方政府公信力；感知风险；兼容性；设备环境；使用技能；经济承担水平	Venkatesh 等（2016）；Akram 等（2019）；Rawat（2021）；Wang 等（2021）；王汇宇（2021）；El-Gamal 等（2022）

五　电子政务服务"跨省通办"的相关研究

自《关于加快推进政务服务"跨省通办"的指导意见》颁布以来，电子政务服务"跨省通办"受到中国行政部门高度关注，各省份均开始推行"跨省通办"服务。然而，"跨省通办"作为数字背景下电子政务的一种新兴类属，学界目前对其研究还十分有限。具体而言，从国外的研究情况来看，虽然政务服务"跨省通办"的名称带有中国特色，但并非属于中国独有的政务服务种类，国外也有类似的服务。例如，欧盟致力于推动"Once-Only Principle"（OOP）工程，实现欧盟成员国内部在商务、民生等领域政务服务的"信息互通"与"同标准"办理（Krimmer et al.，2017）。与中国的政务服务"跨省通办"一样，"Once-Only Principle"工程也致力于实现打破地区间行政壁垒、推动信息互通共享、优化整体营商环境等（Kalvet et al.，2018）。目前，围绕该工程的研究主要集中于框架构成以及风险挑战方面。有学者对"Once-Only Principle"工程的收益、阻碍以及未来发展进行了分析，认为虽然该工程能够提升欧盟成员国之间的营商环境，但是国与国之间的行政壁垒是主要阻碍（Wimmer et al.，2017）；还有学者从宏观角度阐述了"Once-Only Principle"工程的优势，并且构建了推动实现该工程的参考框架（Kimmer et al.，2017）；C. Akkaya 和 H. Krcmar 统计了欧盟主要成员国在电子政务服务办理事项方面的数据，从统计结果中分析出数据共享是一大突出短板，并以此为"Once-Only Principle"工程提出建议（Akkaya，Krcmar，2018）。另外一些学者则分析了"Once-Only Principle"工程的主要优势、阻碍以及驱动要素，他们认为优势主要体现在服务效率提升以及行政壁垒减少方面，阻碍主要来源于国与国之间在立法、组织、需求等方面的差异化，而主要的驱动因素在于欧盟成员国对于进一步优化营商环境的渴望（Kalvet et al.，2018）。

就国内的情况而言，目前对政务服务"跨省通办"的研究呈现出以下两个特点。一是研究数量总体偏少，高质量研究更是少之又少。根据 CNKI 数据库的检索结果，多数收录于数据库中关于"跨省通办"的文章都是新闻快讯、规章政策类等非学术研究，真正的学术性文章还很有限，尤其是鲜有高质量的学术研究。而根据现实中政务服务"跨省通办"发展得方兴未艾，未来该领域将会吸引越来越多的研究目光，但是就目前而言，中国对政务服务"跨省通办"的研究空白亟须弥补。二是对政务服务"跨省通办"满意度影响因素及形成机理的研究十分稀缺。在现有研究中，几乎还找不到针对"跨省通办"服务满意度形成机理方面的实证研究。具体来看，现有研究基本都是从宏观的角度出发对政务服务"跨省通办"当前存在的制度瓶颈、技术壁垒、结构困局进行阐释，并从宏观角度提出政策建议。例如，刘祺对政务服务"跨省通办"的发展阻碍进行了总结，指出"跨省通办"缺乏落地支撑，体现在各省市间政务系统不兼容、信息基础设施不平衡、服务标准不统一等方面，需要省域间拓展合作方式与领域（刘祺，2022）。也有学者将政务服务"跨省通办"面临的挑战总结为"权力边界"和"目标差异"两个方面，认为需要通过协商沟通、激励约束和组织学习构建区域数据共享的核心体系（刘冰，2022）。刘旭然认为中国"跨省通办"服务存在区域间协同性较差的实践困境，并根据"跨省通办"服务的内生禀赋，提炼出纵向嵌入型、内源自发型、政社共治型三种样态模式（刘旭然，2022）。郝海波对婚姻登记"跨省通办"服务的困境和实践进路进行了思考，认为目前存在制度瓶颈和技术壁垒两大问题，在制度层面需要同时抓好顶层设计和试点先行，而在技术层面需要做好数据整合与系统迭代（郝海波，2022）。孟博就不动产登记"跨省通办"服务进行了研究，认为搭建统一平台、明确职责划分、进一步细化不动产登记过程中的询问事项，是下一步发展"跨省通办"业务应该考虑的事（孟博，2022）；金震宇对移动政务服务"跨省通办"进行了研究，指出应当加强应用规范建设并统一监管，并且强化"跨省通办"服务数据标准建设，从而推动移动政务服务"跨省通办"更好发展（金震宇，2021）；詹成付则针对两项补贴"跨省通办"服务做出建议，指出要精准把握两项补贴"跨省通办"的具体程序要求与时间要求，提高业务效率（詹成付，2021）。

六 对现有文献的评述与反思

（一）对当前研究现状的概括

通过对相关文献进行综述可知，政务服务"跨省通办"属于数字政府视域下的电子政务服务范畴，而电子政务服务满意度属于一种公共服务满意度。提供让用户感到满意的电子政务服务是发展电子政务的一种重要公共价值，符合广大人民的利益。对电子政务服务满意度的内涵释义可以从感知差异和服务对象等视角出发，感知差异视角下的电子政务服务满意度遵循顾客满意度的内涵构造，认为电子政务服务满意度是对服务使用全部体验的总体评价；服务对象视角下的电子政务服务满意度根据服务对象的不同来对电子政务服务满意度进行定义。由于提升电子政务服务满意度符合人民群众的切身利益，因此研究电子政务服务满意度的影响因素及形成机理具有重要意义。

目前对电子政务服务满意度影响因素的理论模型构建主要可以分为三种路径。第一，直接使用单个经典理论模型对电子政务服务满意度影响因素进行分析，将经典模型中的要素概念作为影响满意度的潜在因素加以验证。第二，通过对现有理论模型进行拓展，将拓展模型中的概念要素作为影响满意度的潜在因素加以验证，具体可以将两个或两个以上经典理论模型进行整合，构建出拓展模型；也可以先通过演绎或归纳提炼出独立的影响因素，再将独立的影响因素融入经典模型，实现对理论模型的拓展。第三，不使用现有理论模型，根据所研究的电子政务类型的特征，依靠演绎或归纳提炼出影响要素，从而构建出新的理论模型并进行验证。

电子政务服务满意度形成机理揭示了用户满意度形成的内在系统。在此系统中，服务满意度的影响因素是促成满意度形成的主要参与方，即作用的施加方；中介或调节要素是协调传递前置影响因素对满意度作用的中间介质，展现了通过什么样的方式方法协调潜质影响因素和满意度之间的作用关系；电子政务服务满意度是承受作用施加的客体，也是系统中各要素最终汇聚的地方。研究电子政务服务满意度形成机理有利于明晰满意度的形成方式与过程，从而采取行动优化提升满意度水平。目前，从探究影响介质的角度来看，对于电子政务服务满意度形成机理的研究主要有三种模式：一是引入中介变量；二是引入调节变量；三是同时引入中介和调节变量。已有研究主要集中于前两种类型。

政务服务"跨省通办"是数字政府背景下电子政务的一种新兴类属，然而通过对政务服务"跨省通办"的相关研究进行梳理后发现，目前国内外的研究成果还十分稀缺。这与正在如火如荼推进的"跨省通办"服务并不相符，呈现出明显研究空白，需要及时填补。特别在中国，幅员辽阔的疆域内有着众多省份，属于同一中央政府直接管辖。这种特点使电子政务服务"跨省通办"的统筹相较欧盟来说更为方便，推进速度也更快。然而，中国目前对政务服务"跨省通办"的研究还十分稀缺，并且已有的少量研究也基本都从宏观角度出发对政务服务"跨省通办"进行分析与探讨。

（二）对现有研究局限的反思

反思现有研究之不足，主要有以下几个方面。

第一，从政务服务"跨省通办"满意度的影响因素上看，目前现有的理论模型与研究结果并不能较好反映出中国实践背景下政务服务"跨省通办"所含有的新变化和新特征。在中国，中央政府有着强大的统筹协调能力，各省份之间的凝聚力也相当稳固。因此与很多国家相比，中国发展政务服务"跨省通办"的环境更好。但是，中国经过几十年发展，各区域之间仍然存在较为明显的行政壁垒，导致广大人民群众在办理政务事项时经常要往返跑、重复跑乃至多地跑。政务服务"跨省通办"是数字时代整体性政府理念的重要实践，其所包含的全网通办、异地代收代办、多地联办等模式都是意在打破行政壁垒，促成政府内部跨区域、跨层级、跨部门的协同联动，为人民百姓带去切实利益。因此，政府部门的协同联动、业务办理的标准与统一乃至业务设施设备的泛在可及等，这些都成为数字政府时代"跨省通办"服务的新特征。

然而，现有的理论模型与研究结果都没能将这些新特征、新变化纳入影响"跨省通办"满意度的要素中去。从理论模型上看，诸如技术接受模型、信息系统成功模型、整合技术接受模型等集中于电子政务服务的技术性特点，例如操作易用、系统质量、设备条件等，而这些概念要素只能覆盖"跨省通办"在技术方面的某些特点；诸如SERVQUAL模型及E-SERVQUAL模型等虽然追求评价指标的多面性，但是其包含的指标要素仍然没能覆盖"跨省通办"最核心的协同联动等特点；诸如顾客满意度测量模型等构建的指标较为抽象，例如感知质量、感知价值等，不能直接体现出"跨省通办"的特点。因此，只依靠当前现有的经典理论模型并不能很好地识别与解释影响"跨省通办"满意度的因素。此外，从电子政务的类属上看，现有研究已经对政务网站、政务App、政务新媒体、电子化公共服务等不同电子政务类别满意度的影响因素进行了探索。然而对政务服务"跨省通办"的研究现在基本都集中在宏观层面，还没有研究从微观视角出发对影响"跨省通办"满意度的要素进行探究。因此，目前缺少直接根据"跨省通办"特征提炼影响要素的尝试。

第二，对于电子政务服务满意度形成机理的中间介质而言，目前的研究理论与模型没有反映出数字政府时代政务工作向"服务型政府"转变过程中的一些新变化。在中国，传统的府民关系框架下人们"官本位"思想较为严重，在办理政务服务过程中人们基本只重视服务能不能办理完、能不能办理好，而不去重视服务过程中自己的情绪感受。但是随着数字政府时代政务服务向"服务型政府"转变，人们除了重视服务的效能效用，是否也同样重视自己在服务中的情绪感受呢？这需要通过理论模型来验证与回答。然而，当前的理论模型与研究结果缺少感性情绪方面的介质析出。就众多研究结果来看，无论是中介变量还是调节变量，都主要集中于电子政务服务的实用性特征（感知质量、感知易用性、内容满足度、效率等）、功能性特征（感知功能获益性、兼容度等）、客观背景条件（立法状况、经济承担水平、文化宽紧程度）等，忽略了使用者感性情绪方面的因素。传统观念上，去政府机构办事应该是严肃的，不应该具备过多的感性情绪。然而随着时代的发展，中国政府的服务意识不断增强，在服务内容、方式、态度、环境等方面持续优化与改变。因此相比于从前，如今的数字政务服务可能带给人们更多轻松乃至愉悦的情绪感受，这些人的情绪可能成为促使满意度形成的中间介质。所以当前主要从实用主义、理性主义等视角出发构建的中间介质或许并不能全面揭示诸如"跨省通办"这类新兴数字政务服务满意度的形成机理，需要尝试析出更多感性情绪层面的要素，丰富对形成机理的理解。

第四节　本章小结

本章首先对研究中所涉及的主要概念进行了界定，包括电子政务服务、政务服务"跨省通办"以及成渝地区双城经济圈等。其后介绍了与本书高度相关的理论模型，包括整体政府理论、期望确认理论、期望确认模型、整合技术接受模型等，为研究打下良好的理论基础。接着，本书围绕电子政务服务满意度影响因素的测量、电子政务服务满意度形成机理以及政务服务"跨省通办"等进行了文献综述，明晰现有研究的不足，明确本研究的重要价值。

第 三 章

政务服务"跨省通办"满意度形成机理的扎根分析

本章从使用者的角度出发,运用扎根分析方法对政务服务"跨省通办"满意度的影响要素,以及影响要素之间相互作用关系等内容进行概念化、范畴化挖掘与提炼,探讨政务服务"跨省通办"满意度在微观上的形成机理,初步构建出融入了新变量、新路径的,具有一定新意的理论模型框架。

第一节 扎根分析方法选择缘由与流程设计

一 扎根分析方法介绍及其适用性分析

扎根理论分析(Grounded Theory)又称扎根分析,是构建概念或理论的有效方法之一(Glaser, Strauss, 1967)。作为一种定性研究方法,扎根分析强调自下而上从经验资料中寻找核心线索,并通过线索之间的联系构建起概念或理论(唐长乐,2021;冯海龙等,2023)。长期以来,扎根分析被广泛运用于心理学、教育学、社会学等领域的研究中(Weiner, 1999; Glaser, Holton, 2007; Smith et al., 2018)。随着公共管理研究的发展,公共治理(朱冬亮,2012;文宏、崔铁,2015)、公共政策(王建明、王俊豪,2011;何文盛等,2018),以及公共服务(朱侃等,2020;唐长乐,2021)等主题的研究也越来越多地使用扎根分析。

与个案研究等其他定性研究方法相比,扎根分析操作具有系统而规范的流程,其能够较大程度挖掘资料和数据中的重要线索,并通过与资料对话来分析资料线索，探究线索之间的关联，从中提炼出概念或理论（宋耘等，2022）。中国学者陈向明提出了扎根分析的六个基本准则：第一，强调从资料中提炼概念或理论；第二，要求研究者对资料中可能蕴含的概念或理论保持高度敏感性，时刻注意新线索；第三，不断对照资料与理论，在不断的对比中根据资料提炼出概念与范畴；第四，资料需要通过理论抽样，去除无关紧要的线索，着重分析与构建概念或理论直接相关的资料；第五，在文献运用方面，扎根分析过程中可以使用已有的概念或理论，但需要和研究中收集的资料相配；第六，对构建结果的检验评判标准为，概念源于原始资料，概念间具有系统关联（陈向明，1999）。

目前，扎根分析主要有三大流派，分别为经典扎根理论分析、程序化扎根理论分析、建构型扎根理论分析。经典扎根理论分析最早形成，其强调扎根分析的核心在于发展理论，并且提倡从数据中发展理论（Glaser, Strauss, 1967）。程序化扎根理论分析在方法上进行了细化，倡导运用归纳的方式对收集的资料进行系统化分析，从而发展理论（陈向明，1999）。建构型扎根理论分析则认为研究过程是互动和流动的，研究者本身也是研究内容之一（王红利，2015）。从共性上看，三大流派都承认扎根分析是一种定性研究方法，都要求理论源于资料，强调理论与资料的联系。而他们的主要不同在于研究中的编码过程。经典扎根理论分析将编码过程分为实质性编码和理论性编码两个步骤；程序化扎根理论分析将编码过程分为开放编码、主轴编码和选择编码三个步骤；建构型扎根理论分析没有明确的编码步骤，强调研究者在研究过程中的主观能动作用（王红利，2015）。

贾哲敏认为，扎根分析在公共管理领域适用于因素识别、探索新生事物等类型的问题（贾哲敏，2015）。王璐、高鹏认为，扎根分析适用于探究那些未完全明确或未得到广泛认同的概念内涵（王璐、高鹏，2010）。

本书选择程序化扎根分析对政务服务"跨省通办"满意度的形成机理进行质性研究。其原因主要有以下几点。第一，在现实层面上，由于电子政务服务"跨省通办"投入使用不久，现阶段社会大众对这项服务的认知、理解与期许都有所不同；对"跨省通办"服务的满意感到底涉及哪些方面的评价，在用户群体之间具有一定差异，没有形成统一、得到广泛认可的标准。第二，目前对电子政务服务"跨省通办"满意度形成机理的相关研究十分稀缺，因此缺乏高质量、系统性的已有研究作为参考，对于满意度的影响因素及其内涵、满意度的形成机理等问题学界还未达成统一共识。第三，虽然政务服务"跨省通办"属于电子政务服务范畴，但是其相较于一般电子政务服务又具有诸多特点。如果使用现有理论模型进行生搬硬套，很难全面覆盖"跨省通办"服务满意度的影响因素，也很难明确其中的形成机理。政务服务"跨省通办"满意度形成机理的研究属于识别因素的问题范畴（贾哲敏，2015），也属于探索新生事物以及未得到广泛认同的概念的问题范畴（王璐、高鹏，2010）。因此对这一问题的研究需要使用扎根分析方法，扎根到现实实践环境中去，切实对人民群众的使用进行访谈与调查，收集一线的原始资料，再使用系统化的程序对资料进行归纳与提炼，从而识别出可能对政务服务"跨省通办"满意度的形成产生影响的核心要素，以及其中的相互作用关系。此外，由于程序化扎根分析提供了严谨且成熟的编码步骤，能够高效而系统地操作与实施，较好地将资料一步步提炼为理论。因此，本书以程序化扎根分析开展定性研究。

事实上，对于信息系统和电子服务（E-service）领域新生事物的研究，已有越来越多的研究者采用程序化扎根分析的方法对用户行为（使用意愿、使用满意度、参与行为等）进行定性研究。例如，迟铭对公众参与企业线上品牌社区治理行为的研究（迟铭，2021），杨华对互联网保险接受行为的研究（杨华，2021），王汇宇对民营企业家对电子政务服务营商环境满意度的研究（王汇宇，2021），等等，都使用了程序化扎根分析进行概念与基本模型框架的构建。

二 扎根分析研究流程

程序化扎根理论分析具有一套系统规范的流程，主要可分为研究设计、资料收集与整理、资料分析、理论饱和度检验、资料补充、研讨结论等步骤（李辉等，2020），图3.1展现了扎根分析的主要流程。在扎根分析的研究流程中，资料的分析与编码是最为重要的阶段（杨华，2021），主要会进行三个等级的逐级编码工作（Charmaz，2006），分别是开放编码（Open Coding）、主轴编码（Axial Coding）和选择编码（Selective Coding）（唐重振等，2023；李晓华等，2022）。

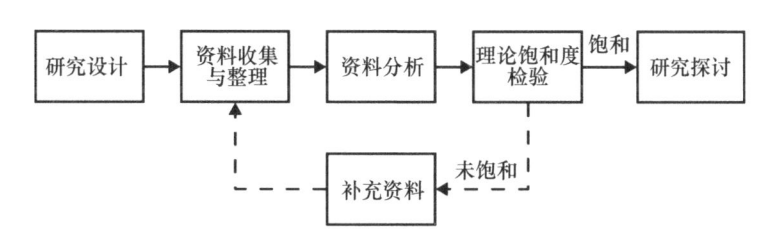

图 3.1 扎根分析研究流程

开放编码也称为第一级编码，在这一阶段，编码人员把收集的资料数据进行整理，逐步分解，再对比检验，给予概念界定，然后通过新的模式对其进行再组合。通俗来说，就是对收集的资料数据进行逐词、逐句、逐行、逐个事件的编码工作，不断深入比较分析这些资料数据的每个词、每一句、每一行、每个事件，发现其中的相同和差异，进而形成概念和范畴（Strauss，Corbin，1990）。

主轴编码也称为第二级编码，主要指把一个概念或范畴作为中心，将这个概念或范畴与它的副范畴进行关联，使这个概念或范畴的维度明晰化，形成主范畴与副范畴（杨华，2021）。在开放编码使资料数据分解之后，需要主轴编码将数据重新排列并再次构成一个连贯的整体（Layder，1993）。陈向明提出主范畴与副范畴之间的联系可以属于因果、情形、类别、功效、对等、策略等关系（陈向明，1999）。

选择编码也称为第三级编码，是指对主轴编码进行进一步归纳、合并与凝练，以此在已经总结出的范畴中提炼出核心范畴。将核心范畴和其他主范畴进行关联，找到核心范畴与其他主范畴的连接，最终确定核心范畴与各主范畴之间的联系（唐重振等，2023）。

三 扎根分析研究设计

本书遵循程序化扎根理论分析的规范性流程，对开展扎根分析进行规划设计，以确保可执行性和有效性，具体流程环节如下。

第一，研究问题的确立。在对政务服务"跨省通办"相关研究进行梳理的基础上，将政务服务"跨省通办"满意度形成机理作为扎根分析的主要问题。

第二，理论抽样工作。围绕研究问题来初步选定需要访谈的对象。

第三，经验资料收集。结合研究问题进一步设计出相关访问提纲，然后通过焦点小组、半结构化访谈等方式对选定的研究对象深入开展访谈工作，将访谈内容进行记录，并整理成原始访谈资料。

第四，资料分析。在收集整理好访谈资料的基础上，使用扎根分析方法处理资料数据，开展三级编码，通过开放编码、主轴编码以及选择编码，逐字逐句分析资料中的概念、范畴以及相互之间的关系，提炼出核心范畴、主范畴与副范畴，并揭示出影响因素与满意度之间的潜在关系构架。

第五，理论饱和度检验。针对上一环节开展验证，检验扎根分析构建的关系构架，看是否还能发现新的因子。若未饱和，进行资料补充，直到饱和度验证通过为止。

第六，结论研讨。根据扎根分析的结果，提炼出初步反映政务服务"跨省通办"满意度形成机理的基本理论框架，并对扎根分析的结果进行讨论。

第二节　扎根分析资料收集

一　研究对象选取

与传统定量研究的抽样方式不同，扎根理论分析强调采取理论性抽样（Theoretical Sampling）的方式进行样本选择，即通过有目的性的样本选择提出某个概念或理论（陈向明，1999）。因此，扎根分析所抽取的样本应该是和研究目的紧密相关的具有典型代表性的群体，着重强调样本的代表性，而不在于样本数量（邓慧兰等，2022；夏青等，2022）。"川渝通办专区"是国家开通的"跨省通办"专区之一。"川渝通办专区"与成渝地区双城经济圈紧密结合，助力经济圈内生产要素相互流通，在商贸、教育、科研、交通等领域为群众带来便利。除了包含国家规定的高频"跨省通办"服务事项，"川渝通办专区"还根据川渝两地具体发展需要与群众办事需求，自主开展跨区域部门协作，拓展区域内"跨省通办"服务事项。截至 2022 年 2 月,"川渝通办专区"已开通"跨省通办"服务事项共计 311 项。本书以成渝地区双城经济圈为背景,探究影响政务服务"跨省通办"满意度形成的因素以及形成机理。由于"川渝通办专区"是和成渝地区双城经济圈联系最直接、最紧密的"跨省通办"专区,因此本研究针对"川渝通办专区"展开。

本章主要希望通过扎根分析方法了解"跨省通办"服务满意度在微观上的形成机理,因此对访问对象的选取采取以下原则:一是访问对象需要使用过"川渝通办专区"的服务事项,有着实际的使用体验;二是访问对象需要对政务服务"跨省通办"具有一定的了解;三是访问对象尽量是乐于表达并善于沟通的人群,以便在访问中获取更多的经验资料;四是从不同服务类型出发选择访问对象,尽量保证每一种服务类型(如社保、医疗、教育、交通等)都能够有受访对象;五是从不同人口统计变量角度出发选择访问对象,保证访问对象的多样性。

二　研究资料收集

本书在设计半结构化预访谈提纲时,参考了信息系统满意度的相关文献。正式开展访谈前,联系了 4 名使用过"川渝通办专区"服务的人员进行焦点小组访谈,并根据意见反馈修改提纲,形成正式访谈提纲。访谈围绕政务服务"跨省通办"使用满意度展开,在实际访谈过程中遵照扎根分析的访谈规则,将访谈提纲作为一个访谈框架作参考,访谈时包括但不限于提纲中的问题,尽量使受访者充分发表意见和观点,并引导受访者分享自身经历(文军、将逸民,2010)。书后附录展示了访谈提纲,主要内容包括:(1)对"跨省通办"服务的认知方面,(2)对"跨省通办"服务满意度现状方面,(3)对"跨省通办"服务满意度形成机理方面,(4)其他方面。

实际访谈工作依据成渝地区双城经济圈建设背景,在成都与重庆开展。访谈工作开展时间为 2022 年 1 月至 4 月,通过面对面和滚雪球两种方式邀请受访人员。面对面邀请主要在成渝两地的区一级政务服务中心(大厅)开展,笔者在"跨省通办"服务窗口等待并邀请办理群众参与访谈。具体而言,面对面实地访谈选择了成都市电子政务服务设施配备较好、业务能力较强的高新区和成华区,同时选择了重庆电子政务服务设施配备较好、业务能力较强的两江新区、渝北区、高新区和九龙坡区，受访人员都来自这些区的政务服务中心（大厅）。滚雪球邀请主要受到部分已采访群众的大力支持，依靠这些已采访的群众去邀请他们认识的其他人员参与访谈，并通过面对面、电话或微信等方式完成访谈。在每次访谈之前，笔者会对受访者的基本人口学信息进行收集。最终，研究样本数的确定以理论饱和为原则，共计43名使用过"川渝通办专区"服务的群众参与了访谈，受访者的基本人口学信息如表3.1所示。

表3.1　　　　　　　　扎根访谈人口统计信息

	类别	人数	百分比（%）
性别	男	19	44.2
	女	24	55.8
年龄	20岁以下	6	14.0
	20—30岁	23	53.5
	31—40岁	12	27.9
	41—50岁	2	4.7
受教育程度	初中及以下	1	2.3
	高中	4	9.3
	专科	17	39.5
	本科	15	34.9
	硕士及以上	6	14.0
户籍	四川城镇户口	9	20.9
	重庆城镇户口	13	30.2
	四川农村户口	7	16.3
	重庆农村户口	11	25.6
	川渝以外省市城镇户口	1	2.3
	川渝以外省市农村户口	2	4.7
在川渝地区居住时间	1年以内	3	7.0
	1—3年	1	2.3
	4—10年	5	11.6
	10年以上	34	79.1

续表

	类别	人数	百分比（%）
使用次数	不到5次	28	65.1
	5—10次	3	7.0
	10次以上	12	27.9
使用服务领域（一人可多选）	社会保障	24	55.8
	交通出行	20	46.5
	就业创业	13	30.2
	户籍办理	31	72.1
	设立变更	15	34.9
	司法公正	2	4.7
	其他服务	36	83.7

在访谈形式方面，一对一深度访谈和焦点小组访谈两种方式都被使用到本研究中。其中，一对一深度访谈进行了29人次，焦点小组访谈进行了4次，每次3—4人。一对一深度访谈时，访谈对象有充足的时间表达自己的感受与看法，过程中，采访者时刻感知受访者语气、语调、表情、动作等的变化，随时调整提问方式，尽可能深入发掘受访者对"川渝通办"以及"跨省通办"的理解与认识。焦点小组访谈中，受访者被引导进行相互讨论，并被鼓励使用发散性思维表达思想与意见，增加了讨论的充分性与全面性。从时长上看，一对一深度访谈在30分钟左右，焦点小组访谈时间则相对较长，在40分钟到1小时之间。所有访谈都使用普通话或成渝两地方言进行，整理后形成的访谈文稿约9万字。对于理论饱和度检验，本研究随机抽取2/3的访谈记录（28份）用于编码，剩下的1/3用于检测理论饱和度。

第三节 扎根分析资料编码

一 开放编码

开放编码是依据理论取样原则，从原始资料中构建概念的过程（安琪、毕新华，2021）。研究人员通过对原始资料逐字、逐行、逐句、逐段地仔细阅读，从复杂的原始资料中提取其表达的本质意思，并进行编码来提炼相应的概念（成俊会、李梅，2021）。对概念的提炼可通过头脑风暴或已有文献，寻找合适的词语归纳资料中的内容，进行概念化（邓慧兰等，2022）。开放编码的过程主要包含三步：标签化、初始概念化和初始范畴化（迟铭，2021）。本研究使用 NVivo 11 软件，对原始资料进行数次整理和分析之后，从中提炼出 152 个初始概念，并通过对初始概念的深入归纳和总结，形成了 65 个初始范畴。本书列举的开放编码示例如表 3.2 所示。

表 3.2　　　　　　　　　　　　开放编码结果

初始范畴	初始概念	原始语句示例
A1 精细	a1 业务流程细致	我感觉现在的服务流程必须有科学的设置，每个节点需要规定得很严格很细，只要按照节点来就不会有什么问题
	a2 业务划分精确	我办理了很多次"川渝通办"，证照、迁移都有，自我感觉"川渝通办"对业务的划分还是很清楚的，没有碰到交叉重复的业务类型
A2 无误	a3 办理流程无误	我帮人办理营业执照很多次了（中介），没有碰到过相关部门把流程搞错的情况
	a4 办理结果无误	因为疫情，回成都可能又要"三天两检"，我想干脆就直接在重庆把身份证给换领了，今天办下来，没出问题，还是觉得挺满意
A3 严格守时	a5 节点无延误	因为我办学位公证比较急，申请花了 1 天，很怕审查花的时间太长，结果审查只用了 4 天，比规定的快了 1 天
	a6 整体无延误	系统上写的是当天办结，也就是 0 个工作日，但是现在已经过去两天了，怎么一点都不按照规定的时间来呢？太不诚信了
A4 材料标准化	a7 提交数量标准	我老家在南川，现在住在渝北，我想办理驾驶证公证。但是我在网上查了一下，南川显示纸质身份证明只要 2 份，但是渝北显示要 3 份，所以我来现场问一下

续表

初始范畴	初始概念	原始语句示例
A4 材料标准化	a8 提交种类标准	我办理户口迁移，之前是在我们街道咨询的，说只要务工证明，结果现在到这个大厅的窗口（指区一级政务服务大厅）办理，说还需要交在渝参加养老保险的证明！和之前街道说的不一致
	a9 提交格式标准	我办理过数次营业执照的变更，不同区填报的格式不同
A5 过程标准化	a10 步骤标准	我在网上查过双流和这边（成都高新区）的信息，都是受理—审查—决定三个步骤
	a11 时间标准	还有，我之前在网上看到，两江这边驾驶证换发办理的时间也不一样，这边显示审查与决定要1天时间，受理和颁发都是0个工作日，而南岸那边审查只需要半天，但是受理和颁发还需要时间
	a12 赴现场次数标准	不同地方规定跑现场次数是不一样的，我之前办理个体工商户设立登记，在江北跑了3次，但是这回在高新区就跑了1次
A6 服务数量	a13 高频服务数量	服务大厅可以办理工商注册、户口迁移等服务，这些正是像我这样在川渝做生意的所需要的服务
	a14 特色服务数量	我觉得下一步应该再增加一点具有我们成渝经济圈特色的服务进来
A7 覆盖面	a15 类别覆盖	我觉得现在服务大厅能办理的服务基本已经把我平时最需要的几种服务都涵盖了
	a16 领域覆盖	民生领域基本都覆盖到了，还是很难得
	a17 人群覆盖	我觉得还可以将服务多向残障人群延伸一些，提供更多针对这一类人群的通办服务
A8 协同联动	a18 市内跨部门协同	其实现在"川渝通办"的这些服务都是很容易做到跨部门协同办理的服务，未来一些真正复杂的服务如何做到联合审批和联合验收，这才是挑战，不过对我们老百姓而言，希望这一天快点到来
	a19 跨省协同	我觉得现有的跨省协同联动还需要进一步加强，一定要规范好如何协同、权责在哪

续表

初始范畴	初始概念	原始语句示例
A9 数据共享	a20 共享数量	上次看到新闻里说了数据共享的问题，这对于"川渝通办"确实很重要，一定要增加数据的共享，但是同时也要规范
	a21 共享内容	我本身在单位也是做数据管理的，所以我知道数据内容的重要性，如果共享的数据不是最新的，那对于部门间的协同合作而言没有多大意义
A10 文字信息内容更新	a22 介绍信息更新	我之前在网上看了一下九龙坡区营业执照变更的信息，好像和我去年看的没什么区别
	a23 法律依据更新	因为我是学法律的，所以如果有新的相关法律作为依据，建议我们的政府一定要尽快更新到网站上，利民利己
	a24 评价信息更新	我才不相信这个什么评价会更新呢，就是个摆设而已，糊弄人
A11 附件材料更新	a25 附件表格更新	之前我爱人去办理个体工商登记的时候在网上是下载不了批准文件样表的，但是现在可以下载了，应该是后来更新补充了
	a26 附件图片更新	我记得我去年准备的时候，查阅了办理流程，是没有匹配流程图的，现在更新了流程图，看得更清楚了
A12 可读	a27 通顺流畅	"川渝通办"网站上对业务介绍的语句基本都很通顺，就是在法律依据部分比较绕口
	a28 简短精练	对个体工商户设立登记的介绍简短且凝练，一般都是几个词就说清楚了
	a29 段落清晰	介绍内容的分段是很明确的，一小段就讲一件事 我前天在网站上查询了内资企业分支机构的设立登记，每一段文字内容都很明晰
A13 易懂	a30 用语通俗	"川渝通办"网页上的信息在用词用语上都很通俗，没有特别专业难懂的用词，所以容易理解
	a31 内容编排	对于信息内容的编排，我的意见是一定要按照使用者习惯的阅读顺序排列，现在就做得不错，一开始是基本信息，然后是提交材料、办理流程，很清楚

续表

初始范畴	初始概念	原始语句示例
A13 易懂	a32 事例样本	现在网站上基本都会在提交材料一栏给出正确填写的样本，下载下来参照着看就明白了
	a33 知识可视化呈现	除了文字，网站上还匹配了流程图，这种将过程进行可视化处理，我觉得是挺好的方式，让人更清晰
A14 美观	a34 字体设计	因为信息介绍大多数都是文字介绍，所以字体的大小和样式是需要斟酌的，不然读起来会很累，也不好看
	a35 图表设计	网页上的表格还是用的很恰当，把内容很清晰地分隔开，让人一目了然
	a36 标示运用	像一些重要的信息，比如办理时间这些，"渝快办"上都会用星号标注出来，方便阅读
	a37 色彩搭配	"天府通办"的网页不应该把信息内容用浅灰色来书写，像我这样有点老花的人看起来很累
	a38 排版布局	整体上看，信息内容的排版看起来还是比较明晰清爽的，具有美观性
A15 信息准确	a39 无错别字	信息介绍的文字一定不能有错别字，这是政府的门面，不然真的贻笑大方
	a40 无重复内容	另外，还是说驾驶证换发的事。我在网上看的时候，南岸区办理驾驶证换发的页面内容显示就有错误，办理流程的第一步是申请与受理，第二步还是申请与受理，重复了
A16 信息完整	a41 无遗漏文字	说实话，漏字算是很低级的失误，像这种有这么多使用者的网站一定要避免
	a42 无遗漏语句	根据我多次办理营业执照变更的经验，"渝快办"在业务信息上没有遗漏语句的情况
A17 适应性	a43 系统更新率	"渝快办"电脑端的网页系统和我半年前用的一样，感觉没有任何更新。但是手机端的系统明显更新了，我觉得系统更新还是很有必要
	a44 开放适应性	必须要说一下，用苹果浏览器是无法正常使用"川渝通办"的，导致我苹果电脑还要下载 IE 浏览器才能使用，"川渝通办"对苹果系统程序的排斥显得太封闭了

续表

初始范畴	初始概念	原始语句示例
A17 适应性	a45 系统多样式	现在可以通过多种方式登录"川渝通办专区",可以通过手机 App 或者是电脑,这证明"川渝通办"的系统具有多样式,可以给用户带来多种选择
A18 响应速度	a46 下载速度	现在的系统还是很不错,文件表格都是一键下载,速度也很快
A18 响应速度	a47 加载速度	我是在手机 App 上使用的,经常页面加载到一半就不走了,又要退出来重新进入,真的让人很无语
A19 平台对接	a48 连接畅通	在我看来,"川渝通办"的系统应该是一个具有集成性质的灵活系统,它可以畅通无阻地对接各个业务部门的网站,方便群众办事
A19 平台对接	a49 连接有效	"川渝通办"给的链接地址也很准确,上面提示对接结婚预约的网站,点开就是结婚预约的办理页面,很有效
A20 运行稳定	a50 系统卡顿	电脑还好,手机 App 使用起来经常碰到系统卡顿的情况,体验感很差
A20 运行稳定	a51 系统闪退	不只是卡顿,手机上闪退现象也经常发生,有些时候我正在上传文件,突然就闪退出去了,搞得我又要重新走流程,很麻烦
A20 运行稳定	a52 系统崩溃	去年有一次我碰到过系统崩溃的情况,不是闪退,是页面转跳之后 App 突然黑屏了,退出去之后打开还是黑屏,只有把程序卸载了,结果重新下载之后还是打不开,太不方便了
A21 故障修复	a53 修复速度	那次系统崩溃之后我只有去线下办理了,后面过了一天 App 又可以使用了,修复的速度还算比较快,没有耽误后续的查询
A21 故障修复	a54 保持时长	我感觉故障修复之后还是能保持好一段时间,系统崩溃恢复之后我就没碰到再次崩溃的情况
A22 外观设计统一	a55 字体统一	很明显,在系统的统一性上,目前"渝快办"和"天府通办"是做得比较差的,就拿系统字体举例,"天府通办"的字体较大,"渝快办"的字体很小,希望之后最好还是统一一点

续表

初始范畴	初始概念	原始语句示例
A22 外观设计统一	a56 图表统一	图表的使用也很不统一，有的地方"渝快办"上用了图表，"天府通办"没有用；有的地方"渝快办"没用图表，"天府通办"却用了
	a57 标示统一	标示的话"渝快办"的系统要优越一些，基本在重要的地方都增加了特殊标示，但是"天府通办"系统里面基本没有特殊标示，建议像"渝快办"那样加一些标示进去
	a58 色彩统一	色彩上给人的感觉也是，很明显这是两个独立的系统，"渝快办"是黑色的字体，"天府通办"是淡灰色，最好在字体的色彩上统一一点，否则感觉是在各玩各的东西
A23 业务内容统一	a59 业务分类统一	现在成都和重庆连"川渝通办"的业务分类都没有在系统里统一，举个例子，去"川渝通办"专区首页就能看到，重庆的个人业务类别里有医疗卫生这一项，但是四川的个人业务里就没有。所以，"川渝通办"至少要在业务类别上先实现统一吧
	a60 包含事项统一	我之前要在成都这边办理工业品生产许可证，结果发现重庆的系统这个业务是在"质量技术"这一栏里面，而四川这个业务是在"全部"这一栏里，让我找了好半天
	a61 内容介绍统一	我特地去看过"渝快办"和"天府通办"两个系统对业务内容的介绍，是有出入的，希望未来能够做到两个系统在业务内容介绍方面的一致，不然真让人感觉两个系统关联不强
A24 回应性	a62 回应迅速	我去窗口咨询过提交材料的事宜，窗口工作人员对我问题的回复速度很迅速，我很快就知道了怎么做
	a63 积极主动	我曾经打电话咨询过关于提交材料的问题，说实话我还担心电话里工作人员的态度会很差，但是他们在电话里积极地回答了我的问题，这真的让我觉得现在政府提供的支持和帮助越来越好了

续表

初始范畴	初始概念	原始语句示例
A24 回应性	a64 回应充分	因为我是农村的，很多事情搞不懂，窗口的工作人员一个一个地回答我的问题，直到所有的问题都搞清楚了，我真的觉得我们政府是在办实事
A25 友好	a65 亲和力	我觉得窗口工作人员的态度很差，一直看着电脑屏幕，像个机器人一样，很冰冷，一点亲和力都没有
	a66 有耐心	对于我们这种老百姓而言，办理过程中肯定会有搞不懂的地方，所以希望工作人员对于我们的询问都能够保持耐心，这才是为民服务的表现
	a67 文明礼貌	与以前相比，现在工作人员的文明程度更高了，很有礼貌，这是一个很好的变化
A26 责任感	a68 认真细致	工作人员很详细地给我讲了哪些材料是必须要提交的，每种材料打印几份，让我充分感受到了他的责任感与使命感
	a69 职业责任	我直接给你说吧，之前我提交材料被退回了好几次，但是我觉得材料根本没有问题，感觉工作人员在责任感上还需要加强
A27 专业知识	a70 业务知识	这些窗口工作人员的业务知识还需要增加啊，我就询问了几个问题他就答不出来了，还要找旁边的人问
	a71 其他相关知识	除了专业性业务知识的储备，我认为工作人员应该还需要储备一些其他相关知识，比如距离最近的另一个服务大厅在哪，怎么去
A28 处理能力	a72 问题解释	当时因为网上提交的材料被拒回了两次，所以我就去窗口咨询怎么回事，结果窗口工作人员居然也不知道怎么回事，对问题的原因完全不了解，所以我觉得这些人员的业务能力亟须提升
	a73 解决方案	工作人员的回答就是"知道了"，然后让我等，这种解决方式我觉得很敷衍
	a74 处理执行力	我的材料已经被退回来两次了，现场窗口我也跑了两次，问题还是没有解决，这些工作人员的执行力真的有待提高

续表

初始范畴	初始概念	原始语句示例
A29 沟通技巧	a75 倾听	当我诉说问题时,我感觉工作人员在认真倾听我的问题,这让我们的交流过程很顺畅
	a76 安抚	因为已经来现场很多次了,问题还没有解决,我当时很气愤,但接待我的是一名女同志,她很和气并安慰了我,我觉得这是一种沟通能力的表现
	a77 共情	我询问问题时,对面的工作人员就一直看着电脑屏幕,我觉得他完全体会不到我的着急,这让我感到无奈
A30 操作简易性	a78 步骤精简	现在"川渝通办"的操作还是比较烦琐,希望接下来进一步简化操作的步骤
	a79 顺序明确	总的来讲,手机 App 上使用"川渝通办"服务的操作顺序还是比较清楚的,从登录到选择服务再到上传文件资料等一系列步骤前后明确
A31 操作流畅性	a80 轻干扰	手机 App 上使用"川渝通办"实在太复杂了,每次我只要点开业务办理的页面,它都要人脸识别,又是眨眼睛又是点头,一个事情我头都点晕了还没提交完,真让人头大。还是希望政府好好研究一下怎么优化操作,不要总是因为人脸识别干扰操作,搞得人一点都不想用手机办了,还说什么科技造福于人
	a81 少重复	如果用电脑使用"川渝通办"服务,就会碰到很多重复的步骤。例如,我们用户甚至不用登录就可以到"川渝通办专区"预览和选择服务,直到要上传资料时系统才会强制要求登录,可是登录之后又会重新跳回"川渝通办专区"的初始页面,之前选择服务的步骤又要重新走一次,这就非常混乱
A32 易习得	a82 易理解	现在"川渝通办"增加了很多新的操作,比如人脸识别之类,但是我觉得这些操作方法还是挺容易理解
	a83 上手快	可能我平时接触电子产品比较多吧,我觉得"川渝通办"服务的操作还是很容易上手,我用了一次就学会操作流程了

续表

初始范畴	初始概念	原始语句示例
A33 教学资源	a84 人工教学	我不太清楚税务申报怎么操作，现场一位工作人员主动过来教我怎么操作，我很快就学会了
	a85 电子教学	自助服务一体机里有操作的教学视频，点开看一会儿就知道操作步骤了
A34 引导性	a86 引导方式	现在加了很多对操作的辅助引导，比如我使用自助服务一体机时就看到了有图片引导和语音引导，告诉我下一步应该怎么做
	a87 引导准确度	语音引导的准确度是很好的，我跟着提示一步一步操作就成功提交了材料
A35 人文关怀	a88 适老化	未来老龄化会越来越严重，所以很多老年人也会在手机或者电脑上使用"川渝通办"服务，因此开发适合老年人的操作模式很有必要
	a89 残障模式	我看到现在"渝快办"网页上就有残障模式，可以辅助特殊人群操作使用，我觉得这体现了我们政府的人文关怀
A36 公共业务设备状况	a90 公共设备数量	这里二楼就有非常多的电脑可供使用，设备的数量很充足
	a91 公共设备类型	这里有非常多的设备，可供选择的类型也很多，电脑、自助一体机都有，非常不错
	a92 公共设备质量	你看电脑多是多，但是靠窗那个区域基本全是坏的，打都打不开，质量堪忧啊
A37 私人业务设备状况	a93 个人设备拥有	我有好几个手机，都可以登录"渝快办"，不愁用不了
	a94 个人设备质量	不知道是不是我的手机比较旧，内存空间不够，使用"渝快办"时经常卡顿，可能需要换一个了
A38 其他室内设施环境	a95 光照条件	第一次来成都高新区这边的政务服务大厅时，我的第一感受就是震撼，上下一共六层，每一层都无比明亮，这才是政务服务大厅应该有的样子
	a96 电梯条件	我觉得九龙坡的这个政务大厅的电梯太拥挤了，有时候根本挤不上，还得走楼梯

续表

初始范畴	初始概念	原始语句示例
A38 其他室内设施环境	a97 座椅条件	我去过好几个政务服务大厅，成都的也有，重庆的也有，发现了一个很重要的事情，就是大厅的座椅往往不够，很多办事的群众都只能站着等待
	a98 绿植条件	像我经常跑政务大厅，在室内一待就是一上午，这些室内的绿植会缓解我的情绪，让我感到舒适
A39 室外环境状况	a99 外观形象	成都高新区政务服务大厅从外面看上去实在让人惊叹，像一个庄严的博物馆，我甚至有一瞬间觉得我是在深圳福田而不是成都，这种政务服务大厅才能真正展现我们政府的高大上
	a100 停车条件	重庆高新区政务服务大厅的这个停车场也太拉垮了，不好找不说，车位也很少
A40 泛在性	a101 随时可用	现在有了"渝快办"真的很好，我随时都可以办理"跨省通办"
	a102 随地可用	不管是在家里还是在单位，只要有手机我就可以办理"川渝通办"
A41 可及性	a103 可接近性	我去过江北，也去过九龙坡和沙坪坝，这些区都有政务服务大厅，而且离公交站很近，所以到达也很方便
	a104 可承担性	我觉得现在"川渝通办"的一些手续费还是不合理，应该做到全部免费。而且政务服务大厅的那些一体机收的打印费也太高了，应该降低点，不然真不想用
A42 立法与司法	a105 立法状况	现在政务办理也开始转到线上了，而政务办理本身就会涉及非常多我们的个人信息。通过立法来保护我们的个人信息是最基本的，也是最有效的，希望国家下一步一定要重视立法。
	a106 司法救济措施	当然，国家还应采取相匹配的司法手段来严肃处理侵犯个人信息隐私的行为，保障群众的隐私安全
A43 普法状况	a107 立法知晓度	个人信息隐私安全是个绕不开的话题啊，但是我对现在我们国家在这方面的立法情况一无所知，到底哪些法律在保护我们的隐私安全
	a108 司法知晓度	说实话，如果在办理"川渝通办"过程中我的隐私被侵犯了，我不知道采取什么司法救济措施，现在哪里还存在什么隐私安全，每个人的信息都在被出卖

续表

初始范畴	初始概念	原始语句示例
A44 技术防御	a109 开放规范与标准	我硕士是学计算机的,所以我知道开放规范和标准对于保护个人数据很重要,一定要严格把控
	a110 防火墙水平	我不太相信"渝快办"的防火墙,要真是有人来窃取信息,估计没几下就把防火墙突破了
A45 技术投入	a111 防护更新	感觉"天府通办"和"渝快办"会定期更新防火墙,毕竟是权威的平台
	a112 新技术购买	政府肯定会投入资金购买新的隐私保护技术啊,不然出了大的公共事件,政府的信誉不就完了吗
A46 数据收集	a113 收集方式	如今对我们个人隐私的收集手段真是花样百出,以前就是填个表,现在直接可以用微信授权登录,微信上的隐私信息说不定也被盗取了
	a114 收集频率	去窗口办理填表,要写一次个人信息,在网上提交,又要写一次个人信息,感觉无时无刻不在收集我们的个人信息
A47 数据利用规范	a115 隐私协议与条款	"渝快办"每次登录的时候能看到提供的隐私协议与条款,但是我从来没点进去看过,也不太在乎他们使用数据规范不规范了
	a116 数据泄露	数据使用规范就是个笑话,我一天至少碰到十几个骚扰电话,贷款买房子、报名健身,什么杂七杂八的都有
A48 可信赖	a117 权威性	"川渝通办"是政府提供的服务,有政府作为保障,与其他商业服务不一样
	a118 依赖性	我已经多次使用"川渝通办"办理成渝两地的业务了,感觉受益良多,以后涉及成渝两地的业务我都会利用"川渝通办"
A49 公平性	a119 办理效率公平	我申请的业务都是在规定的时间内办好的,所以我觉得"川渝通办"服务公平公正
	a120 后台支持公平	帮我处理问题的这位窗口的工作人员态度很友善,而且我感觉她对所有来询问的人都是如此
A50 优质	a121 高质量	总的来看我认为"川渝通办"的服务质量还有待提升
	a122 舒适度	我认为好的服务一定是要让人在办理过程中和办理之后感觉到舒适

续表

初始范畴	初始概念	原始语句示例
A51 高效	a123 效率性	整个过程中没有哪个环节遭到了拖延，办理速度上具有保证
	a124 效益性	"川渝通办"帮了我很多，我受益很大
A52 集成化	a125 材料减少	相比以前，现在只需要提交一次材料就可以了，以前要重复提交好几次
	a126 环节减少	全程网办之后，很多现场的环节都被去除了，大大便利了我们办事群众
	a127 跑动减少	我不用在成都重庆两地跑了，全靠了"川渝通办"服务，真的很方便
A53 快捷	a128 业务时限减少	我觉得每一个业务节点的时限可以再缩短一点，比如现在在材料审核规定是3天走完，可以缩短到2天
	a129 整体时间缩短	现在全程网办之后我不用东跑西跑，材料自己在跑路，办结的时间相较以前也缩短了，方便又快捷
A54 被尊重	a130 去官僚化	政务大厅里工作人员的态度都很好，没有一点架子，我真的感受到了现在的"民本"思想
	a131 去人格矮化	你可能不了解，我们年轻的时候去政府办事，那真是有一点求人办事那味道，鞠躬哈腰。但现在完全不同了，我感觉到政府尊重我们
A55 好奇心满足	a131 新鲜感满足	这毕竟是新的服务模式，以前没用过。这次办理也算是个体验，感觉很新鲜
	a132 求知欲满足	之前一直听说"跨省通办"，所以很想知道这个服务到底是什么，今天算是满足了我的求知欲
A56 轻松	a133 无压迫感	整个政务大厅的环境，还有工作人员的态度，让我感觉到很放松，没有以前到政府机构办事的那种压抑感
	a134 无紧张感	那个窗口的妹妹（工作人员）很耐心也很亲和，跟她交流我一点都感觉不到紧张
A57 愉快	a135 开心	这次办理我感到很开心，很愉快
	a136 有趣	如果未来加入更多有趣的元素，比如手机里做服务引导的AI形象用大熊猫或者其他卡通人物表现，这会让服务变得更有趣

续表

初始范畴	初始概念	原始语句示例
A58 大政方针	a137 发展规划知晓度	现在国家大力推动"跨省通办",我在新闻里看到好几次相关报道了,说是要进一步扩大服务数量,这确实是造福老百姓的工程
	a138 主要措施知晓度	具体国家有哪些措施推进"跨省通办"我不清楚,但是我相信我们的政府肯定会做好
A59 具体规定	a139 具体办理规定知晓度	作为来办事的人,具体办理的政策规定还是要了解,不然你不知道哪些能办,哪些不能办
	a140 其他规定知晓度	我感觉成都和重庆除了具体办理政策一样之外,肯定还有一些各自不同的政策规定,但我并不了解
A60 现有政策认可度	a141 大政方针认可	我非常认可现在国家对"跨省通办"的政策规划,未来"跨省通办"一定会发展得很好
	a142 具体规定认可	对于现在工商执照办理的规定我是了解的,也是认可的
A61 政策前景认可度	a143 愿景认可	未来"跨省通办"是大势所趋,我相信国家会出台越来越多的政策推动"跨省通办"
	a144 困难评估	说实话,我觉得要真正实现所有政务事项"跨省通办"十分困难,可能未来国家出台的政策会越来越少,作用也会越来越弱
A62 政务服务形象	a145 负责	"川渝通办"的开办体现了以人民利益为中心的思想,展现出了应有的责任与担当
	a146 廉洁	我认为全网通办的公开透明是对腐败的有效打击,是对廉洁形象的有力塑造
A63 政务服务信任	a147 诚实	我信任"川渝通办"服务,因为我感受到了服务对我的开诚布公
	a148 守信	"川渝通办"一直在强调要增加服务数量,方便群众办事,它说到做到了,每年的服务数量都在增加,这就是让我们老百姓感到信任的服务
A64 与希望对比的结果	a149 与希望中服务的对比	应该说"川渝通办"在效率上和我希望中的效率还是具有一定差距的,因此我说不上满意
	a150 基于希望对未来的憧憬	虽然目前还有差距,但是按现在"川渝通办"发展的态势,不久的将来效率肯定会和我希望中一样

续表

初始范畴	初始概念	原始语句示例
A65 与理想对比的结果	a151 与理想中服务的对比	我理想的服务是可以全部实现"一网通办",根本不用跑现场,可事实并非如此,很多时候我不得不跑现场,所以我并不满意现在的"川渝通办"
	a152 基于理想对未来的憧憬	我很满意现在的发展速度,未来"川渝通办"肯定会和我理想中的样子差不多

二 主轴编码

主轴编码的主要作用是将初始概念和初始范畴联系在一起,根据各自的内涵与类属关系进行范畴化,使这些概念关系具有层次感。主轴编码会对初始范畴进行细微调整,并将全部范畴在合理的逻辑下进行融合(杨芳、王晓辉,2021)。本书通过对65个初始范畴进行归并,结合具体访谈语境进行凝练,最终得到31个副范畴:精确性、准时性、标准化、多样性、协同性、时效性、易读性、正确性、灵活性、稳定性、统一性、态度、专业性、可操作性、习得性、辅助性、业务设施设备、空间环境、泛在可及、法律保护、技术保护、数据利用、公平可靠、优质高效、集成便捷、享受性、愉快感、政策知晓度、政策认可度、品牌印象、对比后的评价水平,以及11个主范畴:业务规范与协同、信息质量、数字系统、人员素质、努力期望、设施设备与空间环境、隐私安全、感知效用性、感知愉悦性、政策感知度、政务服务"跨省通办"满意度,具体结果如表3.3所示。

表 3.3　　主轴编码结果

主范畴	副范畴	初始范畴	范畴内涵
C1 业务规范与协同	B1 精确性	A1 精细	业务办理的精确程度,包括对业务的精细设置以及保证业务办理不出现错误
		A2 无误	
	B2 准时性	A3 严格守时	业务办理严格按照规定的时限办结,不超时,不延误
	B3 标准化	A4 材料标准化	不同地区的政务服务部门按照同一套标准对业务事项进行办理
		A5 过程标准化	

续表

主范畴	副范畴	初始范畴	范畴内涵
C1 业务规范与协同	B4 多样性	A6 服务数量	政务服务事项的多样化特征，包括服务数量、服务种类、覆盖领域等
		A7 覆盖面	
	B5 协同性	A8 协同联动	不同地区、不同部门之间业务办理的协同程度和数据共享水平
		A9 数据共享	
C2 信息质量	B6 时效性	A10 文字信息内容更新	政务服务信息内容及材料在当下时段具有效用，并未过期
		A11 附件材料更新	
	B7 易读性	A12 可读	政务服务信息内容在语句段落、语言意义、外观设计方面容易阅读
		A13 易懂	
		A14 美观	
	B8 正确性	A15 信息准确	政务服务信息内容在使用文字和信息传递上的准确度和完整度
		A16 信息完整	
C3 数字系统	B9 灵活性	A17 适应性	政务服务线上系统的灵活程度，表现在反应速度、更新频率、设备兼容度、相关平台的对接等方面
		A18 响应速度	
		A19 平台对接	
	B10 稳定性	A20 运行稳定	政务服务线上系统运行的稳定程度以及故障修复能力
		A21 故障修复	
	B11 统一性	A22 外观设计统一	不同平台及程序的政务服务线上系统在外观设计与业务内容方面表现出的统一程度
		A23 业务内容统一	
C4 人员素质	B12 态度	A24 回应性	在碰到问题并进行询问与反馈时，业务工作人员所展现出的处理问题的态度
		A25 友好	
		A26 责任感	
	B13 专业性	A27 专业知识	业务工作人员在帮助处理和解决问题的过程中所展现出来的业务能力与专业程度
		A28 处理能力	
		A29 沟通技巧	
C5 努力期望	B14 可操作性	A30 操作简易性	政务服务在线操作的简易程度与流畅程度
		A31 操作流畅性	
	B15 习得性	A32 易习得	政务服务在线操作的方式方法容易被习得的程度
		A33 教学资源	
	B16 辅助性	A34 引导性	对政务服务在线操作进行的辅助与引导工作
		A35 人文关怀	

续表

主范畴	副范畴	初始范畴	范畴内涵
C6 设施设备与空间环境	B17 业务设施设备	A36 公共业务设备状况	办理政务服务事项所需设备的拥有状态与情况
		A37 私人业务设备状况	
	B18 空间环境	A38 其他室内设施环境	政务服务大厅除业务设备以外的其他室内设施状况与室外环境情况
		A39 室外环境状况	
	B19 泛在可及	A40 泛在性	办事主体能够随时随地获得业务设备与享受业务空间环境的能力
		A41 可及性	
C7 隐私安全	B20 法律保护	A42 立法与司法	围绕保护个人信息隐私安全的立法与司法状况，以及对相关法律的普法状况
		A43 普法状况	
	B21 技术保护	A44 技术防御	围绕保护个人信息隐私安全的技术投入情况，以及目前使用技术的有效度
		A45 技术投入	
	B22 数据利用	A46 数据搜集	政府或第三方对于公民个人信息与隐私数据使用的规范程度
		A47 数据利用规范	
C8 感知效用性	B23 公平可靠	A48 可信赖	对政务服务值得依赖程度的感知，包括办理的公平性、权威性等方面
		A49 公平性	
	B24 优质高效	A50 优质	对政务服务质量和效率的感知
		A51 高效	
	B25 集成便捷	A52 集成化	对政务服务便利和便捷水平的感知
		A53 快捷	
C9 感知愉悦性	B26 享受性	A54 被尊重	办理政务服务过程中感到享受的程度
		A55 好奇心满足	
	B27 愉快感	A56 轻松	办理政务服务过程中感到愉快的程度
		A57 愉快	
C10 政策感知度	B28 政策知晓度	A58 大政方针	对"跨省通办"相关政策规定的了解及知晓程度
		A59 具体规定	
	B29 政策认可度	A60 现有政策认可度	对"跨省通办"现有相关政策与未来政策前景的认可程度
		A61 政策前景认可度	
C11 政务服务"跨省通办"满意度	B30 品牌印象	A62 政务服务形象	使用政务服务后，其在使用者心中树立起来的综合性、集成性感知印象
		A63 政务服务信任	
	B31 对比后的评价水平	A64 与希望对比的结果	实际使用经历和期望服务水平对比之后产生的综合性满足感评价
		A65 与理想对比的结果	

三　选择编码

选择编码是对主轴编码内容的再次凝练和整合（孙建军等，2022），通过整理各范畴之间的典型关系结构，以"故事线"的方式将这些典型关系结构连接与描绘，并挖掘出"核心范畴"，从而发展出理论模型框架（董京京，2019）。在选择编码环节，遵循扎根分析的程序化规范（Glaser，Strauss，1967），本研究邀请了三位电子政务服务领域的工作者参与研究，第一位是从事电子政务研究的大学教授，第二位是从事电子政务研究的博士研究生，第三位是政务服务大厅的管理人员。经过深入分析，本书确定将"政务服务'跨省通办'满意度形成机理"作为核心范畴。

围绕核心范畴形成的"故事线"，结合访谈资料，可以对各主范畴之间的典型关系结构作出如下归纳。(1) 在11个主范畴中，业务规范与协同、信息质量、数字系统、人员素质、努力期望、设施设备与空间环境、隐私安全是对"跨省通办"具体某个服务方面的评价描述。这些具体服务方面的体验评价影响着人们对"跨省通办"服务的满意度形成。(2) 感知效用性和感知愉悦性并非针对"跨省通办"某个具体方面的评价描述，而是针对"跨省通办"的整体服务体验。他们对满意度的形成也具有直接影响。(3) 业务规范与协同、信息质量、数字系统、人员素质、努力期望、设施设备与空间环境、隐私安全这些具体的服务体验评价会通过作用于感知效用性和感知愉悦性这些整体的服务体验评价，进而影响"跨省通办"满意度的形成。(4) 对"跨省通办"相关政策的感知程度高低会影响感知效用性和感知愉悦性对满意度的影响效果。综上，业务规范与协同、信息质量、数字系统、人员素质、努力期望、设施设备与空间环境、隐私安全、感知效用性、感知愉悦性对"跨省通办"满意度形成具有直接影响，并且感知效用性和感知愉悦性在这个过程中具有中介作用，同时政策感知度对感知效用性和感知愉悦性具有调节作用。按照这种"故事线"，本书各主范畴之间的关系如图3.2所示。

沿着此"故事线"对本书的行为现象和脉络条件进行描绘，可得到本书的主范畴之间具有13种典型关系结构：(1) 业务规范与协同和政务服务"跨省通办"满意度具有直接联系；(2) 信息质量和政务服务"跨

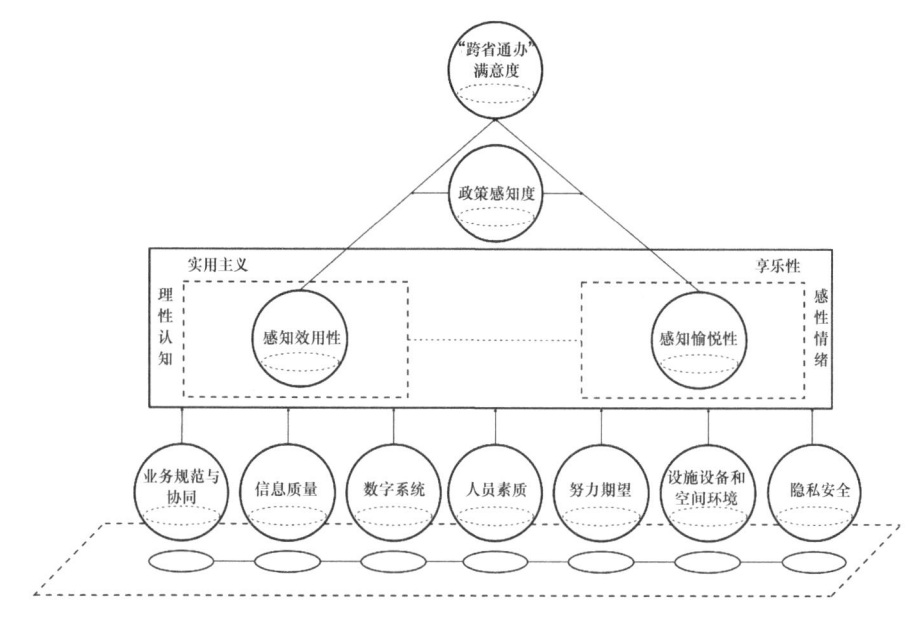

图 3.2 主范畴典型关系结构

省通办"满意度具有直接联系；(3) 数字系统和政务服务"跨省通办"满意度具有直接联系；(4) 人员素质和政务服务"跨省通办"满意度具有直接联系；(5) 努力期望和政务服务"跨省通办"满意度具有直接联系；(6) 设施设备与空间环境和政务服务"跨省通办"满意度具有直接联系；(7) 隐私安全和政务服务"跨省通办"满意度具有直接联系；(8) 感知效用性和政务服务"跨省通办"满意度具有直接联系；(9) 感知愉悦性和政务服务"跨省通办"满意度具有直接联系；(10) 感知效用性在各具体服务方面和满意度之间具有中介作用；(11) 感知愉悦性在各具体服务方面和满意度之间具有中介作用；(12) 政策感知度在感知效用性和"跨省通办"满意度之间具有调节作用；(13) 政策感知度在感知愉悦性和"跨省通办"满意度之间具有调节作用。综上，主范畴之间的具体关系结构如表 3.4 所示。

表 3.4　　　　　　　　　　　选择编码结果

典型关系结构	关系结构内涵	原始语句示例
业务规范与协同→"跨省通办"满意度	"跨省通办"业务规范与协同和使用满意度具有直接联系	现在提交材料没有一个统一的规范,我对此很不满意 最重要的就是办理的规范性,只有规范了群众才可能感到满意
信息质量→"跨省通办"满意度	"跨省通办"服务的信息质量和使用满意度具有直接联系	我很不喜欢现在的这种文字,看着太吃力了 对于文字表述我是基本满意的,就是可以再精练一些
数字系统→"跨省通办"满意度	"跨省通办"的数字系统质量和使用满意度具有直接联系	我最不满意的就是这个系统,经常闪退 系统的使用是最直观的感受,一定会影响到满意度
人员素质→"跨省通办"满意度	"跨省通办"服务人员的素质和使用满意度具有直接联系	现在的工作人员态度真是好,我感到很满意 工作人员体现的是政府的形象,专业化的人员展现出政府的责任感
努力期望→"跨省通办"满意度	"跨省通办"服务的操作难易度和使用满意度具有直接联系	我能学,这不难,我没感觉到不满意 现在有专门的人来辅导操作,真的很好
设施设备与空间环境→"跨省通办"满意度	"跨省通办"服务的环境设施条件和使用满意度具有直接联系	大厅里的设备还是太少了,每次去都找不到空闲的设备,这一点上是需要加强 停车场太难找了,我绕了好几圈,当然不满意
隐私安全→"跨省通办"满意度	"跨省通办"服务的隐私安全和使用满意度具有直接联系	现在的人越来越注重隐私,如果隐私安全问题得不到保障,人们不可能感觉到满意 现在很难有绝对的隐私安全,但如果政府的系统都出卖我们的信息,我真的会很担心

续表

典型关系结构	关系结构内涵	原始语句示例
感知效用性→"跨省通办"满意度	对"跨省通办"服务效用程度的感知和满意度具有直接联系	确实为我节约了很多精力和时间,我很满意 服务有用是我最看重的方面
感知愉悦性→"跨省通办"满意度	"跨省通办"办理过程中的愉悦程度和满意度具有直接联系	整个过程还是很愉快,对此我感到很满意
具体服务方面→感知效用性→"跨省通办"满意度	感知效用性在7个具体服务方面和满意度之间具有中介作用	我办过几次,都在规定的时间内办好了,很有效率,所以我觉得还是很满意 现在直接在网上就能看清楚提交的材料数量等信息,节约了我去现场询问的时间,真的很好 服务人员很专业,几下就解决了我的问题,帮我节省了时间,我很满意 对于老年人而言这些操作还是太复杂了,用几次就不想用了,其实我也不想去学 上次刚好手机要没电了,我就直接用2楼大厅的电脑办理了,感觉的确很不错
具体服务方面→感知愉悦性→"跨省通办"满意度	感知愉悦性在7个具体服务方面和满意度之间具有中介作用	办理很准时,我很开心,也满意 系统用一会儿就闪退,完全是在挑战我的脾气,怎么可能感到满意 还有一点让我感到满意的是和工作人员对话让我感到轻松,没有压迫感 如果未来操作能够更有趣一点,我会更加满意 我的隐私被侵犯了,我会感觉到很紧张,不可能还会满意

续表

典型关系结构	关系结构内涵	原始语句示例
政策感知度 ↓ 感知效用性→"跨省通办"满意度	政策感知度在感知效用性和满意度之间具有调节作用	国家出台这么多政策搞"跨省通办"，就是要减轻老百姓办事的负担。但是从现在的效率来看，还远没有达到国家的目的，因此我并不满意
政策感知度 ↓ 感知愉悦性→"跨省通办"满意度	政策感知度在感知愉悦性和满意度之间具有调节作用	我经常看政府公众号，知道正在搞服务大厅的人员素质建设。然后今天工作人员确实让我感到很愉快，证明政府的建设有成效，我很满意

四 理论饱和度检验

对扎根分析进行理论饱和度检验的主要目的是验证是否还有新的范畴产生，以及验证范畴之间是否还存在新的关系（方勇等，2022）。本书对预留的 15 份访谈资料重新进行三级编码分析，没有发现新的范畴产生，11 个主范畴内部也没有产生新的构成因子，且相互之间也没有产生新的联系。因此，本书的扎根分析编码过程达到理论饱和。

第四节 扎根分析研究结果

一 基本模型框架构建

本章采用扎根分析对可能影响政务服务"跨省通办"满意度的要素及其内涵维度进行了探究，同时也进一步探究了这些要素之间的相互关系。最终形成由 11 个主范畴构成的典型关系结构，具体为业务规范与协同（精确性、准时性、标准化、多样性、协同性）、信息质量（时效性、易读性、正确性）、数字系统（灵活性、稳定性、统一性）、人员素质（态度、专业性）、努力期望（可操作性、习得性、辅助性）、设施设备与空间环境（业务设施设备、空间环境、泛在可及）、隐私安全（法律保护、技术保护、数据利用）、感知效用性（公平可靠、优质高效、集成便捷）、感知愉悦性（享受性、愉快感）、政策感知度（政策知晓度、政策认可度）、政务服务"跨省通办"满意度（品牌印象、对比后的评价水平)。通过对主范畴之间关系的凝练和挖掘,本书初步构建出政务服务"跨省通办"满意度形成机理的理论模型框架,如图3.3所示。

从初步构建的理论模型框架来看,其基本遵循期望确认模型的内在逻辑特征,即"期望确认→感知有用→感知满意"的逻辑框架。具体来说,业务规范与协同、信息质量、数字系统等主范畴体现了人们对"跨省通办"各个服务方面的期望确认水平;感知效用性和感知愉悦性反映出人们对"跨省通办"有用性的判断;"跨省通办"满意度则是期望确认模型中"满意度"这一变量的场景化体现。而新加入的政策感知度则是对经典期望确认模型的拓展。在后续章节,本书将基于期望确认模型的逻辑框架梳理与阐释研究模型中各部分间的内在逻辑关系。

二 模型主要因素释义

扎根分析中形成的11个主范畴构成了基本理论模型中的11个主要因素,具体分析如下。

业务规范与协同作为主范畴,是指政务服务"跨省通办"业务办理的规范化与协同化程度,包括业务办理结果的精确性、业务办理的准时性、业务办理的标准化、业务办理内容的多样性以及业务办理的协同性。与信息系统成功模型中服务质量的概念不同,本书中的业务规范与协同主要强调业务办理过程和结果在规范与否、联动强弱方面的水平。其中,标准化、协同性是政务服务"跨省通办"跨区域、跨部门等特点的集中展现。

信息质量作为主范畴,是指政务服务"跨省通办"在信息内容服务上的质量水平,具体包括信息的时效性、易读性以及正确性。信息内容服务是政务服务"跨省通办"的重要环节,无论是线上还是线下,信息内容服务和业务办理密不可分。因此,所提供的信息是否及时更新、是否通顺易懂、是否表达正确对于使用者而言十分重要。

数字系统作为主范畴,是指政务服务"跨省通办"所依靠的数字系统的质量水平。对于政务服务"跨省通办"而言,其数字系统载体主要为全国一体化政务服务平台以及各省份的数字政务平台(比如"天府通办"和"渝快办")。这些数字平台系统的质量集中体现在灵活性、稳定性、统一性三个方面。灵活性展现了数字平台系统在横向与纵向上的对

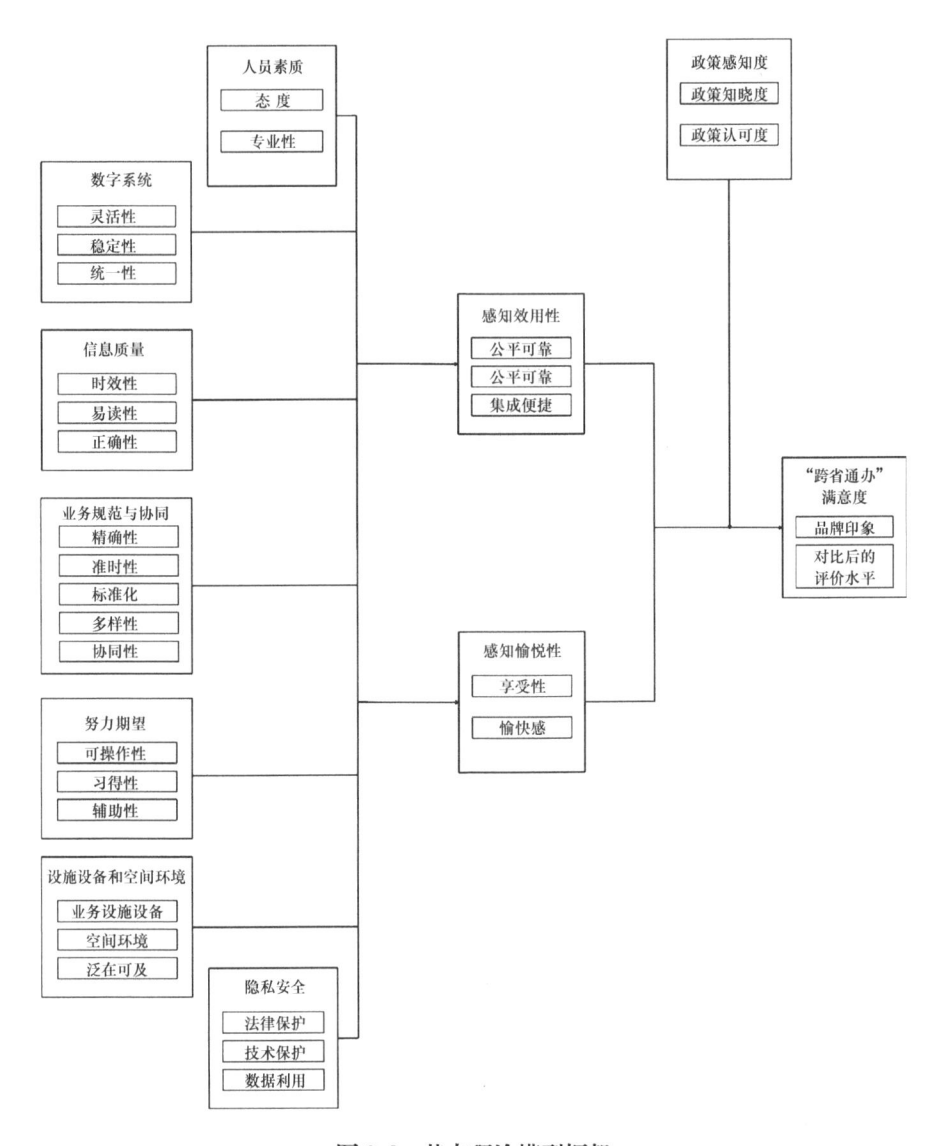

图 3.3　基本理论模型框架

接水平；稳定性展现了数字平台系统运行稳定的程度；统一性则展现出数字平台系统在横向与纵向上建设的标准化程度。其中，灵活性与统一性都反映了政务服务"跨省通办"跨部门、跨层级、跨区域的特点。

人员素质作为主范畴，是指政务服务"跨省通办"相关业务人员的职业素养水准，具体包括职业态度和专业能力两个方面。职业态度反映出业务人员是否热情友好、是否具有责任心；专业能力反映出业务人员是否具备专业知识、是否掌握业务技能。

努力期望作为主范畴，是指使用者认为学习和操作政务服务"跨省通办"的容易程度，具体包括可操作性、易习得程度以及操作辅助性三个方面。努力期望原为整合技术接受模型中的概念，含义为个人认为学习和掌握信息技术的省力程度（Venkatesh et al.，2003）。因此，本书中努力期望的内涵与整合技术接受模型中的内涵保持了一致。

设施设备与空间环境作为主范畴，是指办理政务服务"跨省通办"的设施设备条件以及办理相关的空间环境条件。如果说数字系统作为主范畴衡量了政务服务"跨省通办"的软件设施，设施设备与空间环境作为主范畴则着重衡量了政务服务"跨省通办"的硬件设施。这些硬件设施既包含了与业务办理直接相关的设施设备条件，也包含了与业务办理间接相关的空间环境条件。

隐私安全作为主范畴，是指使用者对政务服务"跨省通办"隐私安全水平的评价。在信息系统成功模型提出时，隐私安全仅仅作为系统质量的一个组成要素（Athmay et al.，2016）。然而随着信息技术的迭代发展，隐私安全不单单只是指代系统性能层面上的安全性，也包含了对法律保护、数据利用等诸多层面的考量（黄平平等，2022）。本书中的隐私安全，包括使用者从法律、技术和数据运用三个方面的考量。

感知效用性作为主范畴，是指使用者认为政务服务"跨省通办"具有效用的程度，具体包括公平可靠、优质高效、集成便捷。感知效用性是使用政务服务"跨省通办"后，对服务效用效果的整体理性认知，体现出使用者作为自然个体的实用主义视角。

感知愉悦性作为主范畴，是指使用者在政务服务"跨省通办"办理中感觉到愉悦的程度，包括享受性与愉悦感。与感知效用性所展现的实用主义相对，感知愉悦性是对服务的整体感性情绪，其体现出的是服务中使用者作为自然个体的享乐主义思维。

政策感知度作为主范畴，是指使用者对政务服务"跨省通办"相关政策的了解与感受，具体包括对政策的了解程度与支持程度。在这一范畴中，相关政策既包含了大政方针，也包含了具体的政策规定。

政务服务"跨省通办"满意度作为主范畴，是指使用政务服务"跨省通办"后感到满足与否的一种综合性反应结果。满意度是微观视角下接受服务的行为结果，是政务服务"跨省通办"建设的追求目标。

第五节 基于扎根分析的新发现

根据扎根分析结果，本书发现了现有理论模型不具备的新解释变量以及新路径关系。这深化了我们对政务服务"跨省通办"满意度形成的理解，同时这些新知也有助于拓展与完善现有理论模型。

一 新的解释变量

（一）业务规范与协同

业务规范与协同成为新的解释变量，这一变量并未在已有理论模型中出现过，但是业务规范与协同对于政务服务"跨省通办"而言十分重要。与普通的电子政务服务不同，政务服务"跨省通办"具有横向与纵向上跨区域、跨层级、跨部门的独有特点，因此政务服务"跨省通办"非常倡导业务的标准化与协同性。就标准化来讲，不同于现在很多电子政务强调服务的个性化差异，"跨省通办"注重服务全过程的标准化。因为只有在跨区域、跨层级、跨部门都建立起统一办理标准的情况下，政务事项才能够优质高效地完成；就协同性来讲，其是"跨省通办"得以开展的基础，只有在各区域、各部门协同联动的前提下，政务事项才能实现"跨省通办"。因此，本书中政务服务"跨省通办"的业务规范特征，不仅包括大多数电子政务服务都含有的精确性、准时性等，还包括特有的标准化和协同性。

正如董泽芳所指出，人文社会科学领域某一理论概念或观点的产生与当时的社会环境、科学技术等密切相关，而随着时空的延续，这些理论概念赖以生存的基础或许会发生变化，所以理论概念也需要进行相应的变化，否则就会落后于现实，最终被现实抛弃（董泽芳，2008）。随着数字技术的运用，政府治理正在向着整体性治理的方向迈进。而"跨省通办"正是整体性治理的重要实践，在打破科层节制、信息壁垒等"碎片化"问题上做出努力尝试。而本书所构建的业务规范与协同这一变量正对应着当前迈向整体性治理的新趋势，突出反映了政务服务"跨省通办"的鲜明特点,因此业务规范与协同作为新的解释变量有必要被纳入"跨省通办"满意度形成机理的研究模型中。

(二) 设施设备与空间环境

设施设备与空间环境构成了本书中另一个新的解释变量,其涵盖的是与政务服务"跨省通办"有关的硬件条件状况。对于人们使用某种电子政务服务的硬件条件,以往的理论模型发展出了诸多理论概念进行描述,比如整合技术接受模型提出的设备环境、计划行为理论提出的感知行为控制等。但是,这些概念都只囊括了那些直接促成人们使用电子政务的业务设备,例如手机或电脑,而忽略了人们在办理电子政务事项时的其他空间环境。随着社会经济的发展,人们对业务设备之外的其他空间环境的要求也在不断提高。从前,人们或许只需要一个窗口、一台电脑就能心满意足地进行电子政务的办理。然而如今,政务服务大厅的照明条件、停车条件、座椅条件甚至绿植条件等都会被前来办事的人在意。一个良好的办理空间环境对于办事群众而言越来越重要,特别是在办事人员较多、需要在办理地点等待的情况下。所以,不能仅仅重视业务设备的建设,其他的空间环境也需要美化。

此外,公共服务硬件设施在布局使用上的泛在性与可及性也被纳入这一新的解释变量中,其所体现的是如何使更多的人能够公平、有效地享有公共服务硬件设施,这个问题也展现出整体性治理以人民为中心的核心价值,近年来受到国家高度关注。因此,设施设备与空间环境作为新的变量,不仅包含了业务设施设备,也包含了其他空间环境以及整体硬件条件的泛在可及,这是以往理论模型所没有的要素。

二 新的路径关系

(一) 感知愉悦性对政务服务"跨省通办"满意度的作用

在各主范畴,即变量之间关系路径方面,本书通过扎根分析也获得了一些新知。扎根分析的结果初步发现,感知愉悦性能够对政务服务"跨省通办"满意度产生直接作用。目前,大量研究证明感知愉悦性在电子商务领域对顾客满意度具有积极作用,例如在线健身(Zhu et al., 2023)、在线游戏(Teng, 2018)等,但是感知愉悦性对电子政务服务满意度尤其是"跨省通办"满意度的作用影响还未能被证明。

一直以来，电子政务服务被认为是"严肃而庄重的"，这种思维导致已有研究将感知愉悦性排除在外，大量的现有理论模型也没有讨论感知愉悦性和电子政务服务满意度的联系。随着整体政府思想的发展，政务工作向"服务型政府"转变，电子政务服务越来越强调服务性，因此政务服务也会跳出庄严肃穆的刻板场域，拥有更多轻松乃至愉悦的因素。人们在形成对电子政务服务的满意度时，也许还会加入更多享乐性的衡量。本书通过扎根分析初步发现感知愉悦性和"跨省通办"满意度之间的联系，正反映出这种变化。

（二）政策感知度对感知效用性和感知愉悦性的调节作用

根据扎根分析结果，本书初步发现政策感知度对感知效用性与"跨省通办"满意度的关系具有调节作用，同时政策感知度对感知愉悦性与"跨省通办"满意度的关系也具有调节作用。感知效用性是从实用主义视角出发的理性认知，而感知愉悦性是从享乐视角出发的感性情绪。

第六节　本章小结

由于政务服务"跨省通办"兴起不久，目前学界对于政务服务"跨省通办"满意度形成机理这一研究主题尚存在理论缺失。本章从使用者的视角出发，运用能够深入挖掘系统内部结构并且在构建新理论上具有灵活性和优势的扎根分析研究方法，利用 NVivo 11 软件，遵照扎根分析的编码程序，提炼出 11 个主范畴以及与之对应的 31 个副范畴，并围绕"政务服务'跨省通办'满意度形成机理"这一核心范畴以"故事线"的方式构造出典型关系结构，在此基础上初步构建出政务服务"跨省通办"满意度形成机理的理论模型框架。该理论模型框架在现有理论模型框架基础上加入了新知，展现出政务服务"跨省通办"的一些主要特点，以此弥补了现有研究的不足，为后续研究假设与研究模型的确立以及实证研究的开展奠定了理论基础。

第 四 章

研究假设与研究模型

本章在第三章基本理论模型框架基础上，对框架中各变量间相互作用关系进行梳理与推衍，提出关系假设，进而构建出研究模型，并对研究模型的内在逻辑进行分析，阐明研究模型中各板块的内在联系与逻辑。

第一节 研究假设

一 各前置要素对政务服务"跨省通办"满意度的影响

(一) 业务规范与协同对政务服务"跨省通办"满意度的影响

在扎根分析构建出基本理论模型框架后，本书进一步对基本理论模型框架中各变量之间的关系进行假设。

首先，根据信息系统成功模型，服务质量是积极影响用户满意度的重要因素（Delone, Mclean, 1992）。而电子政务服务满意度的已有研究表明，与服务质量高度相关的精准度和准时性对使用者的满意度具有显著而积极的影响（明承瀚等，2016；Tsai et al., 2017；Mellouli et al., 2020；Abdulkareem, Ramli, 2022）。本书中，"跨省通办"的业务规范与协同包括业务办理的精确性、准时性、多样性、标准化、协同性。人民群众选择使用政务服务"跨省通办"，最重要的一点是希望通过政务服务"跨省通办"办好自己需要的政务事项。因此，政务事项办理的质量水平是群众主要关注的方面。如果政务服务"跨省通办"办理业务的质量较差，群众就不会对这项服务感到满意，还可能转而寻找其他方式办理业务。例如，如果政务服务"跨省通办"的办理结果经常出错，群众就很难对其感到满意；或者政务服务"跨省通办"经常拖延办理时间，使办理结果不准时，群众也很可能感到不满；又如，群众希望办理一件政务服务事项，但是发现"跨省通办"的服务清单里没有这项服务，也可能会对服务感到不满。反之，如果政务服务"跨省通办"能够精准办好业务事项，能够准时准点完成业务的办理，能够涵盖群众需要办理的政务事项，那么群众将有着更好的使用体验与评价，也更有可能感到满意。标准化与协同性是"跨省通办"业务办理最突出的特点，如果各地区在业务办理材料、流程以及方式方法等方面不能统一标准，那么势必会对办事群众造成困扰，降低群众的满意度；同样，如果业务办理过程中各地区、各部门的协同性太差，势必导致业务办理的体验与结果都大打折扣，办事群众也很难感到满意。综上所述，本书提出以下假设。

H1. 业务规范与协同对政务服务"跨省通办"满意度产生积极影响。

(二) 信息质量对政务服务"跨省通办"满意度的影响

信息质量是电子政务服务的重要方面，信息系统成功模型认为信息质量与用户满意度息息相关（Delone，Mclean，1992）。已有研究表明，电子政务服务的信息质量对公众的使用满意度能产生显著而积极的影响。有学者通过实证研究证明，电子政务服务的信息质量水平能够正向影响公众的使用满意度水平，信息质量越好，满意度水平越高（Athmay et al.，2016）；还有学者则通过对英国公民的研究证明，电子政务服务提供的信息服务质量越高，人们使用的满意度也会越高（Weerakkody et al.，2016）；杨菲和高洁专门对中国政府电子信息服务质量进行研究，发现信息内容质量与信息互动体验质量对使用满意度产生正向影响（杨菲、高洁，2017）；而其他学者发现，当电子政务服务的信息展现越清晰、内容越详细时，使用者会对服务感到更加满意（Khalid et al.，2021）。

本书中，信息质量主要指群众对政务服务"跨省通办"在信息服务上的质量水平评价。除了实实在在为群众办理业务，政务服务"跨省通办"还会为群众办事提供一系列信息服务，例如服务事项的简介、线下办理地点的展示、相关资料的准备、相关政策法规的介绍等。这些信息的质量水平与群众办事息息相关，质量水平高的信息服务能够促进政务事项的办理，反之则会阻碍政务事项的办理。例如，如果提供的信息是过期的信息，那么就会对群众的办事产生误导，降低办事效率；又如显示信息的字体太小，会对群众的阅读产生障碍；或者信息内容过于晦涩冗杂，会对群众的理解造成困扰。在这些情况下，信息服务阻碍了群众对政务事务的办理，因此群众很难对这些信息服务感到满意。而高质量的信息服务意味着所提供的信息简洁易懂、准确无误，并且在信息的展现上也具有科学性，方便群众观看与阅读。在这种情况下，信息服务能够有效帮助群众办事，群众也更可能会对信息服务感到满意。综上所述，本书提出以下假设。

H2. 信息质量对政务服务"跨省通办"满意度产生积极影响。

（三）数字系统对政务服务"跨省通办"满意度的影响

电子政务服务离不开线上信息系统的支撑，因此数字系统质量对于电子政务服务的供给尤为重要。信息系统成功模型将系统质量作为影响用户满意度的重要因素（Ashfaq et al.，2020）。已有研究表明，电子政务服务的系统质量对公众的使用满意度具有积极而显著的作用。张育英等对中国电子政务服务的研究发现，系统质量能够积极影响公众使用在线行政审批服务的满意度（张育英等，2016）；也有研究发现政务服务平台的系统越稳定，公众使用的体验就越好，满意度也越高（Tsai et al.，2017）；还有学者也认为电子政务服务的系统质量与公众满意度正向相关（Nulhusna et al.，2017）；徐晓林等对中国政务服务中心的研究发现，在线政务服务的系统质量对群众的特定满意度具有积极而显著的影响（徐晓林等，2019）。

本书中，数字系统的质量包括系统的稳定性、灵活性等。信息系统的使用中，系统的稳定与否和使用满意度直接相关。如果一个系统经常卡顿甚至崩溃，使用者的体验将会大打折扣，满意度也会随之下滑。这在网络游戏（Teng，2018）、线上商务（Kim et al.，2015）等领域都得到印证，电子政务服务也是如此。目前，政务服务"跨省通办"都推出了网页版和手机 App 版。如果在使用过程中这些线上系统总是出现不稳定的情况，群众很可能对系统质量产生怀疑，并引发不满。此外，系统的灵活性对于系统质量来说也十分重要。例如，中国的使用者多数使用苹果或安卓系统，如果"跨省通办"的系统不够灵活，仅兼容一种系统，那么很可能引来另一种系统使用者的不满；又如，系统不够灵活导致跳转缓慢，会影响使用的流畅感，从而引发不满。总之，随着政务服务

"跨省通办"的服务事项朝着全面网办的方向迈进，未来数字系统的作用会越来越大。良好的系统质量会给群众的办事带来良好的体验，使群众使用感受评价更好，从而更可能提升满意度。据此，本书提出以下假设。

H3. 数字系统对政务服务"跨省通办"满意度产生积极影响。

（四）人员素质对政务服务"跨省通办"满意度的影响

随着现代服务向着精细化不断发展，服务过程中工作人员的素质素养也越来越被看重，因此人员素质成为实现高质量服务的重要环节（Bhattacharya et al., 2012）。在SERVQUAL模型及E-SERVQUAL模型中，与人员素质相关的响应性、态度诚恳、态度热情和善等内容会积极影响用户满意度评价（黎春兰，2013）。而在电子政务服务领域，已有研究证明人员素质是影响公众满意度的重要因素（Verdegem, Verleye, 2009; Yoon, 2010; Alanezi et al., 2012; Papadomichelaki, Mentzas, 2012）。

本书中，人员素质既包括工作人员的态度，也包括他们的专业能力。由于政务服务"跨省通办"兴起不久，属于新兴电子政务服务模式，因此群众都难免在办理过程中碰到问题。当群众碰到办理问题时，他们往往选择询问政府工作人员。此时，工作人员的专业能力就尤为重要。如果工作人员提供的服务与支持体现出了政府的专业性，能够切实解决群众的问题，群众更会认为政府提供帮助的体验是良好的；同时，如果工作人员的态度友善、认真负责，群众也会对工作人员的素质做出积极评价，并最终提升他们的满意度，反之亦然。因此，本书提出以下假设。

H4. 人员素质对政务服务"跨省通办"满意度产生积极影响。

（五）努力期望对政务服务"跨省通办"满意度的影响

努力期望是对使用某一项信息技术服务感到省力程度的感知评价。整合技术接受模型认为努力期望能够积极影响用户满意度（Rodrigues et al., 2016）。已有研究表明，努力期望对电子政务服务的使用满意度会产生积极而显著的作用。例如，有研究证明，在使用电子政务服务过程中，公众认为操作越省力，满意度越高（Chan et al., 2010）；此外，有研究发现，当电子政务的操作越容易时，意味着公众会花更少的力气去学习与使用电子政务，而公众也会更加感到满意（Rodrigues et al., 2016）；A. A. Al-samady的研究发现，努力期望会积极影响公众对电子政务服务的满意度评价（Al-samady, 2017）；还有学者证明，努力期望与使用者的满意度水平呈现显著的正相关（Marinković et al.，2020）。

对于政务服务"跨省通办"这一新兴电子政务服务而言，其操作使用涉及多个步骤与知识点。事实上，在信息系统的使用中，更多的使用者希望操作是容易的，这种容易表现在上手快、步骤少、操作流畅等方面。简捷流畅的操作不仅可以省下时间，也可以省下力气，而复杂的操作费时费力，且极容易引起使用者的反感与不满。政务服务"跨省通办"面向所有群体，既有能够快速学习并适应信息技术的青少年群体，也有学习能力减弱的中老年群体。如果操作过于复杂，群众觉得操作起来很费力，那么群众的满意度将大大降低。相反，政务服务"跨省通办"的操作越是方便简易，群众的操作体验和评价就会越好，满意度水平也更可能提升。据此，本书提出以下假设。

H5. 努力期望对政务服务"跨省通办"满意度产生积极影响。

（六）设施设备与空间环境对政务服务"跨省通办"满意度的影响

设施设备对电子政务服务满意度的积极影响也得到已有研究的证明。根据整合技术接受模型，信息系统的设施设备条件是影响用户满意度的重要因素（Chan et al.，2020）。有学者基于整合技术接受模型的研究证明，设备条件对使用电子政务服务的满意度具有正面影响（Rodrigues et al.，2016）；S. Saxena对印度手机政务App的研究显示，设备的质量与条件对人们使用政务服务的满意度有着积极影响（Saxena，2017）；有研究发现，电子政务服务的设施设备越齐全，使用者的满意度水平也就越高（Chan et al.，2020）；另外，有学者对政府开放数据的研究发现，公众拥有的设备水平对使用政府开放数据的满意度能产生积极而显著的影响（Islam et al.，2021）。

本书中，除了设施设备的条件，还将业务办理的空间环境条件与整体硬件的泛在可及性加入其中。对于业务设施设备而言，条件越好，办事群众就能获得越多的便利。在人民办事需求不断提升的今天，办事群众不仅仅只看重设施设备的条件，办理的空间环境也变得越发重要。例如座椅、灯光、电梯乃至绿植等，也有可能对服务满意度产生积极影响。在一个座椅干净、灯光明亮、电梯充足、绿植适当的政务大厅中办理政务事项，会让群众的办理感受更加舒适，从而提升服务的满意度水平。特别是在办理人数较多、办事群众需要在政务大厅等待的情况下，空间环境会对服务满意度产生更强的影响。除此之外，硬件条件的泛在可及也受到越来越多的关注，尤其在如今强调服务均等化的情况下。目前，在中国很多农村地区，尤其是西部的农村地区，政府无法提供足够的高质量设施设备，在这种情况下，群众对政务服务"跨省通办"的使用将会比较困难。落后的设备与设施条件可能直接导致网络不稳定、机器过载等应用层面的问题，从而阻碍政务服务的使用，直接导致"跨省通办"无法平等地惠及人民群众。甚至不仅是偏远的农村地区，如果城市中设备条件不均等，群众对政务服务"跨省通办"的使用体验也会大打折扣，从而降低使用满意度。综上所述，本书提出以下假设。

H6. 设施设备与空间环境对政务服务"跨省通办"满意度产生积极影响。

（七）隐私安全对政务服务"跨省通办"满意度的影响

随着信息服务的不断发展，人们对隐私安全问题越来越在意，而隐私安全也成为近年来电子政务服务满意度研究中的重要因素。有学者通过实证研究发现，人们对政务服务安全的信任是影响服务满意度的显著因素，人们对信息安全的信任越高，满意感就越强烈（Anwer et al.，2016）；还有的学者发现，人们对隐私安全的感知水平会正向影响他们对电子服务的满意度（Yousaf et al.，2021）；而近期一项研究也证实了这一点，他们发现电子政务的安全性会带给人们一种安心感，从而提升服务满意度（Lee et al.，2022）。

随着人们对自我隐私保护的意识越来越强，如果在使用政务服务"跨省通办"过程中群众的隐私安全受到侵犯，不仅对政府的信誉而言是一个打击，也会增加群众的不安感，降低他们的满意度。在一个立法与司法较为良好、技术防御手段较为先进、数据使用较为规范的环境中，盗取与侵犯个人信息的事件将会减少，群众在使用过程中也能获得更加安全的体验，对安全状况的评价会更高，因此更可能感到满意。据此，本书提出以下假设。

H7. 隐私安全对政务服务"跨省通办"满意度产生积极影响。

二 各前置要素对感知效用性的影响

（一）业务规范与协同对感知效用性的影响

在已有研究中，服务事项办理的水平被认为是影响使用者效用感知的重要因素（Pai, Huang, 2011; Ullah et al., 2021）。在使用政务服务"跨省通办"时，业务办理规范与协同能够直观地反映出这项服务是否有效用。当一项"跨省通办"服务能够准时、高质量完成时，人们会觉得服务是可靠优质的，从而具有效用；当"跨省通办"服务具有统一的办理标准时，人们会认为服务是便捷的，从而具有效用；当"跨省通办"服务协同性较高时，人们会认为服务是高效的，从而具有效用。因此，本书提出如下假设。

H8. 业务规范与协同对感知效用性产生积极影响。

（二）信息质量对感知效用性的影响

围绕电子政务服务的已有研究证明，信息质量也会对感知效用性产生正向影响。W. Wang 和 C. Wang 对政务网站的使用研究表明，网站提供的信息精准、越具有时效性，人们越会觉得网站具有效用，因为能够从中学习到知识（Wang, Wang, 2009）；有学者针对希腊政府的电子纳税服务进行了探究，发现为公众提供的相关信息越详尽，公众越会觉得服务是有用的（Floropoulos et al., 2010）；同样的结果也在 M. G. Aboelmaged 的研究中被证实，认为政务推特所提供的信息服务的质量能够直接影响公众对于政务推特的效用感知（Aboelmaged, 2018）；还有学者对于政务信息服务的研究表明，当提供的信息越准确，公众的效用性评价越高（Martono et al., 2020）。

对于政务服务"跨省通办"而言，信息服务也能够对群众办事产生直接帮助。在信息的内容上，信息服务为群众提供了业务简介、办理地点、材料准备等与办理工作息息相关的信息。如果所提供的线下办理地点或材料准备信息是错误的，会对群众的办理造成诸多障碍，降低群众办事的效率；如果提供的这些信息都能准确无误，那么群众办事过程就会变得更加顺畅，群众也会认为这些信息是具有效用的。在信息的陈述上，如果信息描述冗长而复杂，群众难以理解，他们也会认为这些信息没什么作用。同样，在信息的展现上，如果信息字体及排版让人读起来很费力，信息服务的效率和作用也会大打折扣。因此，信息服务的质量越好，人们的办事效率越高，就越会觉得服务具有效用。据此，本书提出以下假设。

H9. 信息质量对感知效用性产生积极影响。

(三) 数字系统对感知效用性的影响

在电子政务服务过程中，数字系统质量也影响着人们对有用性的感知评价，已有研究证实了这一点。K. A. Saeed 和 S. Abdinnour-Helm 发现，系统的稳定极大影响着人们的使用体验，也直接影响着效用性（Saeed, Abdinnour-Helm, 2008）；近期有学者的研究则表明，政务学习系统的成果离不开系统自身的稳定，而系统的质量越好，公众越会觉得系统有用（Al-Fraihat et al., 2020）；还有学者对公共卫生服务的研究证明，数字系统的质量积极影响着人们对效用性的评价（Song et al., 2021）。

对于政务服务"跨省通办"而言，数字政务系统是提供线上办理服务的主要载体，系统的质量水平直接影响着群众的使用体验。如果在使用过程中，系统经常出现卡顿乃至崩溃的问题，并且长时间无法恢复正常，这无疑会严重降低人们的办事效率，阻碍办事进程。此外，如果政务系统的兼容性很差，则那些设备不被兼容的群众将使用不了正常的服务。在这些情况下，群众往往会认为政务系统是没有用的。反之，如果系统总能保持稳定，偶尔出了问题也能短时间内恢复正常，并且能够广泛兼容不同设备、不同形式的用户群体，那么使用群众会认为系统是可靠的、具有效率的，因而也是更加有效用的。据此，本书提出以下假设。

H10. 数字系统对感知效用性产生积极影响。

(四) 人员素质对感知效用性的影响

作为电子政务服务的重要组成部分，工作人员优秀的业务素质会为公众带来更好的使用体验。尤其在办理过程中碰到问题时，良好的业务能力能够快速解决公众的问题，从而使公众感觉服务是有效用的（Papadomichelaki, Mentzas, 2012）。在政务服务"跨省通办"过程中，群众可能碰到大大小小与办理相关的问题。此时，工作人员的专业能力越强，所提供的帮助与支持就会越有效果，解决问题的效率也就越高。同时，在与群众的互动中，如果工作人员的态度越好，群众互动的体验就会越舒适，给予互动的评价也会越高。最终，高质量、专业性的业务素养能够使群众的问题得到有效解决，从而使群众认为服务更加具有效用。因此，本书提出如下假设。

H11. 人员素质对感知效用性产生积极影响。

（五）努力期望对感知效用性的影响

努力期望被已有研究证明能够影响公众对服务效用的感知评价（Zhang et al., 2009; Shyu, Huang, 2011; Cegarra et al., 2014; Susanto, Aljoza, 2015; Falco et al., 2020）。对于政务服务"跨省通办"而言，努力期望越好意味着群众认为操作和使用行为越不费力气。因此，努力期望越好的政务服务，在操作上不会为群众制造很多障碍。这表示操作的方式与步骤相对容易便捷，也能让多数群众快速学会，并且在使用过程多会对群众进行操作辅助等。当群众发觉政务服务"跨省通办"的操作很复杂时，他们往往会产生不耐烦等情绪，甚至放弃使用。因此，如果使用政务服务"跨省通办"很费力气，群众的办事无疑会受到阻碍，服务的效率和便利性也会降低。而作为结果，群众很可能认为服务的操作不具有效用。综上所述，本书提出以下假设。

H12. 努力期望对感知效用性产生积极影响。

（六）设施设备与空间环境对感知效用性的影响

对于政务服务"跨省通办"而言，设施设备条件越好意味着群众能够更快、更容易地办理服务。在设施设备不达标的环境下，群众想要办理"跨省通办"服务，就必须设法获取相应的设施设备，因此办事的效率和便捷度都会受到影响。此外，空间环境的优越不仅能让群众办事更加舒心，也能够侧面提升办事的效率。例如，在电梯充足的办事大厅，群众能够更快达到办事窗口，从而提升办事效率。所以，良好的环境设施条件能够帮助群众办事，使群众感觉到服务有用。同样，硬件设施条件的可及性也能减少群众办事的时间。例如，如果一些落后地区的居民能够就近使用"跨省通办"服务，他们就不会选择长途跋涉到其他地区进行办理，从而提高办理效率。综上所述，本书提出以下假设。

H13. 设施设备与空间环境对感知效用性产生积极影响。

（七）隐私安全对感知效用性的影响

围绕电子政务服务中隐私安全与效用性的关系，已有研究进行了探究，并证明两者之间存在积极的联系。A. Harfouche 和 A. Robbin 通过实证研究发现，公众对电子政务服务隐私安全的感知越好，他们越觉得服务具有效用（Harfouche，Robbin，2012）；还有学者的研究发现，在使用电子政务服务过程中，隐私安全的保障越好，公众越觉得服务可靠（Alawneh et al.，2013）；另外有学者发现，建设智慧城市过程中，电子政务服务的隐私安全保障对效用性产生积极影响（Belanche-Gracia et al.，2015）；W. Li 和 L. Xue 对电子政务服务的研究显示，隐私安全保障越好，公众越觉得服务信任可靠（Li，Xue，2021）。

对于政务服务"跨省通办"而言，隐私安全是服务的一项重要内容。只有当群众感觉自身的隐私安全得到保障时，他们才会认为服务是可靠的。当群众的隐私安全得不到有力保障，政务服务"跨省通办"的权威性将会降低，群众也会认为政府提供的服务不够可靠。如果隐私安全得不到保障，群众会质疑政府在隐私保护上的所作所为，并认为提供的相关服务不具备效用。因此，本书提出以下假设。

H14. 隐私安全对感知效用性产生积极影响。

三 感知效用性对政务服务"跨省通办"满意度的影响

围绕电子政务服务已有研究证明，具有效用的服务能够显著提升满意度。有学者发现，公众越是觉得电子政务服务具有效用，他们越会对服务感到满意（Sachan et al.，2018）；M. G. Aboelmaged 对在线公共卫生服务的研究发现，服务越是具有效用，公众满意度水平也越高（Aboelmaged，2018）；同样对于在线公共卫生服务的研究中，其他的一些学者也发现这样的联系（Song et al.，2021）。

在本书中，群众选择使用政务服务"跨省通办"的一个重要目的是希望通过该服务解决自身的办事需求。无论是"全程网办""异地代收代办"还是"多地联办"，群众都希望自己的业务能够被高效、优质、可靠、便捷地办理。从这样的目的出发，如果政务服务"跨省通办"能够将群众的业务高效、可靠、便捷地办结，群众则更可能会认为政务服务"跨省通办"是具有效用的。当群众认为服务是具有效用的时候，意味着服务能够较好地完成他们的业务，实现他们的需求，因此群众也会对服务感到更加满意。相反，如果政务服务"跨省通办"不能满足群众的办事需求，则群众会认为这些服务没什么作用，浪费时间也浪费精力，对服务的满意度也会随之下降。因此，本书提出以下假设。

H15. 感知效用性对政务服务"跨省通办"满意度产生积极影响。

四 感知效用性的中介作用

对于政务服务"跨省通办"而言，感知效用性具有作为中介要素从而影响满意度的潜力。具体而言，在业务办理规范与协同和"跨省通办"满意度的关系中，如果业务办理规范与协同较好，意味着业务办理具有标准化特征，协同性较好，能够被准确、准时地办理。在这样的情况下，业务的质量、效率、便捷度等都能得到保障，并且由于标准化程度高，人们也会认为服务公平可靠，从而认可服务的效用性，对服务感到满意。在信息质量和"跨省通办"满意度的关系中，如果信息服务在信息内容、展现方式、信息描述等方面能够帮助人们高效、便捷地办理服务，那么这些信息的质量就能得到群众的肯定，对群众办理事务能够起到一定帮助作用。当群众认为信息服务能够切实有效帮助自己办理业务时，他们更可能会对信息服务的质量感到满意。在数字系统和"跨省通办"满意度的关系中，如果线上服务系统能够兼容更多种类的电子设备、线上服务系统能够长时间保持稳定，不出现卡顿或者崩溃的情况、线上服务系统出现问题后能够尽快恢复正常等，证明数字系统具有良好的质量，能够在使用中节省群众的精力与时间，帮助他们高效快捷地办理政务事项。在这种情况下，群众更可能感觉到数字系统具有效用，从而形成更高的满意感。

在人员素质和"跨省通办"满意度的关系中，由于良好的专业能力与态度能够帮助办事群众快速地解决办理问题，提高办理效率，节省办理时间，因此人们会认为好的人员素质会提升整体办理的效用，从而感到满意。在努力期望和"跨省通办"满意度的关系中，如果"跨省通办"使用和操作太难，群众会认为操作太过费力而心生抱怨甚至放弃使用。相反，如果"跨省通办"在操作技巧、上手难度、操作辅助等方面群众都能够接受，那么群众就不会认为政务服务"跨省通办"的使用和操作过于复杂，甚至反而认为操作是具有便利性的，能够不太费力就实现对于业务办理的操作。在这种情况下，群众会倾向于认为使用和操作能够节省自己的时间与精力，帮助自己更有效率地办理业务，从而形成更高的满意感。

在设施设备与空间环境和"跨省通办"满意度的关系中,如果设施设备质量良好、空间环境优越,这可以更加有效地辅助群众办理业务,使群众感受到环境设施的效用,从而对环境设施形成更高的满意感。在隐私安全和"跨省通办"满意度的关系中,如果政务服务"跨省通办"提供的隐私安全保障很差,群众的隐私安全可能受到较为严重的侵犯,那么群众会认为政府提供的隐私安全保护没有什么效果,从而对其感到失望。反之,如果群众认为隐私安全保障能够保护自身安全,具有效果与作用,那么他们更可能对隐私安全保障感到满意。综上所述,本书提出以下假设。

H16. 感知效用性在业务规范与协同和服务满意度的关系中起显著的中介作用。

H17. 感知效用性在信息质量和服务满意度的关系中起显著的中介作用。

H18. 感知效用性在数字系统和服务满意度的关系中起显著的中介作用。

H19. 感知效用性在人员素质和服务满意度的关系中起显著的中介作用。

H20. 感知效用性在努力期望和服务满意度的关系中起显著的中介作用。

H21. 感知效用性在设施设备与空间环境和服务满意度的关系中起显著的中介作用。

H22. 感知效用性在隐私安全和服务满意度的关系中起显著的中介作用。

五 各前置要素对感知愉悦性的影响

(一) 业务规范与协同对感知愉悦性的影响

感知愉悦性是一个广泛存在于人们的服务感受中,却时常被政务类服务忽视的要素。对于政务服务"跨省通办"而言,如果办事群众能够在办事过程中享受到标准统一的服务,感知到政府部门办理业务时的协同努力,最终的办理结果也能准时而准确,那么办事群众会因为上述良好的办理经历而感到开心、快乐乃至享受，认为政务服务"跨省通办"的办理是愉悦的事情。因此，本书提出如下假设。

H23. 业务规范与协同对感知愉悦性产生积极影响。

（二）信息质量对感知愉悦性的影响

与众多电子政务服务类属一样，如果政务服务"跨省通办"提供的信息服务较差，例如文字信息冗长、文字意义难懂、阅读起来生涩，那么在阅读信息的过程中办事群众很可能失去耐心，甚至感到生气和暴躁。相反，如果信息文字排版美观、意义简明扼要、阅读起来很流畅、信息对于办理业务也很有帮助，那么这种阅读信息的过程就会带给群众一种轻松愉悦的心情，认为信息服务能够让自己愉悦。因此，本书提出如下假设。

H24. 信息质量对感知愉悦性产生积极影响。

（三）数字系统对感知愉悦性的影响

数字政务系统是"跨省通办"提供线上办理服务的主要载体，系统的质量水平直接影响着群众的使用体验。如果在使用过程中，系统经常出现卡顿乃至崩溃的问题，并且长时间无法恢复正常，这无疑会严重降低人们的办事效率，阻碍办事进程，降低办事体验。此外，如果政务系统的兼容性很差，则那些设备不被兼容的群众将使用不了正常的服务。在这些情况下，办事群众很难感觉到愉悦。反之，如果系统能保持稳定，并且广泛兼容不同设备、不同形式的用户群体，那么群众的使用体验会大大提升，使用过程中的心情也会更加愉悦。据此，本书提出以下假设。

H25. 数字系统对感知愉悦性产生积极影响。

（四）人员素质对感知愉悦性的影响

在办理"跨省通办"的过程中，办事群众难免会和政府工作人员打交道。而在这种互动之中，如果工作人员态度高高在上，对办事群众爱搭不理，甚至颐指气使，那么办事群众会感觉到自己在这种关系中处于低人一等的状态，从而引发紧张、愤懑的情绪。如果工作人员认真负责、态度热情，那么这种互动心情就会变得轻松愉快。同样，如果工作人员专业能力很差，不能帮助办事群众解决办理中的问题，那么群众也会为此而感到沮丧。反之，如果碰到一位业务能力很强的工作人员，办理过程会更加顺利，办事群众的心情也会更加愉悦。因此，本书提出如下假设。

H26. 人员素质对感知愉悦性产生积极影响。

（五）努力期望对感知愉悦性的影响

努力期望越好的政务服务，意味着操作的方式与步骤相对容易便捷，也能让多数群众快速学会，并且在使用过程中多会对群众进行操作辅助等。当群众发觉政务服务"跨省通办"的操作很复杂时，他们往往会产生不耐烦甚至暴躁等情绪。相反当群众很轻松就能使用和操作"跨省通办"时，他们更可能因为顺畅的操作使用体验而心情愉悦。基于此，本书提出以下假设。

H27. 努力期望对感知愉悦性产生积极影响。

（六）设施设备与空间环境对感知愉悦性的影响

正如前文所提到的，设施设备条件越好意味着群众能够更快、更容易地办理服务。在设施设备不达标的环境下，群众办理政务事项会变得更加困难，因此办事的效率和便捷度都会受到影响。此外，优越的空间环境能让办事群众产生愉悦的心情。例如，明亮宽敞的大厅、整洁的座椅、绿色的植物，这些都能让前来办事的群众身心愉悦。所以，良好的设施设备与空间环境对于产生愉快的办事心情而言具有积极作用。据此，本书提出以下假设。

H28. 设施设备与空间环境对感知愉悦性产生积极影响。

（七）隐私安全对感知愉悦性的影响

数字时代，隐私安全对于每一个人都越来越重要。在办理政务服务"跨省通办"过程中，如果人们的隐私受到侵犯，比如个人信息被出卖、盗用等，那么心情将会受到负面影响。如果个人的隐私安全能够在"跨省通办"的办理过程中被妥善保护，让办事群众避免个人信息及隐私受到侵犯，那么办事群众将会拥有更好的心情。因此，本书提出以下假设。

H29. 隐私安全对感知愉悦性产生积极影响。

六 感知愉悦性对政务服务"跨省通办"满意度的影响

边沁（Jeremy Bentham）认为人天生具有享乐性特征（Bentham, 2010），因此追求愉悦、欢快、轻松的心情可以说是人们接受服务过程中的本能。感知愉悦性在信息系统领域对用户满意度的积极影响已经被已有研究证明（Kaur et al.，2018；Teng，2018；Zhu et al.，2022）。但是对于电子政务服务而言，还极少有研究探讨公众的愉悦感知对满意度的作用。笔者认为，即使在电子政务服务过程中，人们也希望自己能够被平等对待、服务的空间环境能够更好、使用操作能够更简捷等。这些需求在一定程度上是为了带给自己一个快乐、愉悦的办理心情。当人们在办理"跨省通办"过程中感觉到愉悦乃至享受时，他们更可能对"跨省通办"服务感到满意。因此，本书提出如下假设。

H30. 感知愉悦性对政务服务"跨省通办"满意度产生积极影响。

七　感知愉悦性的中介作用

对政务服务"跨省通办"来说，感知愉悦性具有对服务满意度产生中介作用的潜力。具体而言，在业务规范与协同和政务服务"跨省通办"满意度的关系中，如果人们因业务的精确、准时、标准化、协同等方面感觉到开心愉悦，那么他们更可能对服务感觉到满意。在信息质量和政务服务"跨省通办"满意度的关系中，通顺、流畅、简洁、有用的信息能够带给办事群众积极愉快的情绪，从而使他们感到更加满意。在数字系统和政务服务"跨省通办"满意度的关系中，如果数字服务系统能够兼容的设备更多、线上服务系统能够长时间保持稳定，不出现卡顿或者崩溃的情况、线上服务系统出现问题后能够尽快恢复正常等，证明数字系统能够带给办事群众更好的服务体验，让他们心情愉悦，从而更可能对服务感到满意。

在人员素质和政务服务"跨省通办"满意度的关系中，素质素养高、业务能力强的工作人员会更好服务办事群众，让互动体验更加良好，给人一种愉悦的心情。这种情况下，人们更可能对"跨省通办"感到满意。在努力期望和政务服务"跨省通办"满意度的关系中，操作简捷、上手容易、辅助到位的服务会让办事群众的心情更加轻松愉悦，从而增加他们的满意感受。在设施设备与空间环境和政务服务"跨省通办"满意度的关系中，良好的设施设备能保障群众对业务的办理，优美的空间环境能带给群众舒适的体验。这些都能让群众感觉到身心愉悦，从而提升他们对服务的满意度。在隐私安全和政务服务"跨省通办"满意度的关系中，安全可靠的隐私保障能够避免群众的个人信息受到侵犯，让他们的心情不会因此受到影响,从而进一步提升他们的满意度水平。综上所述,本书就感知愉悦性的中介作用提出如下假设。

H31. 感知愉悦性在业务规范与协同和服务满意度的关系中起显著的中介作用。

H32. 感知愉悦性在信息质量和服务满意度的关系中起显著的中介作用。

H33. 感知愉悦性在数字系统和服务满意度的关系中起显著的中介作用。

H34. 感知愉悦性在人员素质和服务满意度的关系中起显著的中介作用。

H35. 感知愉悦性在努力期望和服务满意度的关系中起显著的中介作用。

H36. 感知愉悦性在设施设备与空间环境和服务满意度的关系中起显著的中介作用。

H37. 感知愉悦性在隐私安全和服务满意度的关系中起显著的中介作用。

八 政策感知度的调节作用

(一)政策感知度对感知效用性和"跨省通办"满意度关系的调节作用

本书认为,人们对政务服务"跨省通办"相关政策的感知程度可能会在他们对服务的感知效用性和满意度之间产生调节作用。人们对政务服务"跨省通办"的政策感知度包括人们对"跨省通办"宏观政策和具体规定的了解程度以及支持程度。对于一个具有高政策感知度的人而言,意味着此人很了解"跨省通办"在宏观愿景上的发展目的、发展要求等,也很了解"跨省通办"具体的规定要求,哪些能做、哪些不能做、能做到什么程度等,并且此人也很支持"跨省通办"的发展。在这种情况下,这些高政策感知度的人群能够更准确地感受到"跨省通办"的办理效用。例如,由于他们对政策的了解,因此不会对某些本来不具备的功能或服务种类而恼怒,对于本身应该具备的功能或服务种类的作用能够明确识别与评价。因此,这类熟悉政策方针与具体规定的人更能通过对服务效用程度的感知来影响满意度。基于此,本书提出以下假设。

H38. 政策感知度对感知效用性和"跨省通办"满意度的关系具有正向调节作用。

(二)政策感知度对感知愉悦性和"跨省通办"满意度关系的调节作用

同样,对于那些高政策感知度的人群而言,由于他们比较清楚地了解"跨省通办"的宏观发展方向以及具体实施规定,他们也可以有效避免由于不了解政策状况而对"跨省通办"服务产生误解。在很多情况下,人们越是对政策有所了解,越能够避免误解,从而更好体会到服务的愉悦感。例如,当前国家提出要加强"跨省通办"业务人员的专业能力,人们对此了解与支持,如果在服务过程中业务人员表现出了较高的专业能力,人们会更加认为政府真的为此做出了努力,从而在情绪上感觉到更加愉悦。又如,目前"跨省通办"的服务清单中还没有纳入某项服务,如果办事群众事先了解这一政策,就不会因为办不了这个服务而感到不满。因此,对于高政策感知度的人群而言,他们对服务的感知愉悦性可能会对他们的满意度产生更强的影响。据此,本书提出如下假设。

H39. 政策感知度对感知愉悦性和"跨省通办"满意度的关系具有正向调节作用。

第二节 研究假设总结与研究模型确立

一 研究假设总结

通过对上述研究假设进行梳理和汇总,可以得到 39 个假设关系。表 4.1 为本书研究假设的归纳与汇总。

表 4.1 研究假设汇总

序号	假设	假设内容
1	H1	业务规范与协同对"跨省通办"满意度产生积极影响
2	H2	信息质量对"跨省通办"满意度产生积极影响
3	H3	数字系统对"跨省通办"满意度产生积极影响

续表

序号	假设	假设内容
4	H4	人员素质对"跨省通办"满意度产生积极影响
5	H5	努力期望对"跨省通办"满意度产生积极影响
6	H6	设施设备与空间环境对"跨省通办"满意度产生积极影响
7	H7	隐私安全对"跨省通办"满意度产生积极影响
8	H8	业务规范与协同对感知效用性产生积极影响
9	H9	信息质量对感知效用性产生积极影响
10	H10	数字系统对感知效用性产生积极影响
11	H11	人员素质对感知效用性产生积极影响
12	H12	努力期望对感知效用性产生积极影响
13	H13	设施设备与空间环境对感知效用性产生积极影响
14	H14	隐私安全对感知效用性产生积极影响
15	H15	感知效用性对"跨省通办"满意度产生积极影响
16	H16	感知效用性在业务规范与协同和服务满意度的关系中起显著中介作用
17	H17	感知效用性在信息质量和服务满意度的关系中起显著中介作用
18	H18	感知效用性在数字系统和服务满意度的关系中起显著中介作用
19	H19	感知效用性在人员素质和服务满意度的关系中起显著中介作用
20	H20	感知效用性在努力期望和服务满意度的关系中起显著中介作用
21	H21	感知效用性在设施设备与空间环境和服务满意度的关系中起显著中介作用
22	H22	感知效用性在隐私安全和服务满意度的关系中起显著中介作用
23	H23	业务规范与协同对感知愉悦性产生积极影响
24	H24	信息质量对感知愉悦性产生积极影响
25	H25	数字系统对感知愉悦性产生积极影响
26	H26	人员素质对感知愉悦性产生积极影响
27	H27	努力期望对感知愉悦性产生积极影响
28	H28	设施设备与空间环境对感知愉悦性产生积极影响
29	H29	隐私安全对感知愉悦性产生积极影响
30	H30	感知愉悦性对"跨省通办"满意度产生积极影响
31	H31	感知愉悦性在业务规范与协同和服务满意度的关系中起显著中介作用
32	H32	感知愉悦性在信息质量和服务满意度的关系中起显著中介作用
33	H33	感知愉悦性在数字系统和服务满意度的关系中起显著中介作用
34	H34	感知愉悦性在人员素质和服务满意度的关系中起显著中介作用

续表

序号	假设	假设内容
35	H35	感知愉悦性在努力期望和服务满意度的关系中起显著中介作用
36	H36	感知愉悦性在设施设备与空间环境和服务满意度的关系中起显著中介作用
37	H37	感知愉悦性在隐私安全和服务满意度的关系中起显著中介作用
38	H38	政策感知度对感知效用性和"跨省通办"满意度的关系具有正向调节作用
39	H39	政策感知度对感知愉悦性和"跨省通办"满意度的关系具有正向调节作用

二 研究模型确立

本章在第三章理论模型框架的基础上，结合现有研究成果，对业务规范与协同、信息质量、数字系统、感知效用性、感知愉悦性、政策感知度，以及政务服务"跨省通办"满意度等多个变量之间的作用关系进行了推导，构建出如图4.1所示的研究模型。在研究模型中，自变量由业务规范与协同、信息质量、数字系统、人员素质、努力期望、设施设备与空间环境、隐私安全构成；中介变量由感知效用性、感知愉悦性构成；调节变量由政策感知度构成；因变量由政务服务"跨省通办"满意度构成。

第三节 研究模型内在逻辑描述

根据对研究模型中自变量、中介变量、调节变量以及因变量的归纳可以发现，其中自变量、中介变量、因变量之间关系的内在逻辑基本符合期望确认模型提出的"期望确认"解释框架，而调节变量的加入则可以看作对"期望确认"解释框架的拓展。因此，本书以拓展后的"期望确认"视角对研究模型中各板块的内在联系与逻辑进行阐述。

一 前因部分：期望确认

根据"期望确认"视角，期望确认是使用服务后实际服务体验和初始预期的比较结果，这种比较结果的感知一般表现为对服务的评价水平（杨根福，2015；Mamun et al., 2020）。因此，从对服务的某个方面使用后的评价感知中可以了解到对这个方面的期望确认水平，即期望确认水

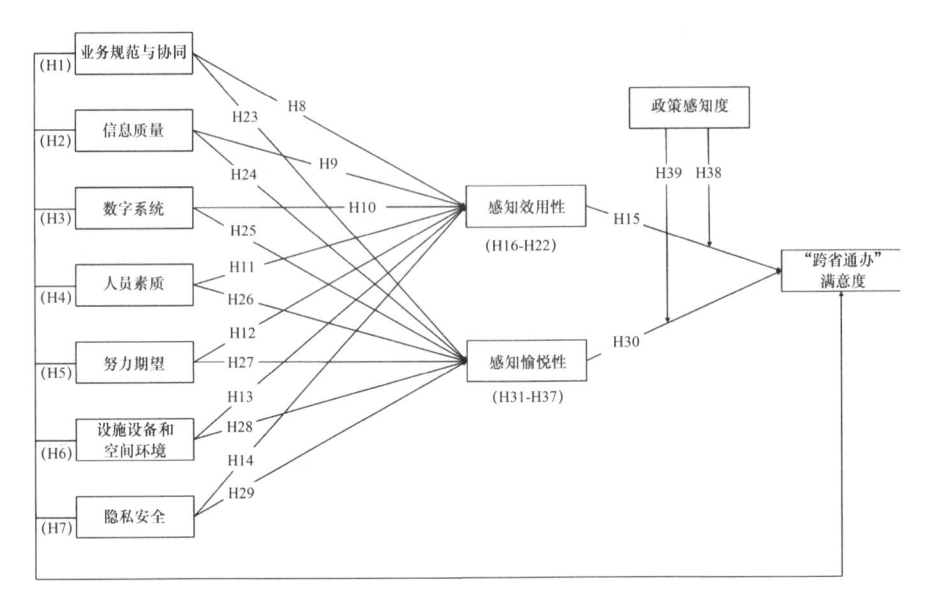

图4.1 研究模型

平表现为对服务的评价水平（Joo et al.，2017）。在使用服务过程中，使用者会接触服务的很多方面。对于每一个方面，使用者在使用之前或多或少都会产生初始预期，对这个方面的服务水平有一个预期评判。而在使用服务之后，使用者会亲身体验这个方面的实际服务水平，从而形成对这个方面的实际使用感知。预期评判和实际使用感知的对比差异水平将成为使用者对该方面的使用评价水平，即期望确认水平。对于服务各个方面的期望确认水平最终汇聚成为对整体服务的期望确认水平。使用者期望确认水平的高低表现为对服务积极或消极的评价，刺激着对满意度的感知（Hsu，Lin，2015）。

就政务服务"跨省通办"而言，业务规范与协同、信息质量、数字系统、人员素质、努力期望、设施设备与空间环境、隐私安全是群众在服务过程中会接触到的各个方面。在使用"跨省通办"服务之前，群众会对这些方面的服务水平产生预期评判，在真正接触过这些服务之后，群众的实际使用体验会与预期评判对比，从而产生对这些方面的使用评价水平（期望确认水平）。因此，根据"期望确认"框架，本书中办事群众对业务规范与协同、信息质量、数字系统、人员素质、努力期望、设施设设备与空间环境、隐私安全的评价高低就是他们对这些方面使用后的期望确认水平。对这 7 个方面（自变量）的期望确认水平反映出对"跨省通办"服务的期望确认水平，影响着对满意度的感知。如果对服务某方面的实际使用体验高于预期评判，证明超出使用者的期望，期望确认水平高；如果对服务某方面的实际使用体验等于预期评判，证明满足使用者的期望，期望确认水平达标；如果实际使用体验低于预期评判，证明没有满足使用者的期望，期望确认水平不及格。在期望确认水平较高或达标的情况下，更有可能对服务感到满意。图 4.2 展示了政务服务"跨省通办"7 个服务方面期望确认水平产生的内在逻辑。

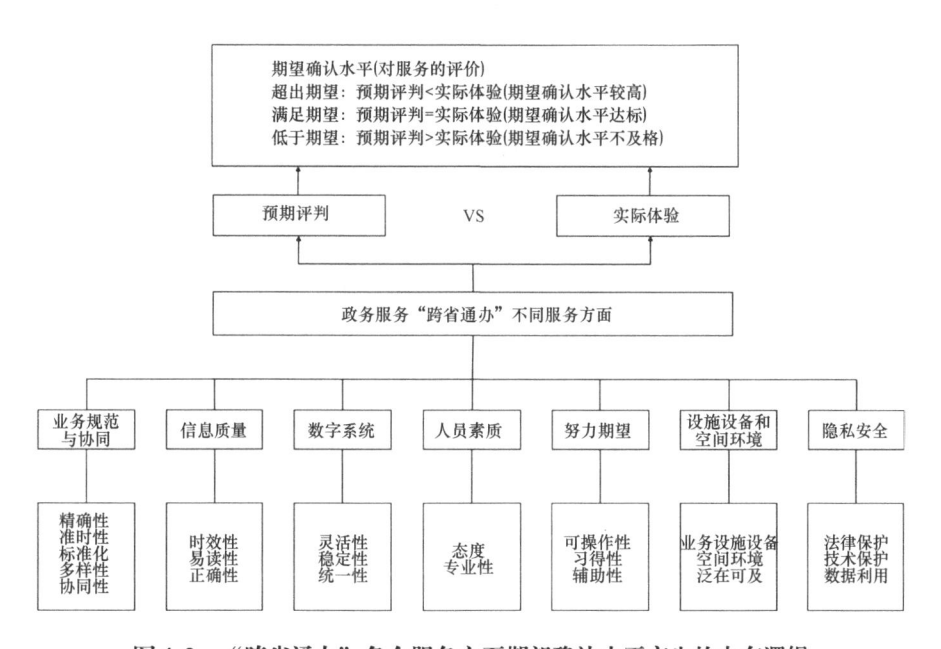

图 4.2 "跨省通办"各个服务方面期望确认水平产生的内在逻辑

二 中间介质：感知有用

"期望确认"视角将个人对服务有用程度的感知作为中介变量引入对期望确认和满意度感知的研究中。个人对服务是否有用的评价感知即为感知有用性（王正沛，2018）。根据期望确认模型的分析框架，在服务过程中，对某一方面的实际使用体验优于预期时，就会产生较好的期望确认水平，正向的期望不确认由此产生。此时，使用者对该方面的使用评价往往是积极的,而这种积极的评价将会刺激使用者的认知,使其认为服务有用,从而生成对该方面正向的感知有用性。反之,如果使用者的期望确认水平是消极的,这种消极的评价会使他们认为服务作用不大,从而形成负面的感知有用性(Hsu,Lin,2015;Sinha et al.,2020)。这种感知有用性可以分为理性与感性两方面。理性的感知有用性是对服务效率、效能、质量等方面的一种理性而客观的认知,是从实用主义角度对服务有用与否的评判;而感性的感知有用性则表现为愉悦、开心、不愉悦、不开心等心情,是从享乐性角度对服务有用与否的情绪化表达。这种理性认知与感性情绪的叠加结果构成了对服务的感知有用性,而感知有用性也将进一步刺激人们形成对满意度的评价水平(Bhattacherjee,2001)。

在政务服务"跨省通办"情境中,业务规范与协同、信息质量、数字系统、人员素质、努力期望、设施设备与空间环境、隐私安全的期望确认水平会影响群众对这些方面是否有用的感知。这种感知有用性在理性层面反映为感知效用性,在感性层面反映为感知愉悦性,它们共同构成了连接期望确认水平和满意度水平的中间介质。

值得注意的是,"期望确认"视角中的感知有用性是指服务结束后使用者对服务是否有用的评价感知,即事后感知有用性(Hsu et al.,2007)。其所连接的期望确认水平是使用者接受服务之后产生的评价水平,而满意度也是接受服务之后所产生。因此,"期望确认"视角中的感知有用性区别于技术接受模型中的感知有用性,后者意为使用者对服务是否有用的预判,是事前感知有用性(刘思,2019)。综上,本书所运用的感知有用性是事后感知有用性,其包含了对服务有用性的理性认知(感知效用性)和感性情绪(感知愉悦性),构成本书的中介变量。

三 作用结果:感知满意

根据"期望确认"视角,满意度是对满足程度、满意水平的感知,是由期望确认引起感知有用性的变化再到产生感知反应的过程(Sinha et al.,2020)。具体而言,当使用者对比预期水平和实际体验之后,会根据对比的差异好坏产生对服务水平的评价。这种评价水平(期望确认水平)一方面会直接刺激使用者对服务形成满意度感知,另一方面会促成使用者对服务是否有用进行评价（感知有用性），再根据服务的有用程度评判自身是否感到满意。因此，对服务的期望确认水平可以直接影响满意度的感知，也可以通过感知有用性影响满意度的感知。

四 调节介质：政策了解与支持

本书将政策感知度作为调节变量引入研究模型中，从而对"期望确认"视角进行了拓展。在经典期望确认模型中，感知有用性和满意度之间虽然具有相关关系，但是缺乏对这种相关关系的细化认知。本书引入政策感知度这一要素对感知有用性和满意度之间的相关关系进行进一步分析与解构。无论是理性认知（感知效用性）还是感性情绪（感知愉悦性），对服务有用性的感知会受到政策感知度的影响。在政务服务"跨省通办"中，人们对相关政策了解越多、越支持，那么对服务有用或无用的感知就会更加准确与强烈。因此，政策感知度可以作为感知有用性与满意度之间关系的调节变量。图4.3展示了"期望确认"拓展视角下研究模型的内在逻辑。

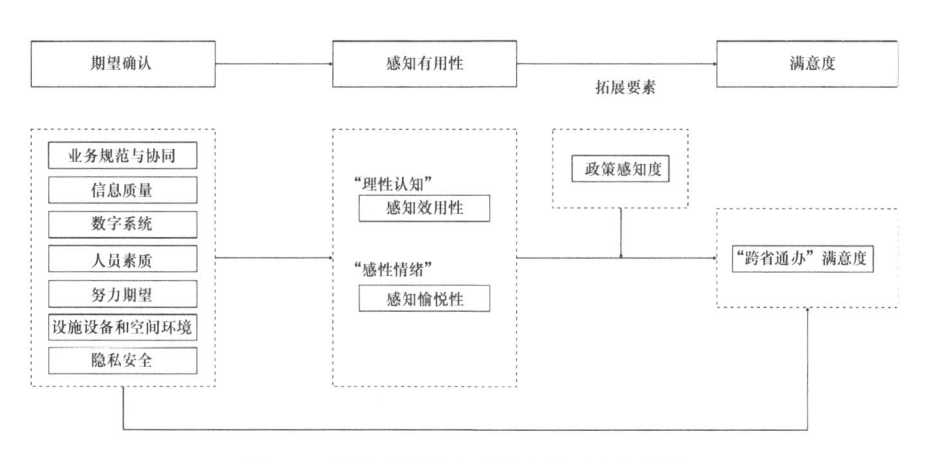

图4.3 期望确认视角下研究模型内在逻辑

第四节 本章小结

本章在第三章基本理论模型框架基础上，对框架中各变量间相互作用关系进行梳理与推衍，提出关系假设，进而构建出研究模型，并以拓展后的"期望确认"视角对研究模型的内在逻辑进行分析，阐述和明确了研究模型中各板块的内在联系与逻辑。

第 五 章

量表开发与收集

本章遵循量表开发的标准模式，基于前文构建起的研究模型，对各要素概念构思予以可操作化测量设计，并通过预调研等过程形成有效的测量量表。此后，围绕成都与重庆两地开展政务服务"跨省通办"的大样本调查，收集数据，为后续假设检验等工作提供数据支撑。

第一节 量表设计

一 量表设计思路

本研究通过问卷调查收集样本数据。量表设计需要统筹考虑调查目的与对象，并结合理论框架、题项文字、格式规范等方面进行斟酌（许正良，2004）。在量表开发过程中，要尽量避免诱导性或语意不明的题项，给出的答案选项应避免与题项含义矛盾或答案重复、不完整的情况（Zhang，Zhu，2021）。

本书对量表的设计主要依据 G. A. Churchill 提出的量表开发标准程序（Churchill，1979），具体思路如图 5.1 所示。具体而言，本书的调查问卷是根据研究模型，结合扎根分析与相关先行文献资料设计而成。因为本书的量表设计主要依据现有文献中的成熟量表和扎根分析的访谈资料，所以直接根据研究目的、研究对象等进行初始量表的开发编制。在完成量表初步设计后，邀请有关专家学者进行分析评估，对存在问题与偏差的量表题项进行修改，同时邀请具有政务服务"跨省通办"使用经历的人员进行量表沟通，对表达晦涩、难懂、专业性过强的语句进行修改。改良量表后，进行预调研工作，根据预调研情况进一步修正量表，形成正式发放的最终量表。

图 5.1　量表开发过程

本研究的量表整体以政务服务"跨省通办"满意度影响因素及其形成机理为主题而设计。根据研究模型与研究假设，量表主要测量的变量有业务规范与协同、信息质量、数字系统、人员素质、努力期望、设施设备与空间环境、隐私安全、感知效用性、感知愉悦性、政策感知度以及服务满意度。为确保题项的整体质量，本书在参考已有文献资料时依据以下思路：一是主要围绕数字政府和电子政务服务领域选择参考量表；二是根据扎根分析中对每个要素内在维度的解构来选择参考量表；三是优先选择信效度较高的量表。最后，本书严格按照量表设计的规范修订已有文献中的量表。对于部分英文量表的参考与翻译，本书遵循回译法的规范，按照以下原则进行：一是语句尽量精简；二是少用被动时代；三是避免暗喻和过度的口语化（Brislin，1970；Werner，Campbell，1970）。

二　量表框架结构

本书调查量表的结构整体由四部分组成。

第一部分为引言。该部分主要介绍调查研究的目的、主要内容、隐私声明。在该部分，本书明确指出调查研究采用匿名制，并且严格保护被调查对象的个人隐私，调查问卷不用于商业目的。引言部分需要做到建立起被调查对象的信任，打消他们的顾虑和担忧。并且，调查问卷不设置每题必须回答的限定，受访者如果碰到无法回答的题目可以主动跳过，这一点也在开头予以告知。

第二部分为筛选题项。该部分对受访者进行答题前的筛选，确保受访者尽可能符合调查要求。本书在筛选部分共设置了两个题项，分别为

"您使用过'川渝通办'服务吗？"；"在使用'川渝通办'过程中，您有碰到问题并寻求工作人员帮助的经历吗？"。只有在两项问题都选择"是"的情况下，才能继续接下来的调查，否则将会结束答题。

第三部分为样本人口学信息，主要包含性别、受教育程度、年龄、收入情况、户籍情况、"跨省通办"服务使用情况等基本信息，用于对样本的人口学统计分析。

第四部分为政务服务"跨省通办"满意度影响因素及形成机理调查。本书以"川渝通办"为例，针对被调查者在业务规范与协同、信息质量、数字系统、人员素质、努力期望、设施设备与空间环境、隐私安全、感知效用性、感知愉悦性、政策感知度以及服务满意度方面进行调查。所有题项都经过初始筛选与预调研筛选，并且所有题项均使用李克特五点法（Likert 5-Point Scale）进行测量，设置从1到5共五个数字选项，1表示非常不同意，2表示比较不同意，3表示一般，4表示比较同意，5表示非常同意。李克特五点法的操作与使用被已有研究证明适合用于问卷调查研究（Awwad，2012；Tsai et al.，2017；Nulhusna et al.，2017；徐晓林等，2019；李洁、韩啸，2019；朱永涵、王睿，2020）。

第二节 初始量表形成

一 题项创建

初始量表的创建通常会运用演绎法（Deductive）和归纳法（Inductive）。演绎法是通过对概念要素进行大量文献回顾，基于已有研究确定概念要素的内容；归纳法是通过访谈资料、专家小组等定性方法了解测量内容，并结合已有文献，产生测量题项（董京京，2019）。本书参照与遵循已有研究对初始量表的发展过程，结合已有文献中的成熟量表以及访谈资料进行题项开发，并对开发的题项实施进一步整合与提炼，将整合与提炼后的题项交给相关领域的专家进行审核与验证，邀请具有使用经历的公众参与反馈，从而形成初始量表（钟喆鸣，2019；和钰，2019；迟铭，2021）。

（一）业务规范与协同题项创建

根据扎根分析的访谈结果，业务规范与协同包括精确性、准时性、标准化、多样性、协同性5个维度，整合每个维度所包含的初始概念共形成21个测量点。按照已有研究的方法，在这一轮，每个测量点分别设置一个测量题项（钟喆鸣，2019；董京京，2019），共形成21个测量题项。这些题项主要参考了 M. G. Aboelmaged 对在线公共卫生服务准时性与精确性的测量量表（Aboelmaged，2018）、F. Xu 和 J. Du 对公共数字图书馆服务准时性与精确性的测量量表（Xu，Du，2018），以及已有研究对电子政务服务精确性的测量量表（Mellouli et al.，2020），还有已有研究对公共智能机器人服务精确性与多样性的测量量表等（Ashfaq et al.，2020），同时结合扎根分析访谈资料，基于政务服务"跨省通办"（"川渝通办"）实际情况进行修改。如表5.1所示，这些题项测量了"跨省通办"业务办理的精确性、标准化、协同性等方面。

表5.1 业务规范与协同题项汇总

变量	构成	测量维度	测量要点	测量题项
业务规范与协同	精确性	精细	业务流程细致	"川渝通办"服务具有细致的业务办理流程
			业务划分精确	"川渝通办"服务对业务进行了精确划分
		无误	办理流程无误	"川渝通办"服务不会把办理流程搞错
			办理结果无误	"川渝通办"服务的办理结果准确无误
	协同性	协同联动	市内跨部门协同	"川渝通办"服务具有较高的市内跨部门协同水平
			跨省协同	"川渝通办"服务具有较高的跨省协同水平
		数据共享	共享数量	"川渝通办"能够做到大量数据共享
			共享内容	"川渝通办"数据共享的内容丰富

续表

变量	构成	测量维度	测量要点	测量题项
业务规范与协同	准时性	严格守时	节点无延误	"川渝通办"服务的每个办理节点都能严格守时，不出现延误
			整体无延误	整体上看，"川渝通办"服务的业务办理能够严格守时，不出现延误
	标准化	材料标准化	提交数量标准	同一件"川渝通办"事项，在不同办理地点需要提交的材料数量是一致的
			提交种类标准	同一件"川渝通办"事项，在不同办理地点需要提交的材料类别是一致的
			提交格式标准	同一件"川渝通办"事项，在不同办理地点需要提交的材料填报格式是一致的
		过程标准化	步骤标准	同一件"川渝通办"事项，在不同办理地点的办理步骤是相同的
			时间标准	同一件"川渝通办"事项，在不同办理地点的办理时间相同
			赴现场次数标准	同一件"川渝通办"事项，不同办理地点规定的跑现场的次数是相同的
	多样性	服务数量	高频服务数量	"川渝通办"能够涵盖我经常需要办理的服务事项
			特色服务数量	"川渝通办"的特色服务数量很充足
		覆盖面	类别覆盖	"川渝通办"已经覆盖了足够多的服务类别
			领域覆盖	"川渝通办"已经覆盖了足够多的服务领域
			人群覆盖	"川渝通办"已经能覆盖足够多的服务人群

(二) 信息质量题项创建

信息质量主要包括政务服务信息的时效性、易读性与正确性三个维度。整合每个维度所包含的初始概念共形成21个测量点。按照每个测量点分别设置一个测量题项，共形成21个测量题项。这些题项主要参考了明承瀚等对电子政务信息服务时效性与正确性的测量量表（明承瀚等，2016）、杨菲和高洁对政府电子信息服务易读性的测量量表（杨菲、高洁，

2017），以及已有研究对电子政务信息服务时效性与易读性的测量量表（Nulhusna et al.，2017）、宋雪雁等对政务门户网站信息服务易读性与时效性的测量量表（宋雪雁等，2018）、A. I. Alkraiji 对电子政务信息服务正确性与时效性的测量量表等（Alkraiji，2020），同时结合扎根分析访谈资料，基于政务服务"跨省通办"（"川渝通办"）实际情况进行修改。如表 5.2 所示，这些题项测量了信息质量的时效性、易读性和正确性等方面。

表 5.2　　　　　　　　　　　信息质量题项汇总

变量	构成	测量维度	测量要点	测量题项
信息质量	时效性	文字信息内容更新	介绍信息更新	"川渝通办"的业务介绍会是最新更新的信息
			法律依据更新	"川渝通办"展示的法律依据会是最新更新的法律依据
			评价信息更新	"川渝通办"展示的业务评价会是最新更新的评分
		附件材料更新	附件表格更新	"川渝通办"线上平台提供下载的表格会是最新更新的表格
			附件图片更新	"川渝通办"线上平台提供下载的图片会是最新更新的图片
	易读性	可读	通顺流畅	"川渝通办"提供的信息读起来通顺流畅
			简短精练	"川渝通办"提供的信息读起来简短精练
			段落清晰	"川渝通办"提供的信息读起来段落清晰
		易懂	用语通俗	"川渝通办"提供的信息在用语上通俗易懂
			内容编排	"川渝通办"提供的信息在内容编排上清晰明确
			事例样本	"川渝通办"线上平台会给出填写材料的样本，帮助人理解
			知识可视化呈现	"川渝通办"线上平台会使用流程图等对信息进行可视化展现
			字体设计	"川渝通办"信息的字体大小和样式是合适得当的
			图表设计	"川渝通办"用于展示信息的图表设计合适而得当
			标示运用	"川渝通办"展示信息时，对于标示的运用合适而得当

续表

变量	构成	测量维度	测量要点	测量题项
信息质量	易读性	美观	色彩搭配	整体上看,"川渝通办"展示信息的页面具有良好的色彩搭配
			排版布局	整体上看,"川渝通办"展示信息的页面具有良好的排版布局
	正确性	信息准确	无错别字	"川渝通办"提供的信息文字没有错别字
			无重复内容	"川渝通办"提供的信息在内容意义上没有重复
		信息完整	无遗漏文字	"川渝通办"提供的信息没有遗漏的文字
			无遗漏语句	"川渝通办"提供的信息没有遗漏的语句

(三) 数字系统题项创建

数字系统主要包括政务服务线上系统的灵活性、稳定性、统一性三个维度。整合每个维度所包含的初始概念共形成19个测量点。每个测量点分别设置一个测量题项,共形成19个测量题项。这些题项主要参考了已有研究对电子服务系统灵活性与稳定性的测量量表（Udo et al.,2012）、张育英等对在线行政审批系统稳定性的测量量表（张育英等,2016）、徐晓林等对电子政务系统稳定性的测量量表（徐晓林等,2019）、张明鑫对线上阅读系统稳定性与灵活性的测量量表等（张明鑫,2021）。同时结合扎根分析访谈资料,基于政务服务"跨省通办"（"川渝通办"）实际情况进行修改。如表5.3所示,这些题项测量了数字系统的灵活性、稳定性、统一性等方面。

表5.3　　　　　　　　数字系统题项汇总

变量	构成	测量维度	测量要点	测量题项
数字系统	灵活性	适应性	系统更新率	"川渝通办"线上系统能够做到经常更新
			开放适应性	"川渝通办"能够兼容多种程序（如苹果系统、安卓系统等）进行使用
			系统多样式	"川渝通办"能够兼容多种渠道方式（如手机App、电脑网页端等）进行使用

续表

变量	构成	测量维度	测量要点	测量题项
数字系统	灵活性	响应速度	下载速度	"川渝通办"线上系统的下载速度流畅快速
			加载速度	"川渝通办"线上系统转跳时的加载速度流畅快速
		平台对接	链接畅通	"川渝通办"线上系统能够畅通无阻地对接各个业务部门的网站
			链接有效	"川渝通办"线上系统能够准确地连接到各个业务部门的网站
	稳定性	运行稳定	系统卡顿	"川渝通办"线上系统少有卡顿的情况
			系统闪退	"川渝通办"线上系统少有闪退的情况
			系统崩溃	"川渝通办"线上系统少有崩溃的情况
		故障修复	修复速度	碰到系统故障时,"川渝通办"的修复速度很快
			保持时长	每次系统修复之后,"川渝通办"能维持较长时间不出问题
	统一性	外观设计统一	字体统一	"渝快办"和"天府通办"两个专区在字体设计上具有统一性
			图表统一	"渝快办"和"天府通办"两个专区在图表设计上具有统一性
			标示统一	"渝快办"和"天府通办"两个专区在标示上具有统一性
			色彩统一	"渝快办"和"天府通办"两个专区在色彩运用上具有统一性
		业务内容统一	业务分类统一	"渝快办"和"天府通办"两个专区在对业务事项的分类上具有统一性
			包含事项统一	"渝快办"和"天府通办"两个专区中每个业务大类所包含的具体事项是相同的
			内容介绍统一	"渝快办"和"天府通办"两个专区对业务内容的介绍具有统一性

(四)人员素质题项创建

人员素质主要包括后台支持系统的态度、专业性两个维度。整合每个维度所包含的初始概念共形成16个测量点。每个测量点分别设置一个测量题项，共形成 16 个测量题项。这些题项主要参考了 P. Verdegem 和 G. Verleye 对电子政务后台人员态度的测量量表（Verdegem，Verleye，2009）、B. Magoutas 和 G. Mentzas 对电子政务后台人员态度与专业性的测量量表（Magoutas，G. Mentzas，2010）、X. Papadomichelaki 和 G. Mentzas 对后台态度与专业性的测量量表（Papadomichelaki，Mentzas，2012）、杨菲和高洁对政府电子信息服务后台帮助的测量量表（杨菲、高洁，2017），以及已有研究对电子政务后台支持透明性的测量量表等（Chan et al.，2021）。同时结合扎根分析访谈资料，基于政务服务"跨省通办"（"川渝通办"）实际情况进行修改。如表 5.4 所示，这些题项测量了人员素质的态度、专业性等方面。

表 5.4　　　　　　　　　　人员素质题项汇总

变量	构成	测量维度	测量要点	测量题项
人员素质	态度	回应性	回应迅速	当我碰到问题前去咨询时，工作人员能做到迅速回复
			积极主动	当我碰到问题前去咨询时，工作人员的态度积极主动
			回应充分	当我碰到问题前去咨询时，工作人员能做到回应充分
		友好	亲和力	当我碰到问题前去咨询时，工作人员的表现具有亲和力
			有耐心	当我碰到问题前去咨询时，工作人员的表现具有耐心
			文明礼貌	当我碰到问题前去咨询时，工作人员表现得文明礼貌
		责任感	认真细致	对于我的问题，工作人员能认真细致地处理
			职业责任	当我碰到问题前去咨询时，工作人员表现出了对职业责任的重视与敬畏
	专业性	专业知识	业务知识	对于我的问题，工作人员展现出具有充足的业务知识
			其他相关知识	在处理我的问题时，工作人员展现出对其他相关问题的充足认识

续表

变量	构成	测量维度	测量要点	测量题项
人员素质	专业性	处理能力	问题解释	工作人员对于问题的解释是到位的
			解决方案	工作人员能够给出明确可行的解决方案
			处理执行力	工作人员具有有效处理问题的执行力
		沟通技巧	倾听	在和我沟通时，工作人员能够有效倾听
			安抚	在和我沟通时，工作人员能够安抚我的情绪
			共情	在和我沟通时，我感觉工作人员能够切身体会我的感受

（五）努力期望题项创建

努力期望主要包括电子政务服务的可操作性、习得性、辅助性三个维度。整合每个维度所包含的初始概念共形成12个测量点。每个测量点分别设置一个测量题项，共形成12个测量题项。这些题项主要参考了S. Shyu 和 J. Huang 对电子政务学习系统可操作性和习得性的测量量表（Shyu, Huang, 2011），已有研究对电子政务可操作性和习得性的测量量表（Hussein et al., 2011），以及已有研究对电子政务可操作性、习得性以及辅助性的测量量表（Cegarra et al., 2014），还有已有研究对开放数据软件可操作性和习得性的测量量表（Zuiderwijk et al., 2015），已有研究对掌上政务软件可操作性和习得性的测量量表等（Sharma et al., 2018）。同时结合扎根分析访谈资料，基于政务服务"跨省通办"（"川渝通办"）实际情况进行修改。如表5.5所示，这些题项测量了努力期望的可操作性、习得性、辅助性等方面。

表5.5　　　　　　　　　　努力期望题项汇总

变量	构成	测量维度	测量要点	测量题项
努力期望	可操作性	操作简易性	步骤精简	"川渝通办"的操作步骤精练简捷
			顺序明确	"川渝通办"的操作顺序明确

续表

变量	构成	测量维度	测量要点	测量题项
努力期望	可操作性	操作流畅性	轻干扰	"川渝通办"操作过程中没有什么干扰操作连贯性的步骤
			少重复	"川渝通办"操作过程中没有什么重复性的操作步骤
	习得性	易习得	易理解	"川渝通办"的操作方法让人容易理解
			上手快	"川渝通办"的操作方法上手快速
		教学资源	人工教学	服务大厅工作人员会对"川渝通办"的使用进行专门指导
			电子教学	"川渝通办"提供了良好的电子教学
	辅助性	引导性	引导方式	"川渝通办"提供了多种方式对使用进行辅助引导
			引导准确度	"川渝通办"提供的辅助引导准确度高
		人文关怀	适老化	"川渝通办"提供了良好的适用于老年人的使用模式
			残障模式	"川渝通办"提供了良好的适用于残障人群的使用模式

(六) 设施设备与空间环境题项创建

设施设备与空间环境主要包括业务设施设备、空间环境、泛在可及三个维度。整合每个维度所包含的初始概念共形成15个测量点，每个测量点分别设置一个测量题项，共形成15个测量题项。这些题项主要参考了已有研究对电子政务服务业务设备与其他设施环境的测量量表（Chan et al.，2010），以及已有研究对电子政务服务个人设备的测量量表（Mansoori et al.，2018），还有已有研究对在线银行系统业务设备与可达性的测量量表（Rahi et al.，2019），C. Y. Joa 和 K. Magsamen-Conrad 对电子政务服务业务设备的测量量表等（Joa，Magsamen-Conrad，2022）。同时结合扎根分析访谈资料，基于政务服务"跨省通办"（"川渝通办"）实际情况进行修改。如表5.6所示，这些题项测量了设施设备与空间环境的业务设备、空间环境、泛在可及等方面。

表5.6　　　　　　　　　设施设备与空间环境题项汇总

变量	构成	测量维度	测量要点	测量题项
设施设备与空间环境	业务设施设备	公共业务设备状况	公共设备数量	政务服务大厅具有充足的公共设备供我使用"川渝通办"
			公共设备类型	政务服务大厅提供了多种多样的设备供我使用"川渝通办"
			公共设备质量	政务服务大厅公共设备的质量良好
		私人业务设备状况	个人设备拥有	我自己拥有充足的设备能够使用"川渝通办"
			个人设备质量	我自己拥有的设备的质量良好
	空间环境	其他室内设施环境	光照条件	政务服务大厅灯光明亮、光照良好
			电梯条件	政务服务大厅的电梯条件良好
			座椅条件	政务服务大厅的座椅条件良好
			绿植条件	政务服务大厅的绿植条件良好
		室外环境状况	外观形象	政务服务大厅的外观形象良好
			停车条件	政务服务大厅的停车条件良好
	泛在可及	泛在性	随时可用	我随时可以使用手机等设备办理"川渝通办"
			随地可用	在绝大多数地方，我都可以使用手机等设备办理"川渝通办"
		可及性	可接近性	我可以就近到政务服务大厅办理"川渝通办"
			可承担性	办理"川渝通办"所需费用可以承受

（七）隐私安全题项创建

隐私安全主要包括法律保护、技术保护、数据利用三个维度。整合每个维度所包含的初始概念共形成12个测量点。每个测量点分别设置一个测量题项，共形成12个测量题项。这些题项主要参考了 A. Harfouche 和 A. Robbin 对公共电子服务技术保护的测量量表（Harfouche，Robbin，2012），已有研究对电子政务服务法律保护、技术保护和数据利用的测量量表（Alawneh et al.，2013），以及已有研究对智慧城市服务技术保护和数据利用的测量量表（Belanche-Gracia et al.，2015），还有已有研究对线上购物技术保护与数据利用的测量量表等（Al-dweeri et al., 2019）。同时结合扎根分析访谈资料，基于政务服务"跨省通办"（"川渝通办"）实际情况进行修改。如表 5.7 所示，这些题项测量了隐私安全的法律保护、技术保护等方面。

表 5.7　　　　　　　　　　隐私安全题项汇总

变量	构成	测量维度	测量要点	测量题项
隐私安全	法律保护	立法与司法	立法状况	国家在网络隐私安全方面的立法成熟而完备
			司法救济措施	国家在网络隐私安全方面的司法救济措施成熟而完备
		普法状况	立法知晓度	我清楚国家在网络隐私安全方面的立法情况
			司法知晓度	我知道采取什么司法手段反击网络隐私安全的侵犯行为
	技术保护	技术防御	开放规范与标准	"川渝通办"采用了安全的开放规范与标准
			防火墙水平	"川渝通办"防火墙的水平高，能够有效抵御数据窃取等行为
		技术投入	防护更新	我相信"川渝通办"会经常更新技术防护手段
			新技术购买	我相信政府会投入适当的资金为"川渝通办"购置新的技术防护手段
	数据利用	数据收集	收集方式	使用"川渝通办"时，我感觉我的个人数据被通过各种方式采集
			收集频率	我感觉"川渝通办"会频繁地对我的个人数据进行采集
		数据利用规范	隐私协议与条款	"川渝通办"明确提供了严谨的隐私协议与条款
			数据泄露	在使用"川渝通办"后，我感觉到我的个人数据被泄露了

（八）感知效用性题项创建

感知效用性主要包括公平可靠、优质高效、集成便捷三个维度。整合每个维度所包含的初始概念共形成 13 个测量点。每个测量点分别设置一个测量题项，共形成 13 个测量题项。这些题项主要参考了已有研究对于开放数据可靠性与效率性的测量量表（Zuiderwijk et al., 2015），D. Seo 和 M. Bernsen 对电子政务服务效率性的测量量表（Seo, Bernsen, 2016），以及已有研究对电子政务服务效率性和便利性的测量量表（Sachan et al., 2018），还有相关研究对电子政务服务效率性的测量量表等（Khalid et al., 2021）。同时结合扎根分析访谈资料，基于政务服务"跨省通办"（"川渝通办"）实际情况进行修改。如表 5.8 所示，这些题项测量了感知效用性的可靠性、效率性等方面。

表 5.8　　　　　　　　　感知效用性题项汇总

变量	构成	测量维度	测量要点	测量题项
感知效用性	公平可靠	可信赖	权威性	"川渝通办"有政府作保障，具有权威性
			依赖性	我对"川渝通办"服务已经形成依赖感
		公平性	办理效率公平	我觉得"川渝通办"在业务办理速度上是公平公正的，不存在"走后门"
			后台支持公平	我觉得"川渝通办"的后台支持是公平公正的，不存在"走后门"
	优质高效	优质	高质量	"川渝通办"服务质量水平高
			舒适度	办理"川渝通办"的过程让我感到舒适
		高效	效率性	"川渝通办"保障了在办理速度上的效率
			效益性	我能够在"川渝通办"中获益
	集成便捷	集成化	材料减少	使用"川渝通办"后，提交的办理材料减少了
			环节减少	使用"川渝通办"后，办理事项的环节减少了
			跑动减少	使用"川渝通办"后，办事的跑动减少了
		快捷	业务时限减少	"川渝通办"将业务节点的办理时限减少了
			整体时间减少	"川渝通办"将整体业务办理的时间减少了

（九）感知愉悦性题项创建

感知愉悦性主要包括享受性、愉快感两个维度。整合每个维度所包含的初始概念共形成 8 个测量点。每个测量点分别设置一个测量题项，共形成 8 个测量题项。这些题项主要参考了已有研究对开心和有趣的测量量表（Kaur et al., 2018），以及 C. I. Teng 对新鲜感满足和求知欲满足的测量量表等（Teng，2018）。同时结合扎根分析访谈资料，基于政务服务"跨省通办"（"川渝通办"）实际情况进行修改。如表 5.9 所示，这些题项测量了感知愉悦性的享受性等方面。

表 5.9　　　　　　　　　　感知愉悦性题项汇总

变量	构成	测量维度	测量要点	测量题项
感知愉悦性	享受性	被尊重	去官僚化	在办理"川渝通办"过程中我没感觉到政府的官僚化
			去人格矮化	在办理"川渝通办"过程中我没感觉政府高高在上，而我显得很卑微
		好奇心满足	新鲜感满足	办理"川渝通办"具有新鲜感，我感到满足
			求知欲满足	办理"川渝通办"能满足我的求知欲
	愉快感	轻松	无压迫感	在办理"川渝通办"过程中我没有感到压迫感
			无紧张感	在办理"川渝通办"过程中我没感到紧张
		愉快	开心	"川渝通办"服务让我感到开心
			有趣	"川渝通办"服务让我感到有趣

（十）政策感知度题项创建

政策感知度主要包括政策知晓度、政策认可度两个维度。整合每个维度所包含的初始概念共形成 8 个测量点。每个测量点分别设置一个测量题项，共形成 8 个测量题项。这些题项主要参考了龚佳颖和钟杨针对上海居民公共政策了解度的测量量表（龚佳颖、钟杨，2017），王红漫等对北京居民基本医保政策了解程度的测量量表等（王红漫等，2019）。同时结合扎根分析访谈资料，基于政务服务"跨省通办"（"川渝通办"）实际情况进行修改。如表 5.10 所示，这些题项测量了政策感知度要素中政策知晓度等方面。

表 5.10　　　　　　　　　　政策感知度题项汇总

变量	构成	测量维度	测量要点	测量题项
政策感知度	政策知晓度	大政方针	发展规划知晓度	我清楚和"川渝通办"宏观发展规划相关的政策
			主要措施知晓度	我知道发展"川渝通办"宏观上采取的主要措施
		具体规定	具体办理规定知晓度	我清楚"川渝通办"具体的办理规定
			其他规定知晓度	我知道"川渝通办"办理规定以外的其他规定
	政策认可度	现有政策认可度	大政方针认可	我认可目前发展"川渝通办"的大政方针
			具体规定认可	我认可目前"川渝通办"的具体实施规定
		政策前景认可度	愿景认可	我认可"川渝通办"的发展目标
			困难评估	我认为"川渝通办"未来的政策实施所面对的困难不多

(十一)"跨省通办"满意度题项创建

"跨省通办"满意度主要包括品牌印象、对比后的评价水平两个维度。整合每个维度所包含的初始概念共形成 8 个测量点。每个测量点分别设置一个测量题项，共形成 8 个测量题项。这些题项主要参考了相关研究对于电子政务服务满意度的测量量表（Morgeson et al., 2011）、邹凯和包明林对政务微博服务公众满意度的测量量表（邹凯、包明林，2016）、程镝对政务服务中心服务满意度的测量量表（程镝，2021）、王汇宇对在线营商环境满意度的测量量表等（王汇宇，2021）。同时结合扎根分析访谈资料，基于政务服务"跨省通办"（"川渝通办"）实际情况进行修改。如表 5.11 所示，这些题项测量了服务满意度中品牌印象等方面。

表 5.11　　　　　　　"跨省通办"满意度题项汇总

变量	构成	测量维度	测量要点	测量题项
服务满意度	品牌印象	政务服务形象	负责	"川渝通办"是负有责任与担当的服务
			廉洁	"川渝通办"是廉洁的服务
		政务服务信任	诚实	我感受到"川渝通办"对我的开诚布公
			守信	"川渝通办"能够说到做到
		对比后的评价水平	与希望对比的结果	与希望中服务的对比	和我希望中的相比，我对目前"川渝通办"服务感到满意
			基于希望对未来的憧憬	我相信未来"川渝通办"能够发展成我希望中的那种服务
			与理想对比的结果	与理想中服务的对比	和我理想中的相比，我对目前"川渝通办"服务感到满意
			基于理想对未来的憧憬	我相信未来"川渝通办"能够发展成我理想中的那种服务

二　题项调整与提取

在首轮建立初始题项之后，需要确定题项的焦点是否太狭窄或太宽泛，从而对初始题项进行调整。题项焦点太狭窄或太宽泛，对内容的测量将失去精准性，无法达到调查目的（Moore，Benbasat，1991）。并且题项焦点太狭窄会导致形成过多的测量题项，使得被调查人员产生"调查疲劳感"，降低数据质量（Pignatiello et al.，2020）。因此，在首轮建立初始题项之后，本书对所有初始题项进行审核，对存在焦点不明确、范围太窄或太宽、目标人群作答难度较高等问题的题项进行重新编辑或删除。

具体而言，对业务规范与协同共计 21 个题项进行梳理，将焦点过窄的"业务流程细致""业务划分精确""办理流程无误""办理结果无误"等题项进行整合，从而提取出 7 个题项。依照同样的标准对信息质量共计 21 个题项进行梳理，将焦点过窄的"介绍信息更新""法律依据更新""评价信息更新""通顺流畅""短精练简""用语通俗"等进行整合，提炼出 4 个题项。对数字系统共计 19 个题项进行梳理，将焦点过窄的"系统卡顿""系统闪退""字体统一""色彩统一"等进行整合，提炼出 8 个题项。同时，对人员素质共计 16 个题项进行梳理，将焦点过窄的"回应迅速""回应充分""亲和力""文明礼貌"等进行整合,将焦点不明确的"其他相关知识"等予以删除,从而提炼出 5 个题项。按照同样的标准,对努力期望共计 12 个题项进行梳理,将焦点过窄的"步骤精简""顺序明确""易理解""上手快"等进行整合,从而提炼出 4 个题项。对设施设备与空间环境共计 15 个题项进行梳理,将焦点过窄的"公共设备数量""公共设备质量""光照条件""座椅条件""停车条件"等进行整合,从而提炼出 5 个题项。依照相同的标准,对隐私安全共计 12 个题项进行梳理,将焦点过窄的"立法知晓度""司法知晓度""收集方式""收集频率""防火墙水平"等进行整合,将多数被调查者难以回答的"开放规范与标准""隐私协议与条款"删除,从而提炼出 5 个题项。对感知效用性共计 13 个题项进行梳理,将焦点过窄的"材料减少""环节减少""办理效率公平""后台支持公平"等进行整合,从而提炼出 4 个题项。对感知愉悦性共计 8 个题项进行梳理,将焦点过窄的"无压迫感""有趣""开心"等进行整合,从而提炼出 3 个题项。对政策感知度共计 8 个题项进行梳理,将焦点过窄的"发展规划知晓度""主要措施知晓度"等进行合并,从而提炼出 4 个题项。最后,对服务满意度共计 8 个题项进行梳理,将焦点过窄的"负责""廉洁""诚实""守信"等进行整合,从而提炼出 4 个题项。最终,本轮题项调整与提取之后,共创建初始题项 53 个,如表 5.12 所示。

表 5.12　　　　　　　　整合提炼后的初始测量题项

变量	测量题项
业务规范与协同（TSQ）	TSQ1："川渝通办"提供的业务办理精确而细致
	TSQ2："川渝通办"的业务办理在跨部门、跨区域、跨层级的联动协同上做得很好
	TSQ3："川渝通办"提供的业务办理能够准时办结
	TSQ4:不同办理地点对"川渝通办"提交材料的要求（如数量、种类、格式等）是相同的
	TSQ5:不同办理地点对"川渝通办"办理过程的规定（如步骤、时间、赴现场次数等）是相同的

续表

变量	测量题项
业务规范与协同（TSQ）	TSQ6："川渝通办"业务事项的种类数量已经足够了
	TSQ7："川渝通办"业务事项的覆盖面已经足够广了
信息质量（IQ）	IQ1："川渝通办"对业务事项的文字信息和附件材料能及时更新，具有时效性
	IQ2："川渝通办"提供的信息内容读起来通俗易懂
	IQ3："川渝通办"提供的信息内容在字体、排版、色彩等方面具有美观性
	IQ4："川渝通办"提供的信息内容准确、无遗漏
数字系统（SQ）	SQ1："川渝通办"的系统程序能做到经常更新
	SQ2："川渝通办"的系统程序能兼容多种程序（如苹果、安卓等）及多种使用渠道（如网页、手机App等）
	SQ3："川渝通办"系统程序的速度（下载速度、加载速度）流畅而快速
	SQ4："川渝通办"的系统程序能够通畅准确地链接到相关业务部门的网站
	SQ5："川渝通办"的系统程序具有稳定性，少有卡顿、闪退等情况
	SQ6："川渝通办"具有良好的系统故障修复能力
	SQ7："渝快办"和"天府通办"在各自"川渝通办专区"的外观设计上具有统一性
	SQ8："渝快办"和"天府通办"对各自"川渝通办专区"业务内容的规划具有统一性
人员素质（CS）	CS1："川渝通办"办理过程中，工作人员能做出迅速、积极且充分的回应
	CS2："川渝通办"办理过程中，工作人员态度友好且负责
	CS3："川渝通办"办理过程中，工作人员拥有专业的知识
	CS4："川渝通办"办理过程中，工作人员很热情
	CS5："川渝通办"办理过程中，工作人员拥有良好的沟通技巧
努力期望（EE）	EE1："川渝通办"的操作简捷流畅
	EE2："川渝通办"的操作容易让人学会
	EE3："川渝通办"提供了准确多样的操作引导
	EE4："川渝通办"提供了明显针对老年、残障等群体的操作辅助模式
设施设备与空间环境（FC）	FC1：政务服务大厅为"川渝通办"的使用提供了充足、良好的公共设备
	FC2：我拥有充足、良好的私人设备来使用"川渝通办"
	FC3：政务服务大厅的其他空间环境（如灯光、座椅、电梯、绿植、停车场等）条件良好

续表

变量	测量题项
设施设备与空间环境（FC）	FC4：“川渝通办”的使用设施在布局上具有泛在性，我随时随地都可以使用
	FC5：我可以便利地接近"川渝通办"的设施设备，也可以在费用上承担它们的使用
隐私安全（PS）	PS1：我认为国家对于网络隐私安全方面的立法与司法状况成熟而完备
	PS2：通过国家普法，我了解了网络隐私安全方面的立法与司法知识
	PS3：我相信"川渝通办"对于网络隐私安全的技术防护水平与技术投入
	PS4：我感觉"川渝通办"会经常通过不同的渠道收集我的个人信息（此题反向计分）
	PS5：我感觉"川渝通办"对数据的利用不规范，我的数据被泄露了（此题反向计分）
感知效用性（PE）	PE1：我感觉"川渝通办"具有权威性，值得依赖
	PE2：我感觉"川渝通办"公正可靠
	PE3："川渝通办"提高了我的办事效率
	PE4："川渝通办"使业务事项的办理变得更加便利
感知愉悦性（PEJ）	PEJ1：办理"川渝通办"过程中我受到充分的尊重
	PEJ2：办理"川渝通办"满足了我的好奇心
	PEJ3："川渝通办"服务让我感到轻松和愉快
政策感知度（PUA）	PUA1：我了解"川渝通办"相关的大政方针
	PUA2：我了解"川渝通办"办理实施的具体规定
	PUA3：我支持现有"川渝通办"的相关政策
	PUA4：我认可"川渝通办"的政策前景
服务满意度（US）	US1："川渝通办"是负责、廉洁的服务
	US2："川渝通办"是能开诚布公、说到做到的服务
	US3：和我希望中的服务相比，我对现在的"川渝通办"感到满意
	US4：和我理想中的服务相比，我对现在的"川渝通办"感到满意

三 专家意见反馈

在整合提炼量表之后，邀请行业专家对量表进行审视，提出修改意见。在这一步骤中，首先将表5.12中的题项交给公共管理领域的两名教授、两名副教授、一名博士后研究人员、三名博士研究生以及电子政务领域的两名公务人员，邀请他们通过自身的专业知识与实践经验审查表5.12中的题项。专家意见表明，表5.12中"TSQ6：我认为'川渝通办'业务事项的种类数量已经足够了"与"TSQ7：我认为'川渝通办'业务事项的覆盖面已经足够广了"两题在表意上具有相似性，仍可以继续整合。因此，将表5.12中的TSQ6和TSQ7进行整合，形成新的测量题项"我认为'川渝通办'业务事项的种类数量与覆盖面已经足够了"。同时，专家意见表明，表5.12中IQ1的描述具有狭隘性，"业务事项的文字信息与附件材料"并不能完全涵盖"川渝通办"提供的信息内容，建议将其改为"提供的信息内容"，与IQ2—IQ4的表述保持一致。

专家意见认为，表5.12中"SQ6：'川渝通办'具有良好的系统故障修复能力"一题具有较大局限性，故障修复能力这一要点本身较为抽象，难以被使用者直接而明确地感知，并且并非多数使用者都会去刻意记住系统故障的修复时间、维持时长等，因此本题的测量意义较小，且难以被准确回答，故将此删除。另外，专家一致认为，表5.12中"SQ7：'渝快办'和'天府通办'在各自'川渝通办专区'的外观设计上具有统一性"和"SQ8：'渝快办'和'天府通办'对各自'川渝通办专区'业务内容的规划具有统一性"两题过于细致，测量"外观设计"与"业务内容"的统一性可以将两题合并为"外观与内容"的统一性。因此，将两题整合，转变为"'渝快办'和'天府通办'在各自'川渝通办专区'外观与内容的设计规划上具有统一性"。

同时，专家一致认为，在表5.12中的US1和US2两题末尾均加上"对此我感到满意"，以凸显这两题是在测量服务满意度。因此，将US1和US2两题末尾都加上"对此我感到满意"。

根据专家的意见反馈，本轮共计删除了3个题项，并对多个题项进行了修改，最终形成了50个测量题项。专家认为，这些测量方面与题项较为完整地涵盖了目前群众对政务服务"跨省通办"的关注要点。

四　初始题项形成

经过专家意见反馈之后，将50个测量题项交由5名实际使用者进行阅读，排除题项描述存在重复、模棱两可、描述过长等问题，确保被调查者在阅读题项时不会有较大认知负担。最后，根据使用者的反馈意见，将表 5.12 中 "SQ1:'川渝通办'的系统程序能做到经常更新"改为"我感觉'川渝通办'的系统程序会经常更新"。反馈意见认为,多数使用者不会特别注意系统程序的更新频率,因此用直接的表述去询问"系统程序是否能做到经常更新"会使受访者陷入迷惑,让受访者产生"我不清楚""我不知道"的第一反应,难以作出回答。如果使用"我感觉"作为开头,会显得问题更为主观,不是在询问一种客观事实,而是根据受访者自身的感受,因此受访者能够更轻松地作出回答。最终,根据专家及实际使用者反馈意见修改后的测量题项共 50 题,如表 5.13 所示。

值得注意的是,量表中有少许题项所询问的问题较为具体,受访者必须在拥有相应的使用经历之后才能有效回答。例如,TSQ5-6 要求受访者需要在不同地点办理过"川渝通办"服务,或了解不同地点对"川渝通办"的办理要求;SQ6 要求受访者进入过"渝快办"和"天府通办"的"川渝通办"专区。在与专家讨论之后,我们认为这些题项能够表现"川渝通办"服务的特点,保留这些题项能够使问卷更为全面地对"川渝通办"的使用进行测量,因此将这些题项予以保留。在后续的问卷发放中,题项不设置每题必答的限定。问卷开头会提醒受访者无法回答的题项可以直接跳过,因此没有相应使用经历的人群可以直接跳过无法回答的题项,而没有完整回答所有题项的问卷也会被排除在有效问卷之外。

表 5.13 　　　　　　　　　　最终的初始测量题项

变量	测量题项
业务规范与协同(TSQ)	TSQ1:"川渝通办"提供的业务办理精确而细致
	TSQ2:"川渝通办"的业务办理在跨部门、跨区域、跨层级的联动协同上做得很好
	TSQ3:"川渝通办"提供的业务办理能够准时办结
	TSQ4:不同办理地点对"川渝通办"提交材料的要求(如数量、种类、格式等)是相同的
	TSQ5:不同办理地点对"川渝通办"办理过程的规定(如步骤、时间、赴现场次数等)是相同的
	TSQ6:我认为"川渝通办"业务事项的种类数量与覆盖面已经足够了

续表

变量	测量题项
信息质量（IQ）	IQ1："川渝通办"提供的信息内容（如文字信息、附件材料等）能及时更新，具有时效性
	IQ2："川渝通办"提供的信息内容读起来通俗易懂
	IQ3："川渝通办"提供的信息内容在字体、排版、色彩等方面具有美观性
	IQ4："川渝通办"提供的信息内容准确、无遗漏
数字系统（SQ）	SQ1：我感觉"川渝通办"的系统程序会经常更新
	SQ2："川渝通办"的系统程序能兼容多种程序（如苹果、安卓等）及多种使用渠道（如网页、手机 App 等）
	SQ3："川渝通办"系统程序的速度（下载速度、加载速度）流畅而快速
	SQ4："川渝通办"的系统程序能够通畅准确地链接到相关业务部门的网站
	SQ5："川渝通办"的系统程序具有稳定性，少有卡顿、闪退等情况
	SQ6："渝快办"和"天府通办"在各自"川渝通办专区"外观与内容的设计规划上具有统一性
人员素质（CS）	CS1："川渝通办"办理过程中，工作人员能做出迅速、积极且充分的回应
	CS2："川渝通办"办理过程中，工作人员态度友好且负责
	CS3："川渝通办"办理过程中，工作人员拥有专业的知识
	CS4："川渝通办"办理过程中，工作人员很热情
	CS5："川渝通办"办理过程中，工作人员拥有良好的沟通技巧
努力期望（EE）	EE1："川渝通办"的操作简捷流畅
	EE2："川渝通办"的操作容易让人学会
	EE3："川渝通办"提供了准确多样的操作引导
	EE4："川渝通办"提供了明显针对老年、残障等群体的操作辅助模式
设施设备与空间环境（FC）	FC1：政务服务大厅为"川渝通办"的使用提供了充足、良好的公共设备
	FC2：我拥有充足、良好的私人设备来使用"川渝通办"
	FC3：政务服务大厅的其他空间环境（如灯光、座椅、电梯、绿植、停车场等）条件良好
	FC4："川渝通办"的使用设施在布局上具有泛在性，我随时随地都可以使用
	FC5：我可以便利地接近"川渝通办"的设施设备，也可以在费用上承担它们的使用

续表

变量	测量题项
隐私安全（PS）	PS1：我认为国家对于网络隐私安全方面的立法与司法状况成熟而完备
	PS2：通过国家普法，我了解了网络隐私安全方面的立法与司法知识
	PS3：我相信"川渝通办"对于网络隐私安全的技术防护水平与技术投入
	PS4：我感觉"川渝通办"会经常通过不同的渠道收集我的个人信息（此题反向计分）
	PS5：我感觉"川渝通办"对数据的利用不规范，我的数据被泄露了（此题反向计分）
感知效用性（PE）	PE1：我感觉"川渝通办"具有权威性，值得依赖
	PE2：我感觉"川渝通办"公正可靠
	PE3："川渝通办"提高了我的办事效率
	PE4："川渝通办"使业务事项的办理变得更加便利
感知愉悦性（PEJ）	PEJ1：办理"川渝通办"过程中我受到充分的尊重
	PEJ2：办理"川渝通办"满足了我的好奇心
	PEJ3："川渝通办"服务让我感到轻松和愉快
政策感知度（PUA）	PUA1：我了解"川渝通办"相关的大政方针
	PUA2：我了解"川渝通办"办理实施的具体规定
	PUA3：我支持现有"川渝通办"的相关政策
	PUA4：我认可"川渝通办"的政策前景
服务满意度（US）	US1："川渝通办"是负责、廉洁的服务，对此我感到满意
	US2："川渝通办"是能开诚布公、说到做到的服务，对此我感到满意
	US3：和我希望中的服务相比，我对现在的"川渝通办"感到满意
	US4：和我理想中的服务相比，我对现在的"川渝通办"感到满意

第三节　预调研与量表修正

一　预调研数据收集

本书采用李克特五点法对量表进行测量。J. C. Nunnally 认为超过七点的李克特量表可能会降低可靠性与稳定性，相比之下，李克特五点量表在认知上的负担较少，可以保证高完成率与高响应率（Nunnally，1967）。预调研的收集对象为使用过"川渝通办"的人群，被调查者须能够清晰回答问卷中的所有问题。问卷的发放集中在 2022 年 6 月，此次问卷发放受到重庆市高新区与九龙坡区政务服务大厅工作人员的支持，对于前来办理"川渝通办"的群众会礼貌邀请他们参与填写问卷。另外，本研究也积极联系此前参与过半结构化访谈的受访者，邀请他们通过线上形式填写问卷，并采用滚雪球法，依托部分愿意配合的受访者将问卷发给更多使用过"川渝通办"的人群。针对通过线上形式参与的人群，为鼓励积极性，笔者通过发放微信红包的方式对作答的受访者每人发放 3 元的奖励。此次收集中，问卷没有设置每题必须回答的限定，这是由于问卷中的部分题项所询问的事项较为具体，受访者只有在拥有相应使用经历的情况下才能回答。最终，共回收 242 份问卷，在剔除存在不完整、所有题项全部选一个数字等问题的问卷后，共有 131 份问卷判定有效。J. C. Nunnally 指出在进行探索性因子分析时，样本量需达到变量数的十倍以上（Nunnally，1967），同时有学者认为探索性因子分析的样本数需要在 100 以上（Maccallum et al.，1999）。本研究共涉及 11 个变量，因此此次回收问卷数量达到变量 10 倍以上和数量 100 个以上的要求。表 5.14 展示了预调研的基本人口学信息。

表 5.14　　　　　　　　　预调研人口统计信息

属性	类别	人数	百分比（％）
性别	男	68	51.9
	女	63	48.1
年龄	20 岁以下	1	0.7
	20—30 岁	59	45.1
	31—40 岁	48	36.6
	41—50 岁	20	15.3
	50 岁以上	3	2.3
受教育程度	小学及以下	2	1.5
	初中	4	3.1
	高中	25	19.1
	专科	48	36.6
	本科	39	29.8
	硕士及以上	13	9.9

续表

属性	类别	人数	百分比（%）
政治面貌	党员	23	17.6
	团员	38	29.0
	民主党派	4	3.1
	群众	66	50.3
户籍	四川城镇户口	18	13.7
	重庆城镇户口	43	32.8
	四川农村户口	22	16.8
	重庆农村户口	39	29.8
	川渝以外省市城镇户口	3	2.3
	川渝以外省市农村户口	6	4.6
年收入	50000 元以下	42	32.1
	50000—100000 元	46	35.1
	100001—300000 元	27	20.6
	300001—500000 元	14	10.7
	500000 元以上	2	1.5
在川渝地区居住时间	1 年以内	5	3.8
	1—3 年	3	2.3
	4—10 年	26	19.8
	10 年以上	97	74.1
使用次数	不到 5 次	85	64.9
	5—10 次	34	25.9
	10 次以上	12	9.2
使用服务领域（多选）	社会保障	35	26.7
	交通出行	42	32.1
	就业创业	21	16.1
	户籍办理	37	28.2
	设立变更	33	25.2
	司法公正	6	4.6
	其他服务	40	30.5

二 量表检验与修正

依据已有研究对量表的检验方法（Bearden et al., 2001；钟喆鸣, 2019；迟铭, 2021；孙长索, 2021；杨华, 2021），本书采用信度分析和探索性因子分析对量表进行检验。

本书对量表的信度分析通过测量题项的校正项总计相关性（CITC）和 Cronbach's α 系数进行。首先，已有研究指出，如果某题项的 CITC 值低于0.5，那么该题项需要被删除，以避免发生多维度情况（董京京, 2019）。同时，删除该项后的 Cronbach's α 系数如果出现增加，并且高于变量的整体 Cronbach's α 系数，那么该题项也需要被删除（钟喆鸣, 2019；杨华, 2021）。除此之外，变量的整体 Cronbach's α 系数须达到0.7以上（Seo, Bernsen, 2016；朱永涵、王睿, 2020）。按照以上标准，本研究使用 SPSS 23 软件对量表进行检验，结果如表5.15所示。

表5.15　　量表信度分析

变量	题项	CITC 值	删除该题项后的 Cronbach's α	变量整体 Cronbach's α
业务规范与协同（TSQ）	TSQ1	0.784	0.806	0.856（TSQ）
	TSQ2	0.620	0.837	
	TSQ3	0.711	0.818	
	TSQ4	0.566	0.845	
	TSQ5	0.531	0.851	
	TSQ6	0.665	0.828	
信息质量（IQ）	IQ1	0.597	0.765	0.804（IQ）
	IQ2	0.653	0.737	
	IQ3	0.579	0.774	
	IQ4	0.647	0.741	
数字系统（SQ）	SQ1	0.507	0.760	0.786（SQ）
	SQ2	0.727	0.712	
	SQ3	0.660	0.723	
	SQ4	0.141	0.866	

续表

变量	题项	CITC 值	删除该题项后的 Cronbach's α	变量整体 Cronbach's α
数字系统（SQ）	SQ5	0.738	0.703	0.786（SQ）
	SQ6	0.631	0.731	
人员素质（CS）	CS1	0.712	0.768	0.828（CS）
	CS2	0.600	0.801	
	CS3	0.655	0.785	
	CS4	0.614	0.797	
	CS5	0.542	0.816	
努力期望（EE）	EE1	0.585	0.692	0.762（EE）
	EE2	0.563	0.705	
	EE3	0.582	0.694	
	EE4	0.515	0.729	
设施设备与空间环境（FC）	FC1	0.617	0.731	0.788（FC）
	FC2	0.556	0.752	
	FC3	0.661	0.718	
	FC4	0.508	0.766	
	FC5	0.502	0.773	
隐私安全（PS）	PS1	0.552	0.773	0.801（PS）
	PS2	0.509	0.786	
	PS3	0.712	0.721	
	PS4	0.581	0.765	
	PS5	0.574	0.766	
感知效用性（PE）	PE1	0.652	0.788	0.829（PE）
	PE2	0.616	0.802	
	PE3	0.642	0.790	
	PE4	0.731	0.758	
感知愉悦性（PEJ）	PEJ1	0.631	0.782	0.807（PEJ）
	PEJ2	0.653	0.725	
	PEJ3	0.667	0.797	
政策感知度（PUA）	PUA1	0.523	0.731	0.774（PUA）
	PUA2	0.585	0.689	

续表

变量	题项	CITC 值	删除该题项后的 Cronbach's α	变量整体 Cronbach's α
政策感知度（PUA）	PUA3	0.557	0.710	0.774（PUA）
	PUA4	0.589	0.698	
服务满意度（US）	US1	0.770	0.786	0.856（US）
	US2	0.676	0.827	
	US3	0.635	0.845	
	US4	0.733	0.808	

由表 5.15 可知，题项 SQ4 的 CITC 值低于 0.5，并且删除该题项后的 Cronbach's α 系数（0.866）大于变量的整体 Cronbach's α 系数（0.786），因此需要对该题项进行删除。

探索性因子分析被广泛运用于对结构效度的测量中，该方法可以对多个测量结果进行评测，判断其是否具有稳定性的结构（于洋航，2019）。KMO 和 Bartlett 球形检验用于判断样本是否适合于探索性因子分析。KMO 值介于 0 到 1 之间，常见的标准为：高于 0.9，证明非常适合进行探索性因子分析；处于 0.7 到 0.9 之间，证明适合进行探索性因子分析；低于 0.7，则表明不太适合进行探索性因子分析（钟喆鸣，2019）。同时，Bartlett 球形检验的结果需要达到显著水平，即 $P < 0.05$，则适合进行探索性因子分析（孙长索，2021）。

本书采用 SPSS 23 软件进行 KMO 和 Bartlett 球形检验。结果显示，KMO 值高于 0.7，为 0.846；而 Bartlett 球形检验的显著性为 0.000，低于 0.05。具体结果如表 5.16 所示。综上，量表的效度结构较好，可以开展探索性因子分析。

表 5.16　　　　　　KMO 和 Bartlett 检验

KMO 取样适切性数量		0.846
Bartlett 球形度检验	近似卡方	4729.801
	df	861
	Sig.	0.000

本书采用主成分分析法，通过最大方差正交旋转方法对量表进行探索性因子分析，得到 11 个因子，共同解释了总方差的 73.087%。将结果整理之后如表 5.17 所示。按照已有研究的剔除标准，对因子载荷低于 0.5 且交叉负荷高于 0.4 的题项进行删除（Chen et al.，2021）。题项 SQ6 因子载荷为 0.442，在 0.5 以下，因此予以删除；题项 CS4 因子载荷为 0.429，低于 0.5，且在因子 1 维度存在高交叉负荷（0.483），因此予以删除；题项 FC5 因子载荷为 0.475，低于 0.5，因此予以删除。其他各题项均通过检验，因此予以保留。

表 5.17　　　　　　　　旋转后矩阵结果

题项	1	2	3	4	5	6	7	8	9	10	11
TSQ1	0.708	0.249	-0.004	0.177	0.081	0.097	0.383	-0.137	0.265	0.081	-0.073
TSQ2	0.763	0.138	0.236	0.145	-0.076	0.128	0.134	-0.092	0.333	0.028	0.010
TSQ3	0.628	0.135	0.047	0.314	0.094	0.267	0.266	0.188	0.077	0.212	0.182
TSQ4	0.724	0.087	0.185	0.208	0.284	0.046	0.237	0.029	0.321	0.368	-0.070
TSQ5	0.803	0.106	0.103	0.064	0.109	0.189	0.190	-0.001	0.108	0.263	0.123
TSQ6	0.673	0.085	-0.070	0.123	0.122	0.289	0.264	0.122	0.036	0.117	0.298
IQ1	0.115	0.674	0.223	0.181	-0.017	0.143	-0.037	0.158	0.273	0.158	-0.009
IQ2	0.330	0.610	0.115	0.163	0.145	0.119	0.169	-0.243	0.139	0.231	0.053
IQ3	0.020	0.570	0.324	0.255	0.181	-0.229	0.276	-0.258	0.205	0.181	0.253
IQ4	0.294	0.642	0.179	0.240	-0.123	0.199	0.047	0.099	0.237	0.326	0.203
SQ1	0.173	0.208	0.662	0.111	0.028	0.129	0.280	-0.270	0.168	0.047	0.178
SQ2	0.003	0.120	0.855	0.047	0.153	0.088	0.130	-0.041	0.052	0.183	0.064
SQ3	0.197	0.306	0.733	0.128	-0.084	0.201	0.007	0.092	0.207	0.013	-0.068
SQ5	0.165	0.110	0.832	0.065	0.135	-0.240	0.008	0.388	0.248	0.016	0.044
SQ6	0.190	0.051	0.442	-0.035	0.123	0.083	0.024	0.112	0.225	0.338	0.271
CS1	0.356	0.019	-0.037	0.517	0.308	-0.048	0.002	0.335	0.064	0.307	0.016
CS2	-0.330	-0.033	0.081	0.740	0.093	0.197	0.316	0.122	0.018	0.186	-0.015
CS3	0.118	0.118	0.163	0.638	0.042	0.059	-0.027	0.110	0.346	0.163	0.035
CS4	0.483	0.373	0.334	0.429	0.231	0.201	0.147	0.161	0.093	0.068	0.352
CS5	0.385	0.321	0.231	0.723	-0.111	0.158	0.175	0.244	0.239	0.307	-0.021
EE1	0.389	0.324	0.178	0.285	0.712	0.157	-0.039	-0.322	0.218	0.174	0.169

续表

题项	1	2	3	4	5	6	7	8	9	10	11
EE2	0.333	0.246	-0.096	0.202	0.545	0.383	0.394	0.058	0.282	0.075	0.216
EE3	0.159	0.310	0.276	0.387	0.631	0.094	0.083	0.026	0.237	0.268	0.247
EE4	0.171	0.049	0.097	0.255	0.522	0.160	0.185	-0.239	0.163	0.326	0.287
FC1	0.359	0.206	0.206	0.134	0.069	0.541	0.201	0.057	0.042	0.296	0.166
FC2	0.387	0.317	-0.016	0.338	-0.104	0.512	0.138	0.101	0.018	0.245	0.054
FC3	0.242	0.351	0.074	0.052	0.192	0.686	-0.045	-0.185	0.236	0.028	0.201
FC4	0.158	0.152	0.131	0.173	0.200	0.657	0.140	0.074	0.094	0.262	-0.253
FC5	0.169	-0.046	0.088	0.169	0.358	0.475	0.292	-0.218	0.271	0.308	0.377
PS1	0.090	0.226	0.108	0.111	0.226	0.134	0.750	-0.261	0.319	0.235	0.034
PS2	-0.101	0.213	0.111	0.088	0.143	0.179	0.799	0.117	0.222	0.207	0.058
PS3	0.112	0.185	0.189	0.203	0.382	0.067	0.685	0.031	0.073	0.098	0.086
PS4	0.361	0.048	0.146	0.058	0.165	0.197	0.690	-0.061	0.263	0.158	0.050
PS5	0.235	0.146	0.120	0.107	0.072	0.094	0.766	-0.088	0.152	0.208	0.102
PE1	0.255	0.255	0.380	0.160	0.266	0.100	0.114	0.507	0.334	0.328	-0.144
PE2	0.149	-0.227	0.201	0.328	0.219	0.140	0.125	0.692	0.176	0.291	0.020
PE3	0.341	0.375	0.205	0.164	0.342	0.281	-0.061	0.621	0.039	0.218	0.123
PE4	0.311	0.140	0.284	0.375	0.133	0.202	0.245	0.508	0.207	0.096	0.116
PEJ1	0.235	0.321	0.271	0.167	0.231	0.263	0.281	0.142	0.632	0.114	0.248
PEJ2	0.138	0.279	0.323	0.269	0.179	0.247	0.165	0.312	0.667	0.386	0.117
PEJ3	0.325	0.153	0.189	0.264	0.225	0.361	0.173	0.123	0.682	0.089	0.233
PUA1	0.146	0.273	0.226	0.179	0.331	0.287	0.303	0.271	0.134	0.731	0.128
PUA2	0.321	0.298	0.173	0.291	0.304	0.102	0.169	0.216	0.333	0.698	0.035
PUA3	0.172	0.323	0.181	0.231	0.251	0.228	0.153	0.179	0.298	0.707	0.121
PUA4	0.281	0.220	0.328	0.291	0.164	0.183	0.262	0.148	0.371	0.686	0.148
US1	0.391	0.331	0.223	0.372	0.374	0.123	0.002	0.042	0.089	0.118	0.701
US2	0.368	-0.057	0.231	0.025	0.123	-0.020	0.046	0.121	0.237	0.312	0.795
US3	0.186	0.116	0.239	0.010	0.394	0.266	0.120	-0.113	0.266	0.065	0.592
US4	0.317	0.339	0.295	0.379	0.371	-0.011	0.013	-0.173	0.058	0.186	0.633

通过信度检验和探索性因子分析，共有4个题项被删除（SQ4、SQ6、CS4、FC5）。

三 正式量表形成

经过规范的初始量表构建、预调研、量表检验与修正等流程,本研究所建立的正式量表包括11个变量,即业务规范与协同、信息质量、数字系统、人员素质、努力期望、设施设备与空间环境、隐私安全、感知效用性、感知愉悦性、政策感知度和"跨省通办"满意度。正式问卷共有46个题项对上述变量进行测量。正式调查量表的详细内容见书后附录。

第四节 数据收集

一 问卷发放原则

本研究对正式问卷的发放主要遵循以下原则。

第一,对于问卷发放对象的选择,本研究的基本调查对象是具有"川渝通办"使用经历的人群。为了更加全面地测量服务满意度的影响因素,一些问卷中的题项需要具有相应特殊使用经历的人才能回答。具体而言,由于目前"川渝通办"的很多线上服务与线下服务还未分隔开,因此对于喜欢网上办理的人群而言,多数服务在网上申报之后仍需要到政务服务大厅等地点进行一些后续办理;而对于喜欢直接线下办理的人群而言,到达办理现场之后,工作人员会建议下载"渝快办"或"天府通办"等App,帮助普及线上办理的形式。所以目前大多数"川渝通办"的使用者都使用过线上的办理程序,同时也到达过线下办理的地点。因而问卷中的大多数题项对于使用者而言具有普遍性,有过使用经历的人都可以作答。而少部分题项,例如TSQ5、TSQ6两题需要知晓两个及以上不同地点办理规定的人才能作答。根据笔者在政务服务大厅的现场观察,以及与政务服务大厅工作人员的谈话了解到,由于目前"川渝通办"还处于发展阶段,很多到现场办理"川渝通办"的群众会提前在网上查看附近不同办理地点的办理要求,从而做好准备。因此,不少使用者也能够回答TSQ5和TSQ6两题。为防止出现受访者无法回答的情况,本研究首先设立了筛选题项,分别为"您使用过'川渝通办'服务吗?",以及"在使用'川渝通办'过程中,您有碰到问题并寻求工作人员帮助的经历吗?"。只有两项都选择"是"的受访者才能继续答题,否则将会结束答题。此外,如果受访者认为自己无法回答,则可以跳过此题。最后那些回答不全的问卷会被判定为无效问卷。因此,本研究的主要调查对象是对"川渝通办"有着一定深入使用体验的人群,该人群能够较好地理解问卷题项所涉及的内容情况,并且能够较为客观公正地做出回答。

第二,对问卷发放区域的选择,由于"川渝通办"的主要使用人群集中在四川与重庆两地,因此问卷的主要发放区域选择在这两地。对于线下的发放,位于中心城区的政务服务大厅一般设施条件更为完备、覆盖人口更为密集、附近经济活动更为频繁,因此选择成都市中心城区的3个政务服务大厅(高新区、成华区、武侯区)以及重庆市中心城区的4个政务服务大厅(九龙坡区、两江新区、高新区、沙坪坝区)进行现场问卷的发放。同时,也采用在线电子问卷的形式进行发放,由于网络发放不受地区限制影响,因此网络问卷不对发放区域进行限制。

第三,对于问卷发放渠道的选择,本研究采用了线上线下结合的方式对问卷进行发放。一方面积极寻求到一些政务服务大厅工作人员的大力支持,在群众办完政务事项后邀请他们参与问卷作答;另一方面通过与身边同学的合作,在政务服务大厅进行问卷的派发。此外,还依靠亲朋好友的关系渠道进行问卷发放,同时邀请参与答题的受访者通过滚雪球的方式发放问卷。

二 正式问卷发放与回收

本研究开展正式问卷收集的时间为2022年7月至12月,长达近半年。新冠疫情对问卷收集产生了相当大的阻碍,线下问卷发放工作多次因此而中断,笔者只能选择在疫情不严重的时段抓紧发放线下问卷。这也使得整个问卷发放时间跨度较长。本研究的问卷发放通过线上网络问卷与线下纸质问卷混合发放的形式。线上网络问卷通过"问卷网"软件制作,在制作完成之后生成问卷链接与二维码,受访者可通过点击链接或扫描二维码进行填写。对于线下问卷的发放,本研究的主要发放地点为成都市高新区、成华区、武侯区的政务服务大厅,以及重庆市九龙坡区、两江新区、高新区、沙坪坝区的政务服务大厅。一方面,本研究积极寻求一些政务服务大厅工作人员的支持配合,在办理完政务事项后,工作人员会礼貌邀请前来办事的群众通过纸质或者线上形式参与问卷填写；另一方面，笔者与身边的同学紧密合作，前往不同的政务服务大厅进行问卷派发。对于线上问卷的发放，一方面通过亲朋好友的关系对问卷进行传递发放；另一方面通过滚雪球的方法邀请受访者帮助发放问卷。为保证线上填写问卷的积极性，笔者对完整填写问卷的人员随机发放1—3元的红包奖励。问卷题项主要采用李克特五点法进行测量，1表示非常不同意，2表示比较不同意，3表示一般，4表示比较同意，5表示非常同意。在历时近半年后，回收纸质问卷517份，回收电子问卷814份，共计回收问卷1331份。在对问卷进行整理之后，删除了"被筛选题项自动去除的问卷""回答不完整的问卷""全部为同一答案的问卷"等无效问卷，最终836份问卷被判定有效，有效回收率为62.8%。由于问卷测量题项所覆盖的内容包括业务办理、信息系统、设施设备、后台支持、操作使用、隐私安全等诸多方面，只有那些拥有全部使用经历的被访者才能够完全作答，因此有效回收率偏低。所回收的有效问卷能够较为全面地测量"跨省通办"服务各个方面的使用感知，因此具有较好的价值。

表5.18展示了受访者的人口学统计信息，49.4%的受访者为男性（413人），50.6%为女性（423人），整体较为平衡。年龄方面，受访者主要集中在20—40岁年龄段，其中20—30岁受访者有325人（38.9%），31—40岁受访者有282人（33.7%）。相比之下，20岁以下的受访者仅为69人（8.3%），50岁以上的受访者只有21人（2.5%）。这在一定程度上反映出"跨省通办"类服务主要使用人群为青年及中青年群体，这类人群处于事业成长及上升阶段，跨省求学、工作更多，因此对"跨省通办"类服务的需求更大。反观50岁以上群体，由于居住地以及生活趋于固定，对跨省办理业务的需求相对较少。从受教育程度来看，受访者学历集中于专科与本科，分别为341人（40.8%）与300人（35.9%），这与受访者年龄集中度相吻合。受访者集中于20—40岁，主要为"80后"和"90后"，由于高等教育的普及，越来越多的人能够获得专科乃至本科的学历教育。政治面貌上，超过一半的受访者为群众（456人），党员和团员分别为143人（17.1%）和182人（21.8%），来自民主党派的受访者仅为55人（6.6%）。在受访者户籍方面，绝大多数受访者来自四川和重庆的城镇与农村，仅有2.6%的受访者户籍在川渝之外。这证明

"川渝通办"服务的主要服务对象为川渝两地的居民。从年收入来看，477名受访者收入为5万—10万元，占比超过一半（57.1%）。剩下的集中在5万元以下和10万—30万元，分别为175人（20.9%）和147人（17.5%），仅有4.5%的受访者年收入在30万元以上。从受访者在川渝地区的居住时间来看，大部分受访者的居住时间超过了10年（60.9%），这在一定程度上证明了"川渝通办"服务的主要使用人群为川渝地区居民，与受访者的户籍情况相对应。从使用的次数来看，大多数受访者使用次数低于5次（65.4%），还有一部分为"川渝通办"的频繁使用者（23.7%），使用次数超过10次。从使用服务的领域来看，户籍办理、交通出行、社会保障是需求较多的几种服务，分别有48.3%、43.7%、36.9%的受访者使用过。

表5.18　　　　　　　　　受访者人口统计信息

属性	类别	人数	百分比（%）
性别	男	413	49.4
	女	423	50.6
年龄	20岁以下	69	8.3
	20—30岁	325	38.9
	31—40岁	282	33.7
	41—50岁	139	16.6
	50岁以上	21	2.5
受教育程度	小学及以下	23	2.8
	初中	27	3.2
	高中	93	11.1
	专科	341	40.8
	本科	300	35.9
	硕士及以上	52	6.2
政治面貌	党员	143	17.1
	团员	182	21.8
	民主党派	55	6.6
	群众	456	54.5

续表

属性	类别	人数	百分比（%）
户籍	四川城镇户口	190	22.7
	重庆城镇户口	263	31.5
	四川农村户口	208	24.9
	重庆农村户口	153	18.3
	川渝以外省市城镇户口	13	1.5
	川渝以外省市农村户口	9	1.1
年收入	50000 元以下	175	20.9
	50000—100000 元	477	57.1
	100001—300000 元	147	17.5
	300001—500000 元	24	2.9
	500000 元以上	13	1.6
在川渝地区居住时间	1 年以内	50	5.9
	1—3 年	121	14.5
	4—10 年	156	18.7
	10 年以上	509	60.9
使用次数	不到 5 次	547	65.4
	5—10 次	91	10.9
	10 次以上	198	23.7
使用服务领域（多选）	社会保障	309	36.9
	交通出行	365	43.7
	就业创业	260	31.1
	户籍办理	404	48.3
	设立变更	229	27.4
	司法公正	33	3.9
	其他服务	81	9.7

第五节　本章小结

本章遵循量表开发的标准模式，通过对已有成熟量表、扎根访谈材料等的整理分析，提炼出初始量表。并通过预调研的方式，借助信度分析和探索性因子分析等步骤，对初始量表进行检测与修正。开发出一个包含业务规范与协同、信息质量、数字系统、人员素质、努力期望、设施设备与空间环境、隐私安全、感知效用性、感知愉悦性、政策感知度和"跨省通办"满意度 11 个变量，46 个题项的政务服务"跨省通办"满意度测量量表，为实证研究提供了测量工具。并进一步通过线上与线下相结合的手段对问卷进行发放，回收整理有效问卷，为实证检验提供基础。

第六章

政务服务"跨省通办"满意度形成机理的实证分析

本章对理论模型及其研究假设进行实证分析。首先,阐述实证分析所使用的分析方法和分析工具。其次,对样本数据进行信度与效度分析,确定研究量表与样本的信效度与可靠性。最后,构建结构方程模型,验证模型拟合情况,检验分析研究假设,并对检验结果进行讨论。

第一节 实证分析方法与工具

一 结构方程模型分析

作为一种重要的统计学方法,结构方程模型分析(Structural Equation Model,SEM)整合了路径分析与因素分析,同时包含变量间相关关系验证(Zhang,Zhu,2021)。结构方程模型从 20 世纪 80 年代起被广泛应用于社会科学研究领域,大量已有研究证明了结构方程模型在解释相关关系中的合理性(黄芳铭,2005;吴明隆,2016)。结构方程模型适合检验含有多个自变量的复杂模型(钟喆鸣,2019)。作为理论模型的一种验证方法,结构方程模型具有其优越性。本书的理论模型含有自变量 7 个、因变量 1 个、中介变量 2 个、调节变量 1 个,组成较为复杂,因此采用结构方程模型具有合理性。

二 Amos 分析工具

本研究采用 Amos 23 软件处理与分析结构方程模型。作为统计分析软件，Amos 具有诸多优点：一是 Amos 本身操作较为容易，使用者只需通过绘图工具绘制相互关系，无须复杂的编程指令，就能以快捷建模的方式检验各变量之间的作用关系；二是 Amos 的运行环境具有可视化特征，使用者可以直观地对模型进行设定、修改、检验等操作；三是 Amos 功能多样，不仅可以建模，还可以观察潜在变量的具体数值；四是 Amos 具有缺失数据处理功能，如果原始数据中任意观测变量含有缺失值，Amos 会自动提示并自动计算适配度统计量，帮助研究人员及时处理。同时，和 PLS 等其他计算机算法以及统计方法相比，Amos 更适合对数量较多的样本进行分析（Zhang, Zhu, 2021; Zhu et al., 2022）。由于这些优点，Amos 被广泛运用于结构方程模型分析（李志刚、徐婷，2017；张晓娟等，2017；Teng, 2018；朱永涵、王睿，2020；Chen et al., 2021）。

第二节 数据分析

一 样本描述性统计分析

本书主要通过均值查验样本的集中趋势，通过标准差查验数据的离散程度，了解各变量是否过于分散，并通过峰度和偏度查验样本的分布形态。使用 SPSS 23 软件对回收的 836 份有效问卷进行统计分析，所得描述性统计分析结果如表 6.1 所示。

表 6.1　　　　　　　　　描述性统计分析

题项	数量	最小值	最大值	平均值	标准差	偏度	标准误	峰度	标准误
TSQ1	836	1	5	3.18	1.073	-0.121	0.085	-0.842	0.169
TSQ2	836	1	5	3.35	1.188	0.034	0.085	-1.203	0.169
TSQ3	836	1	5	3.30	1.237	-0.232	0.085	-0.991	0.169
TSQ4	836	1	5	2.50	1.006	0.068	0.085	-0.795	0.169
TSQ5	836	1	5	2.45	0.960	0.098	0.085	-0.592	0.169
TSQ6	836	1	5	2.95	1.115	-0.039	0.085	-0.817	0.169
IQ1	836	1	5	3.24	1.215	-0.226	0.085	-0.948	0.169
IQ2	836	1	5	3.23	1.230	-0.185	0.085	-1.012	0.169

续表

题项	数量	最小值	最大值	平均值	标准差	偏度	标准误	峰度	标准误
IQ3	836	1	5	3.12	1.264	-0.138	0.085	-1.038	0.169
IQ4	836	1	5	3.11	1.214	-0.217	0.085	-0.981	0.169
SQ1	836	1	5	3.00	1.246	-0.043	0.085	-1.065	0.169
SQ2	836	1	5	3.02	1.229	-0.084	0.085	-1.078	0.169
SQ3	836	1	5	3.01	1.236	-0.046	0.085	-1.042	0.169
SQ4	836	1	5	3.19	1.199	-0.079	0.085	-1.061	0.169
CS1	836	1	5	3.19	1.199	-0.164	0.085	-0.958	0.169
CS2	836	1	5	3.15	1.176	-0.210	0.085	-0.893	0.169
CS3	836	1	5	3.16	1.198	-0.205	0.085	-0.920	0.169
CS4	836	1	5	3.12	1.179	-0.138	0.085	-0.947	0.169
EE1	836	1	5	3.11	1.218	-0.143	0.085	-0.980	0.169
EE2	836	1	5	3.09	1.227	-0.201	0.085	-0.977	0.169
EE3	836	1	5	2.98	1.216	-0.106	0.085	-0.986	0.169
EE4	836	1	5	3.06	1.174	-0.096	0.085	-0.900	0.169
FC1	836	1	5	3.15	1.218	-0.189	0.085	-0.969	0.169
FC2	836	1	5	3.15	1.226	-0.150	0.085	-0.975	0.169
FC3	836	1	5	3.09	1.248	-0.161	0.085	-1.016	0.169
FC4	836	1	5	3.08	1.195	-0.172	0.085	-0.947	0.169
PS1	836	1	5	2.76	1.232	0.094	0.085	-0.979	0.169
PS2	836	1	5	2.64	1.152	0.180	0.085	-0.833	0.169
PS3	836	1	5	2.99	1.248	0.005	0.085	-0.999	0.169
PS4	836	1	5	3.56	1.181	-0.277	0.085	-0.947	0.169
PS5	836	1	5	3.51	1.201	-0.247	0.085	-1.019	0.169
PE1	836	1	5	3.10	1.087	-0.195	0.085	-0.842	0.169
PE2	836	1	5	2.90	1.262	0.225	0.085	-0.818	0.169
PE3	836	1	5	3.08	1.127	-0.248	0.085	-0.874	0.169
PE4	836	1	5	3.07	1.172	-0.195	0.085	-0.955	0.169
PEJ1	836	1	5	3.12	1.160	-0.147	0.085	-0.900	0.169
PEJ2	836	1	5	2.96	1.246	0.050	0.085	-0.918	0.169
PEJ3	836	1	5	3.08	1.178	-0.226	0.085	-0.931	0.169
PUA1	836	1	5	3.11	1.152	-0.169	0.085	-0.894	0.169

续表

题项	数量	最小值	最大值	平均值	标准差	偏度	标准误	峰度	标准误
PUA2	836	1	5	3.07	1.158	-0.110	0.085	-0.914	0.169
PUA3	836	1	5	2.97	1.166	-0.171	0.085	-0.912	0.169
PUA4	836	1	5	3.03	1.172	-0.210	0.085	-0.941	0.169
US1	836	1	5	3.11	1.154	-0.167	0.085	-0.902	0.169
US2	836	1	5	3.08	1.167	-0.115	0.085	-0.924	0.169
US3	836	1	5	2.96	1.173	-0.142	0.085	-0.907	0.169
US4	836	1	5	3.00	1.167	-0.190	0.085	-0.938	0.169

根据描述性统计分析的结果，可以看到各变量的数值分布较为均匀，标准差少于均值的1/2，样本的离散程度处于接受范围内。各题项的偏度绝对值小于3，峰度绝对值小于10，服从正态分布（钟喆鸣，2019）。此外，业务规范与协同、信息质量、数字系统、人员素质、努力期望、设施设备与空间环境、隐私安全、感知效用性、感知愉悦性和"跨省通办"满意度的测量题项均值为2.5—3.5，这在一定程度上说明当前"川渝通办"服务还有较大的优化提升空间。

二 信度检验

研究样本的稳定性、可靠性等方面需要通过信度检验进行测量。信度检验在于了解研究样本数据是否如实回答了问题，样本数据的真实性如何（杨华，2021）。依据已有研究对信度的检验方式（Kaur et al.，2018；徐晓林等，2019），本书采用 Cronbach's α 系数进行信度分析。Cronbach's α 系数为0—1，对于该系数的判定一般遵循以下原则：若该系数值大于0.7，则证明信度可以接受；若该系数为0.5—0.7，则证明测量题项可能存在一些问题；若该系数小于0.5，则证明信度不可接受，需要重新设计量表（Park et al.，2015）。通过 SPSS 23 进行运算，所得信度检验结果如表6.2所示。本研究中各变量的 Cronbach's α 系数值介于0.852到0.932之间，均大于0.7，说明具有良好的信度。

表6.2　　信度分析结果

变量	测量题项	删除后的 Cronbach's α	Cronbach's α	题项数
业务规范与协同（TSQ）	TSQ1	0.915	0.932	6
	TSQ2	0.918		
	TSQ3	0.921		
	TSQ4	0.919		
	TSQ5	0.924		
	TSQ6	0.922		
信息质量（IQ）	IQ1	0.832	0.888	4
	IQ2	0.857		
	IQ3	0.877		
	IQ4	0.856		
数字系统（SQ）	SQ1	0.806	0.852	4
	SQ2	0.825		
	SQ3	0.819		
	SQ4	0.795		
人员素质（CS）	CS1	0.875	0.908	4
	CS2	0.885		
	CS3	0.893		
	CS4	0.870		
努力期望（EE）	EE1	0.807	0.873	4
	EE2	0.853		
	EE3	0.867		
	EE4	0.821		
设施设备与空间环境（FC）	FC1	0.838	0.885	4
	FC2	0.857		
	FC3	0.877		
	FC4	0.838		
隐私安全（PS）	PS1	0.907	0.927	5
	PS2	0.910		
	PS3	0.913		
	PS4	0.911		
	PS5	0.911		

续表

变量	测量题项	删除后的 Cronbach's α	Cronbach's α	题项数
感知效用性（PE）	PE1	0.890	0.922	4
	PE2	0.908		
	PE3	0.899		
	PE4	0.900		
感知愉悦性（PEJ）	PEJ1	0.822	0.883	3
	PEJ2	0.833		
	PEJ3	0.848		
政策感知度（PUA）	PUA1	0.874	0.913	4
	PUA2	0.896		
	PUA3	0.899		
	PUA4	0.881		
"跨省通办"满意度（US）	US1	0.876	0.916	4
	US2	0.897		
	US3	0.905		
	US4	0.884		

三 效度检验

效度分析主要用于评估题项能否有效表达研究变量的概念信息，即题项设计是否能够有效测量研究中的变量。本书通过验证性因子分析（Confirmatroy factor analysis）测量变量的内部结构，检验收敛效度和区别效度。验证性因子分析模型如图 6.1 所示，包含一阶因子 11 个，分别为业务规范与协同、信息质量、数字系统、人员素质、努力期望、设施设备与空间环境、隐私安全、感知效用性、感知愉悦性、政策感知度以及"跨省通办"满意度。

其一，对所涉及的卡方与自由度比值 CMIN/DF、CFI、GFI、AGFI、RMR、RMSEA 等拟合指标进行测量。表 6.3 展示了拟合指标的合理标准、优秀标准以及验证模型的拟合结果。结果表明，卡方与自由度比值 CMIN/DF 为 3.422，小于 5，达到合格标准；GFI 为 0.902，大于 0.9，达到优秀标准；AGFI 为 0.883，大于 0.8，达到合格标准；CFI 为 0.955，大于 0.9，达到优秀标准；NFI 为 0.938，大于 0.9，达到优秀标准；IFI 为 0.955，大于 0.9，达到优秀标准；RMR 为 0.044，小于 0.05，达到优秀标准；SRMR 为 0.038，小于 0.05，达到优秀标准；RMSEA 为 0.054，小于 0.08，达到合格标准（Kaur et al.，2018；朱永涵、王睿，2020；王汇宇，2021；Alkraiji，2021）。因此，模型拟合度良好。

其二，对标准化因子载荷、组合信度 CR、平均变异抽取量 AVE 进行检验。表 6.4 展示了检验结果。根据检验标准，标准化因子载荷大于 0.6，表明该题项能够较好解释相关变量（张晓娟等，2017）。根据表 6.4，各题项标准化因子载荷均大于标准值 0.6。根据检验标准，组合信度 CR 需要大于 0.7（Mamun et al.，2020）。本书中组合信度 CR 均达到标准。根据检验标准，平均变异抽取量 AVE 需大于 0.6（李洁、韩啸，2019；涂瑞德等，2020）。根据表 6.4，本书中所有变量的平均变异抽取量 AVE 的值均达到标准。因此，本书中量表的收敛效度通过检验。

表 6.3　　　　　　　　　　拟合结果

拟合指标参数	合理标准	优秀标准	本模型值	参数判断	是否达标
CMIN/DF	<5	<3	3.422	合格	达标
GFI	>0.8	>0.9	0.902	优秀	达标
AGFI	>0.8	>0.9	0.883	合格	达标
CFI	>0.8	>0.9	0.955	优秀	达标
NFI	>0.8	>0.9	0.938	优秀	达标
IFI	>0.8	>0.9	0.955	优秀	达标
RMR	<0.08	<0.05	0.044	优秀	达标
SRMR	<0.08	<0.05	0.038	优秀	达标
RMSEA	<0.08	<0.05	0.054	合格	达标

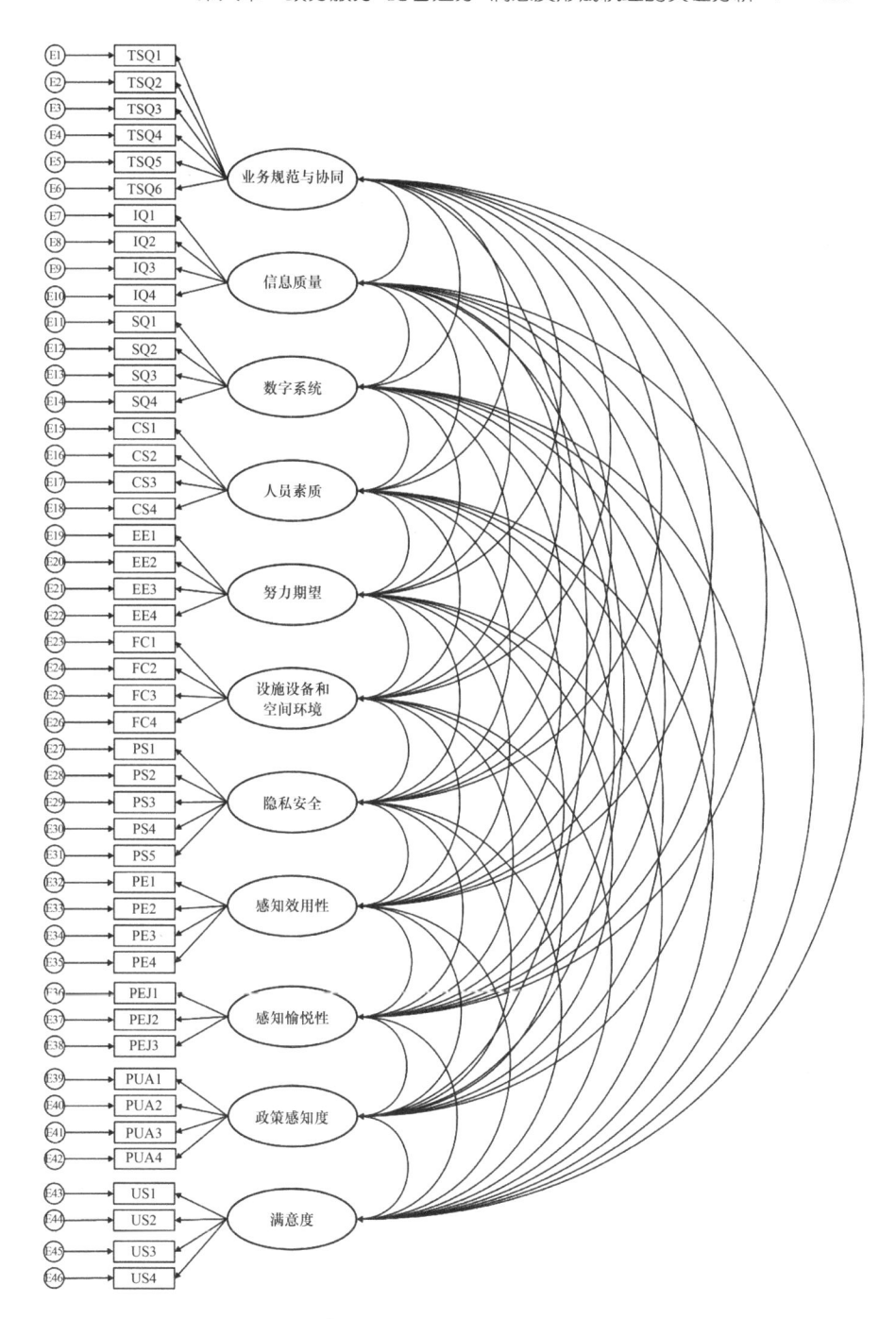

图 6.1 验证性因子分析模型

表6.4 验证性因子分析结果

变量	测量题项	标准化因子载荷	组合信度 CR	平均变异抽取量 AVE
业务规范与协同（TSQ）	TSQ1	0.863	0.934	0.703
	TSQ2	0.868		
	TSQ3	0.846		
	TSQ4	0.834		
	TSQ5	0.798		
	TSQ6	0.819		
信息质量（IQ）	IQ1	0.874	0.890	0.670
	IQ2	0.822		
	IQ3	0.756		
	IQ4	0.818		
数字系统（SQ）	SQ1	0.757	0.852	0.591
	SQ2	0.740		
	SQ3	0.766		
	SQ4	0.809		
人员素质（CS）	CS1	0.863	0.909	0.714
	CS2	0.837		
	CS3	0.805		
	CS4	0.873		
努力期望（EE）	EE1	0.876	0.878	0.644
	EE2	0.758		
	EE3	0.739		
	EE4	0.829		
设施设备与空间环境（FC）	FC1	0.851	0.888	0.666
	FC2	0.798		
	FC3	0.755		
	FC4	0.855		
隐私安全（PS）	PS1	0.881	0.926	0.716
	PS2	0.862		
	PS3	0.850		
	PS4	0.819		
	PS5	0.819		

续表

变量	测量题项	标准化因子载荷	组合信度 CR	平均变异抽取量 AVE
感知效用性（PE）	PE1	0.884	0.924	0.753
	PE2	0.846		
	PE3	0.868		
	PE4	0.873		
感知愉悦性（PEJ）	PEJ1	0.843	0.896	0.713
	PEJ2	0.832		
	PEJ3	0.814		
政策感知度（PUA）	PUA1	0.847	0.923	0.728
	PUA2	0.889		
	PUA3	0.803		
	PUA4	0.865		
满意度（US）	US1	0.879	0.917	0.735
	US2	0.848		
	US3	0.827		
	US4	0.874		

表6.5展示了研究量表的区别效度检验结果，其中对角线上的数字为所有变量的平均变异抽取量AVE的算数平方根，都超过了各变量之间的相关系数，结果证明各变量之间具有较为显著的区别（Yang，2016；Oni et al.，2017）。因此，研究量表的区别效度通过检验。

表6.5　　　　　　　　　　区别效度分析结果

	TSQ	IQ	SQ	CS	EE	FC	PS	PE	PEJ	PUA	US
TSQ	0.838										
IQ	0.812	0.819									
SQ	0.722	0.720	0.769								
CS	0.831	0.814	0.706	0.845							
EE	0.790	0.807	0.707	0.812	0.842						

续表

	TSQ	IQ	SQ	CS	EE	FC	PS	PE	PEJ	PUA	US
FC	0.798	0.779	0.689	0.777	0.760	0.816					
PS	0.513	0.518	0.488	0.530	0.544	0.507	0.846				
PE	0.828	0.816	0.726	0.839	0.792	0.802	0.549	0.868			
PEJ	0.823	0.807	0.669	0.818	0.781	0.813	0.506	0.821	0.832		
PUA	0.804	0.815	0.718	0.806	0.774	0.792	0.496	0.809	0.811	0.828	
US	0.831	0.811	0.755	0.829	0.795	0.804	0.571	0.853	0.820	0.803	0.857

通过对验证性因子等方面的分析可知，本书中的数据样本在可靠性、一致性、稳定性等方面较为良好，能够为后续的分析所使用。

四 共同方法偏差检验

此后，本书对共同方法偏差（Common Method Bias，CMB）进行检验。本研究采用匿名作答，并且尽量降低受访人员对测量题项的主观猜测，同时通过预调研对问卷进行修正与完善。虽然这些方式在一定程度上可以减少共同方法偏差，但是仍然可能存在共同方法偏差。根据 Harman 单因子测量法，如果某个公因子能够解释题项大部分变量的变异情况，那么就存在共同方法偏差（Zhu et al.，2023）。通过 SPSS 23 进行未旋转因子分析，如果显示未旋转的第一个因子具有太强的解释能力，就证明共同方法偏差存在（杨华，2021）。已有研究通常将50%作为解释能力的临界值，认为解释力小于50%时，共同方法偏差不严重（Podsakoff，Organ，1986；Hair et al.，1998）。通过对正式问卷46个题项进行分析，显示未旋转的特征根大于1的第一个因子的解释力为38.131%，小于临界值50%，证明研究中的共同方法偏差不严重。

第三节 假设检验

一 直接作用关系检验

本书根据政务服务"跨省通办"满意度影响因素及形成机理的研究

模型和关系假设，使用 Amos 23 构建起如图 6.2 所示的结构方程模型，以此检验研究假设的合理性与适用性。

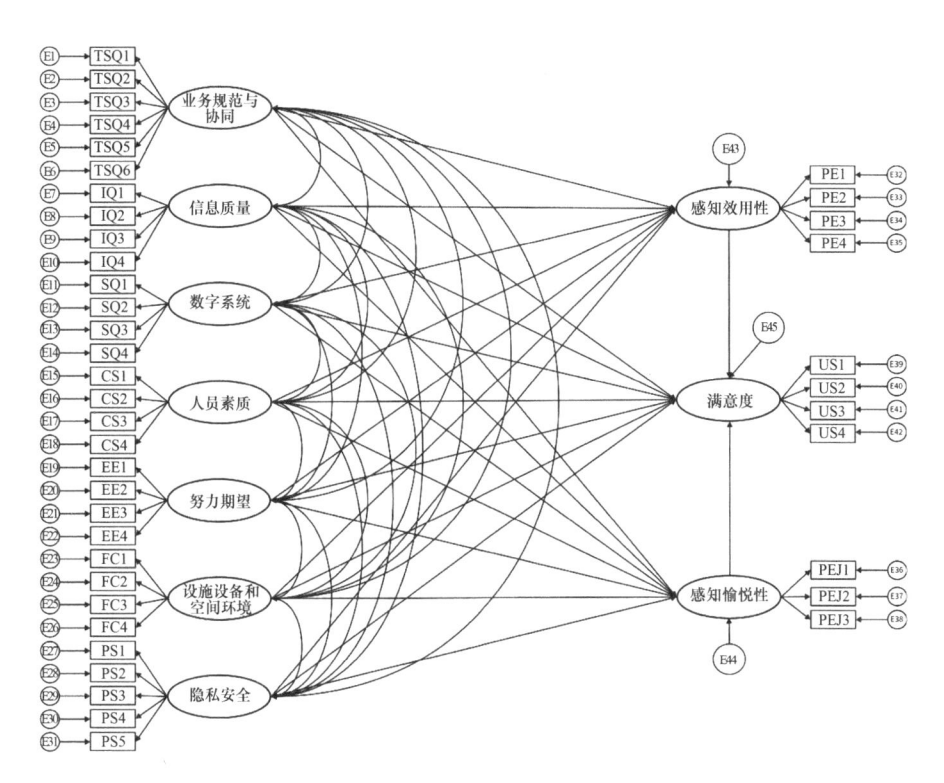

图 6.2 结构方程模型构建

首先，对结构方程模型整体适配情况进行检验，以确定是否需要对模型做出适当修正。模型拟合度的检验通过卡方与自由度比值 CMIN/DF、CFI、GFI、AGFI、RMR、RMSEA 等拟合指标进行，具体而言，使用 A-mos 23 对整体模型进行拟合检验，表 6.6 展示了检验结果。本研究中模型的卡方与自由度比值 CMIN/DF 为 2.979，小于 3，达到优秀标准；GFI 为 0.891，大于 0.8，达到合格标准；而 AGFI 为 0.872，大于 0.8，达到合格标准；而 CFI（0.958）、NFI（0.938）、IFI（0.958）均大于 0.9，达到优秀标准；RMR（0.040）和 SRMR（0.029）则均小于 0.05，达到优秀标准；RMSEA 为 0.049，小于 0.05，达到优秀标准。因此，本书中的模型拟合度通过检验。

表6.6 拟合结果

拟合指标参数	合理标准	优秀标准	本模型值	参数判断	是否达标
CMIN/DF	<5	<3	2.979	优秀	达标
GFI	>0.8	>0.9	0.891	合格	达标
AGFI	>0.8	>0.9	0.872	合格	达标
CFI	>0.8	>0.9	0.958	优秀	达标
NFI	>0.8	>0.9	0.938	优秀	达标
IFI	>0.8	>0.9	0.958	优秀	达标
RMR	<0.08	<0.05	0.040	优秀	达标
SRMR	<0.08	<0.05	0.029	优秀	达标
RMSEA	<0.08	<0.05	0.049	优秀	达标

其次，通过 Amos 23 对结构方程模型进行路径分析，以检验假设 H1－H15 以及 H23－H30。所得路径分析结果如图 6.3 和表 6.7 所示。在满意度的影响要素方面，业务规范与协同对政务服务"川渝通办"满意度产生显著而积极的影响（$\beta = 0.121$，$p < 0.01$），因此接受原假设，假设 H1 成立。信息质量对政务服务"川渝通办"使用满意度产生显著而积极的影响（$\beta = 0.115$，$p < 0.01$），因此接受原假设，假设 H2 成立。人员素质对政务服务"川渝通办"满意度产生积极而显著的影响（$\beta = 0.131$，$p < 0.001$），因此接受原假设，假设 H4 成立。努力期望也对政务服务"川渝通办"满意度产生积极而显著的影响（$\beta = 0.151$，$p < 0.001$），因此接受原假设，假设 H5 成立。同时，设施设备与空间环境对政务服务"川渝通办"满意度产生积极而显著的影响（$\beta = 0.191$，$p < 0.001$），因此接受原假设，假设 H6 成立。然而，数字系统对政务服务"川渝通办"使用满意度的影响并不显著（$\beta = 0.017$，$p > 0.05$），其与满意度既非正相关，也非负相关，因此不接受原假设，假设 H3 不成立。隐私安全对政务服务"川渝通办"满意度产生的影响也不显著（$\beta = 0.006$，$p > 0.05$），无法接受原假设，因此假设 H7 不成立。

在感知效用性的影响要素方面，业务规范与协同对公众的感知效用性具有显著而积极的影响（$\beta = 0.159$，$p < 0.001$），因此接受原假设，假设 H8 成立。此外，信息质量对公众的感知效用性也产生积极而显著的影

响（β=0.323，p<0.001），因此接受原假设，假设 H9 成立。人员素质对公众感知效用性具有积极而显著的影响（β=0.110，p<0.01），因此接受原假设，假设 H11 成立。努力期望对公众的感知效用性也具有积极而显著的影响（β=0.244，p<0.001），因此接受原假设，假设 H12 成立。设施设备与空间环境对公众的感知效用性产生积极而显著的影响（β=0.098，p<0.05），因此接受原假设，假设 H13 成立。然而，数字系统对公众感知效用性的影响并不显著，其效果既非正向也非负向（β=0.006，p>0.05），因此不能接受原假设，假设 H10 不成立。同时，隐私安全对公众感知效用性的影响不显著（β=0.029，p>0.05），因此无法接受原假设，假设 H14 不成立。

在感知效用性和政务服务"川渝通办"满意度的关系方面，公众的感知效用性能够对政务服务"川渝通办"满意度产生显著而积极的影响（β=0.426，p<0.001），因此接受原假设，假设 H15 成立。

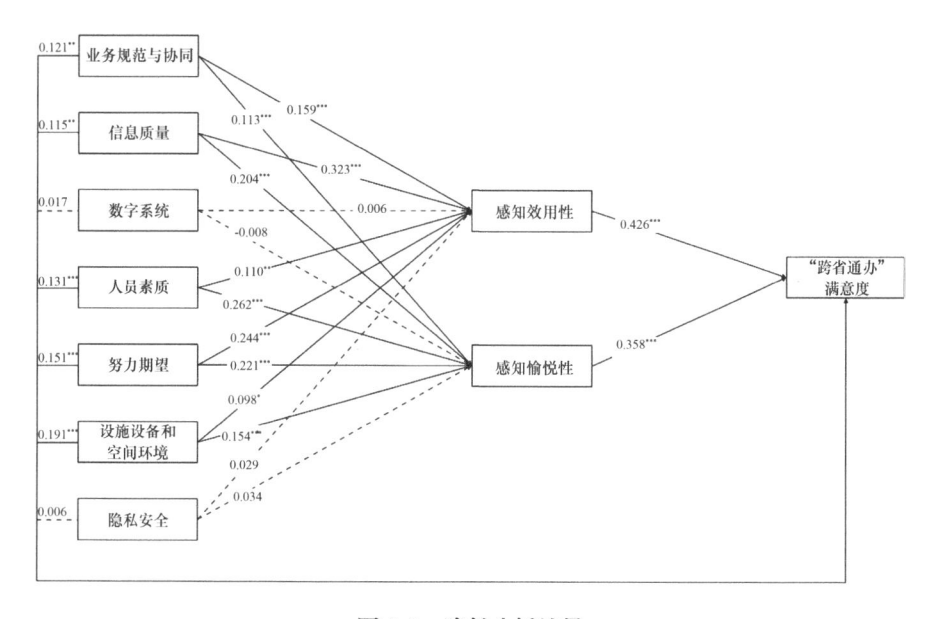

图 6.3　路径分析结果

注：* p<0.05，** p<0.01，*** p<0.001。

在感知愉悦性的影响因素方面，业务规范与协同对感知愉悦性具有显著积极的影响（β=0.113，p<0.01），因此假设 H23 成立。信息质量

对感知愉悦性也产生积极影响（β=0.204，p<0.001），假设 H24 成立。人员素质对感知愉悦性产生积极作用（β=0.262，p<0.001），为假设 H26 提供了支持。同时，努力期望对感知愉悦性也具有积极作用（β=0.221，p<0.001），因此假设 H27 成立。此外，设施设备与空间环境对感知愉悦性的积极影响也得以证明（β=0.154，p<0.001），假设 H28 成立。然而，数字系统（β=-0.008，p>0.05）和隐私安全（β=0.034，p>0.05）对感知愉悦性的影响不显著，故假设 H25 和假设 H29 不成立。

最后，在感知愉悦性和政务服务"川渝通办"满意度的关系方面，公众的感知愉悦性能够对政务服务"川渝通办"满意度产生显著而积极的影响（β=0.358，p<0.001），因此接受原假设，假设 H30 成立。

表6.7　　　　　　　　　　路径分析结果

假设	路径关系	标准化路径系数	P	结果
H1	业务规范与协同—满意度	0.121	**	支持
H2	信息质量—满意度	0.115	**	支持
H3	数字系统—满意度	0.017	0.765	不支持
H4	人员素质—满意度	0.131	***	支持
H5	努力期望—满意度	0.151	***	支持
H6	设施设备与空间环境—满意度	0.191	***	支持
H7	隐私安全—满意度	0.006	0.719	不支持
H8	业务规范与协同—感知效用性	0.159	***	支持
H9	信息质量—感知效用性	0.323	***	支持
H10	数字系统—感知效用性	0.006	0.719	不支持
H11	人员素质—感知效用性	0.110	**	支持
H12	努力期望—感知效用性	0.244	***	支持
H13	设施设备与空间环境—感知效用性	0.098	*	支持
H14	隐私安全—感知效用性	0.029	0.148	不支持
H15	感知效用性—满意度	0.426	***	支持
H23	业务规范与协同—感知愉悦性	0.113	**	支持
H24	信息质量—感知愉悦性	0.204	***	支持
H25	数字系统—感知愉悦性	-0.008	0.849	不支持
H26	人员素质—感知愉悦性	0.262	***	支持
H27	努力期望—感知愉悦性	0.221	***	支持
H28	设施设备与空间环境—感知愉悦性	0.154	***	支持
H29	隐私安全—感知愉悦性	0.034	0.147	不支持
H30	感知愉悦性—满意度	0.358	***	支持

注：*p<0.05，**p<0.01，***p<0.001。

综上所述，假设 H1、H2、H4、H5、H6、H8、H9、H11、H12、H13、H15、H23、H24、H26、H27、H28 和 H30 成立，假设 H3、H7、H10、H14、H25、H29 不成立。

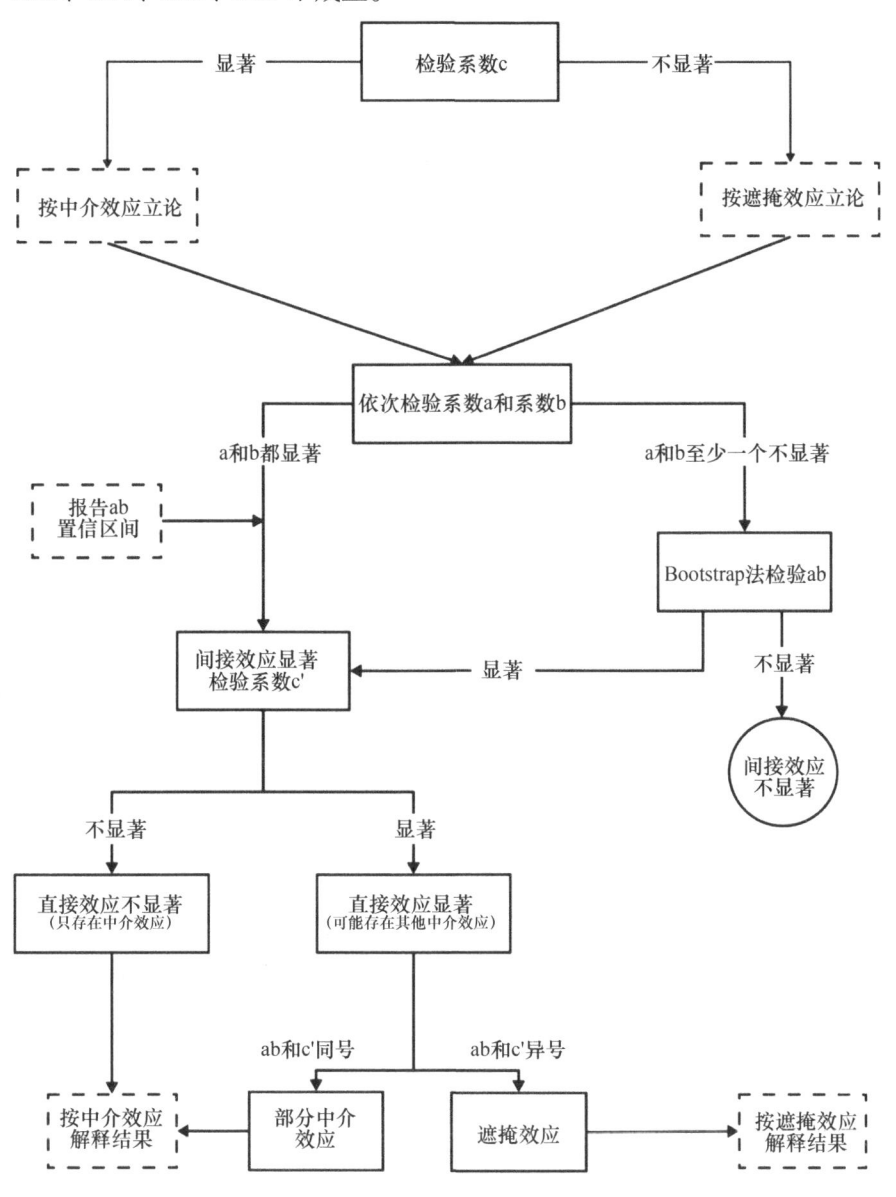

图 6.4 中介效应检验流程

二 中介效应检验

对中介效应的研究有助于揭示自变量和因变量之间关系的作用机理（杨华，2021）。在中介效应检验中，传统的逐步法被越来越多的研究认为检验效力低（Preacher, Hayes, 2004; Mackinnon et al., 2007; Zhao et al., 2010），而传统的 Sobel 检验法对系数乘积 a×b 的要求较为苛刻，需要服从正态分布，导致结果计算经常出现偏差（Bollen, Stine, 1990; Ju et al., 2019）。

相比之下，运用 Bootstrapping 法的中介效应可以对多重中介模型进行有效分析（张涵等，2016），并且该方法也不需要大量样本的支撑和正态性假设，具有更好的适用性（温忠麟等，2012；方杰等，2014），因此越来越多公共管理与信息系统领域的研究开始采用 Bootstrapping 法进行中介效应检验（Ju et al., 2019；杨贤传，2021）。本研究采用 Bootstrapping 法直接检验系数乘积 a×b 的显著性，遵循众多已有研究的检验步骤（Zhao et al., 2010；迟铭，2021；杨贤传，2021），使用温忠麟和叶宝娟提出的改进后的中介效应检验方法（温忠麟、叶宝娟，2014），对假设 H16-H22 以及 H31-H37 进行检验。具体而言，第一，检验自变量对因变量的总效应（c）的显著性。如果显著，按照中介效应立论，反之则按照遮掩效应立论。第二，检验自变量对中介变量的影响效应（a），以及检验中介变量对因变量的影响效应（b），如果 a 和 b 同时显著，则证明中介效应显著。第三，如果至少有一个不显著，使用 Bootstrapping 法检验 a 和 b 的系数乘积 a×b。如果 a×b 显著，则中介效应显著；如果不显著，则证明中介效应不存在，检验停止。第四，在中介效应存在的情况下，对自变量到因变量的直接影响效应（c'）进行检验。如果 c' 不显著，表明为完全中介效应；如果 c' 显著，表明存在直接效应。第五，在 c' 显著的情况下，检验 a×b 与 c' 的符号。如果同号，证明为部分中介效应；如果异号，证明存在遮掩效应。具体操作和判定过程如图 6.4 所示。

使用 Amos 23 运行 Bootstrapping 法 5000 次，将置信水平 95% 作为偏差校正的非参百分位法（Bias-corrected Bootstrap）和非参百分位法（Percentile Bootstrap）的区间估计置信水平，得到中介效应检验结果。

（一）业务规范与协同和"跨省通办"满意度关系中感知效用性及感知愉悦性的中介作用

表 6.8 展示了在业务规范与协同和"跨省通办"满意度关系中，感知效用性及感知愉悦性的中介作用。首先，在自变量对因变量的总效应（c）的检验中，业务规范与协同对满意度的总效应值为 0.230，Bias-corrected 95% CI 的区间为 [0.159, 0.293]，Percentile 95% CI 的区间为 [0.154, 0.287]，不包含 0。因此业务规范与协同对"跨省通办"满意度的总效应显著。其次，分别检验自变量对中介变量的影响效应（a）与中介变量对因变量的影响效应（b）。其中，业务规范与协同对感知效用性和感知愉悦性的影响作用均为显著，并且感知效用性和感知愉悦性对"跨省通办"满意度的影响也显著，因此系数 a 与 b 都显著，证明中介效应存在。同时，业务规范与协同对"跨省通办"满意度的直接效应（c'）也显著，其 Bias-corrected 95% CI 的区间和 Percentile 95% CI 的区间分别为 [0.054, 0.262] 和 [0.036, 0.238]。而系数 a×b 和系数 c' 结果同号，因此证明感知效用性及感知愉悦性在业务规范与协同和"跨省通办"满意度的关系中发挥部分中介作用，假设 H16 和 H31 成立。另外，从特定中介效应间的比较来看，感知效用性中介作用和感知愉悦性中介作用差值（a1×b1 – a2×b2）的估计值为 0.027，其 Bias-corrected 95% CI 的区间和 Percentile 95% CI 的区间分别为 [-0.012, 0.058] 和 [-0.014, 0.055]，均包含 0，因此二者的中介作用效果没有明显差异。

表 6.8　感知效用性及感知愉悦性对业务规范与协同和满意度关系的中介效应

	标准化效应值	Bias-corrected 95% CI Lower	Bias-corrected 95% CI Upper	Percentile 95% CI Lower	Percentile 95% CI Upper
自变量—中介变量（a）					
业务规范与协同—感知效用性（a1）	0.159	0.060	0.402	0.022	0.355
业务规范与协同—感知愉悦性（a2）	0.113	0.052	0.358	0.040	0.291

续表

	标准化效应值	Bias-corrected 95% CI Lower	Bias-corrected 95% CI Upper	Percentile 95% CI Lower	Percentile 95% CI Upper
中介变量—因变量（b）					
感知效用性—满意度（b1）	0.426	0.189	1.206	0.177	1.188
感知愉悦性—满意度（b2）	0.358	0.132	0.860	0.125	0.801
间接效应（a×b）					
业务规范与协同—感知效用性—满意度（a1×b1）	0.068	0.029	0.307	0.024	0.235
业务规范与协同—感知愉悦性—满意度（a2×b2）	0.041	0.008	0.101	0.006	0.085
直接效应（c'）					
业务规范与协同—满意度	0.121	0.054	0.262	0.036	0.238
总效应（c）					
业务规范与协同—满意度	0.230	0.159	0.293	0.154	0.287
间接效应比较					
（a1×b1 – a2×b2）	0.027	-0.012	0.058	-0.014	0.055

（二）信息质量和"跨省通办"满意度关系中感知效用性及感知愉悦性的中介作用

表6.9展示了在信息质量和"跨省通办"满意度关系中，感知效用性及感知愉悦性的中介作用。首先，在自变量对因变量的总效应（c）的检验中，信息质量对满意度的总效应值为0.326，Bias-corrected 95% CI的区间为［0.226，0.419］，Percentile 95% CI的区间为［0.219，0.413］，不包含0，因此信息质量对"跨省通办"满意度的总效应显著。其次，分别检验自变量对中介变量的影响效应（a）与中介变量对因变量的影响效应（b）。其中，信息质量对感知效用性和感知愉悦性的影响作用均为显著，并且感知效用性和感知愉悦性对"跨省通办"满意度的影响也显著，因此系数a与b都显著，证明中介效应存在。同时，信息质量对"跨省通办"满意度的直接效应（c'）也显著，其Bias-corrected 95% CI的区间和Percentile 95% CI的区间分别为［0.012，0.237］和

[0.009, 0.234]。而系数 a×b 和系数 c'结果同号，因此证明感知效用性及感知愉悦性在信息质量和"跨省通办"满意度的关系中发挥部分中介作用，假设 H17 和 H32 成立。另外，从特定中介效应间的比较来看，在信息质量和满意度的关系中，感知效用性中介作用和感知愉悦性中介作用差值（a1×b1 – a2×b2）的估计值为 0.065，其 Bias-corrected 95% CI 的区间和 Percentile 95% CI 的区间分别为 [0.024, 0.138] 和 [0.019, 0.126]，不包含 0，证明感知效用性对信息质量和满意度关系的中介作用要显著高于感知愉悦性。

表6.9 感知效用性及感知愉悦性对信息质量和满意度关系的中介效应

	标准化效应值	Bias-corrected 95% CI Lower	Bias-corrected 95% CI Upper	Percentile 95% CI Lower	Percentile 95% CI Upper
自变量—中介变量（a）					
信息质量—感知效用性（a1）	0.323	0.129	0.739	0.123	0.685
信息质量—感知愉悦性（a2）	0.204	0.075	0.560	0.036	0.487
中介变量—因变量（b）					
感知效用性—满意度（b1）	0.426	0.189	1.206	0.177	1.188
感知愉悦性—满意度（b2）	0.358	0.132	0.860	0.125	0.801
间接效应（a×b）					
信息质量—感知效用性—满意度（a1×b1）	0.138	0.062	0.271	0.059	0.245
信息质量—感知愉悦性—满意度（a2×b2）	0.073	0.030	0.310	0.021	0.239
直接效应（c'）					
信息质量—满意度	0.115	0.012	0.237	0.009	0.234
总效应（c）					
信息质量—满意度	0.326	0.226	0.419	0.219	0.413
间接效应比较					
（a1×b1 – a2×b2）	0.065	0.024	0.138	0.019	0.126

（三）数字系统和"跨省通办"满意度关系中感知效用性及感知愉悦性的中介作用

表6.10 展示了在数字系统和"跨省通办"满意度关系中，感知效用

性及感知愉悦性的中介作用。首先,在自变量对因变量的总效应(c)的检验中,数字系统对满意度的总效应值为 0.018,Bias-corrected 95% CI 的区间为 [-0.085, 0.162],Percentile 95% CI 的区间为 [-0.085, 0.247],均包含 0,因此总效应(c)不显著。其次,分别检验自变量对中介变量的影响效应(a)与中介变量对因变量的影响效应(b)。其中,数字系统对感知效用性和感知愉悦性的影响作用均不显著,但是感知效用性和感知愉悦性对"跨省通办"满意度的影响显著,因此系数 a 不显著,但系数 b 显著,需要进一步检验系数乘积 a×b;然而由表 6.10 可知,感知效用性(a1×b1)和感知愉悦性(a2×b2)的系数乘积均不显著,因此不存在中介效应。即在数字系统和"跨省通办"满意度关系中,感知效用性及感知愉悦性的中介作用不显著,假设 H18 和 H33 未能通过检验。

表 6.10　感知效用性及感知愉悦性对数字系统和满意度关系的中介效应

	标准化效应值	Bias-corrected 95% CI Lower	Bias-corrected 95% CI Upper	Percentile 95% CI Lower	Percentile 95% CI Upper
自变量—中介变量(a)					
数字系统—感知效用性(a1)	0.006	-0.090	0.099	-0.095	0.098
数字系统—感知愉悦性(a2)	-0.008	-0.125	0.100	-0.121	0.101
中介变量—因变量(b)					
感知效用性—满意度(b1)	0.426	0.189	1.206	0.177	1.188
感知愉悦性—满意度(b2)	0.358	0.132	0.860	0.125	0.801
间接效应(a×b)					
数字系统—感知效用性—满意度(a1×b1)	0.003	-0.095	0.084	-0.097	0.080
数字系统—感知愉悦性—满意度(a2×b2)	-0.002	-0.112	0.078	-0.115	0.073
直接效应(c')					
数字系统—满意度	0.017	-0.084	0.160	-0.085	0.243
总效应(c)					
数字系统—满意度	0.018	-0.085	0.162	-0.085	0.247
间接效应比较					
(a1×b1 - a2×b2)	0.005	-0.088	0.097	-0.092	0.096

（四）人员素质和"跨省通办"满意度关系中感知效用性及感知愉悦性的中介作用

表 6.11 展示了在人员素质和"跨省通办"满意度关系中，感知效用性及感知愉悦性的中介作用。首先，在自变量对因变量的总效应（c）的检验中，人员素质对满意度的总效应值为 0.272，Bias-corrected 95% CI 的区间为 [0.096, 0.618]，Percentile 95% CI 的区间为 [0.093, 0.601]，不包含 0，因此人员素质对"跨省通办"满意度的总效应显著。其次，分别检验自变量对中介变量的影响效应（a）与中介变量对因变量的影响效应（b）。其中，人员素质对感知效用性和感知愉悦性的影响作用均为显著，并且感知效用性和感知愉悦性对"跨省通办"满意度的影响也显著，因此系数 a 与 b 都显著，证明中介效应存在。同时，人员素质对"跨省通办"满意度的直接效应（c'）也显著，其 Bias-corrected 95% CI 的区间和 Percentile 95% CI 的区间分别为 [0.055, 0.267] 和 [0.049, 0.238]。而系数 a×b 和系数 c' 结果同号，因此证明感知效用性及感知愉悦性在人员素质和"跨省通办"满意度的关系中发挥部分中介作用，假设 H19 和 H34 成立。另外，从特定中介效应间的比较来看，在人员素质和满意度的关系中，感知效用性中介作用和感知愉悦性中介作用差值（a1×b1 - a2×b2）的估计值为 -0.047，其 Bias-corrected 95% CI 的区间和 Percentile 95% CI 的区间都不包含 0，证明感知愉悦性对人员素质和满意度关系的中介影响要显著高于感知效用性。

表 6.11　感知效用性及感知愉悦性对人员素质和满意度关系的中介效应

	标准化效应值	Bias-corrected 95% CI Lower	Bias-corrected 95% CI Upper	Percentile 95% CI Lower	Percentile 95% CI Upper
自变量—中介变量（a）					
人员素质—感知效用性（a1）	0.110	0.053	0.330	0.042	0.286
人员素质—感知愉悦性（a2）	0.262	0.093	0.608	0.075	0.559
中介变量—因变量（b）					
感知效用性—满意度（b1）	0.426	0.189	1.206	0.177	1.188
感知愉悦性—满意度（b2）	0.358	0.132	0.860	0.125	0.801

续表

	标准化效应值	Bias-corrected 95% CI		Percentile 95% CI	
		Lower	Upper	Lower	Upper
间接效应（a×b）					
人员素质—感知效用性—满意度（a1×b1）	0.047	0.012	0.115	0.009	0.099
人员素质—感知愉悦性—满意度（a2×b2）	0.094	0.048	0.234	0.033	0.212
直接效应（c'）					
人员素质—满意度	0.131	0.055	0.267	0.049	0.238
总效应（c）					
人员素质—满意度	0.272	0.096	0.618	0.093	0.601
间接效应比较					
(a1×b1 – a2×b2)	-0.047	0.005	0.119	0.003	0.107

（五）努力期望和"跨省通办"满意度关系中感知效用性及感知愉悦性的中介作用

表6.12展示了在努力期望和"跨省通办"满意度关系中，感知效用性及感知愉悦性的中介作用。首先，在自变量对因变量的总效应（c）的检验中，努力期望对满意度的总效应值为0.334，Bias-corrected 95% CI的区间为[0.128，0.808]，Percentile 95% CI的区间为[0.119，0.766]，均不包含0，因此努力期望对"跨省通办"满意度的总效应显著。其次，分别检验自变量对中介变量的影响效应（a）与中介变量对因变量的影响效应（b）。其中，努力期望对感知效用性和感知愉悦性的影响作用均为显著，并且感知效用性和感知愉悦性对"跨省通办"满意度的影响也显著，因此系数a与b都显著，证明中介效应存在。同时，努力期望对"跨省通办"满意度的直接效应（c'）也显著，其Bias-corrected 95% CI的区间和Percentile 95% CI的区间分别为[0.065，0.403]和[0.058，0.374]。而系数a×b和系数c'结果同号，因此证明感知效用性及感知愉悦性在努力期望和"跨省通办"满意度的关系中发挥部分中介作用，假设H20和H35成立。另外，从特定中介效应间的比较来看，感知效用性中介作用和感知愉悦性中介作用差值（a1×b1 – a2×b2）的

估计值为 0.025，其 Bias-corrected 95% CI 的区间和 Percentile 95% CI 的区间均包含 0，因此二者的中介作用效果没有明显差异。

表 6.12　感知效用性及感知愉悦性对努力期望和满意度关系的中介效应

	标准化效应值	Bias-corrected 95% CI Lower	Bias-corrected 95% CI Upper	Percentile 95% CI Lower	Percentile 95% CI Upper
自变量—中介变量（a）					
努力期望—感知效用性（a1）	0.244	0.084	0.571	0.067	0.553
努力期望—感知愉悦性（a2）	0.221	0.068	0.467	0.060	0.446
中介变量—因变量（b）					
感知效用性—满意度（b1）	0.426	0.189	1.206	0.177	1.188
感知愉悦性—满意度（b2）	0.358	0.132	0.860	0.125	0.801
间接效应（a×b）					
努力期望—感知效用性—满意度（a1×b1）	0.104	0.034	0.253	0.030	0.219
努力期望—感知愉悦性—满意度（a2×b2）	0.079	0.030	0.308	0.008	0.217
直接效应（c'）					
努力期望—满意度	0.151	0.065	0.403	0.058	0.374
总效应（c）					
努力期望—满意度	0.334	0.128	0.808	0.119	0.766
间接效应比较					
（a1×b1 − a2×b2）	0.025	−0.018	0.047	−0.021	0.037

（六）设施设备与空间环境和"跨省通办"满意度关系中感知效用性及感知愉悦性的中介作用

表 6.13 展示了在设施设备与空间环境和"跨省通办"满意度关系中，感知效用性及感知愉悦性的中介作用。首先，在自变量对因变量的总效应（c）的检验中，设施设备与空间环境对满意度的总效应值为 0.288，Bias-corrected 95% CI 的区间为 [0.121, 0.710]，Percentile 95% CI 的区间为 [0.104, 0.622]，均不包含 0，因此设施设备与空间环境对"跨省通办"满意度的总效应显著。其次，分别检验自变量对中介变量的影响效应（a）与中介变量对因变量的影响效应（b），其中，设施设备与空间环境对感知效

用性和感知愉悦性的影响作用均为显著,并且感知效用性和感知愉悦性对"跨省通办"满意度的影响也显著,因此系数 a 与 b 都显著,证明中介效应存在。同时,设施设备与空间环境对"跨省通办"满意度的直接效应(c')也显著,且系数 a×b 和系数 c' 结果同号,因此证明感知效用性及感知愉悦性在设施设备与空间环境和"跨省通办"满意度的关系中发挥部分中介作用,假设 H21 和 H36 成立。另外,从特定中介效应间的比较来看,感知效用性中介作用和感知愉悦性中介作用差值(a1×b1 - a2×b2)的估计值为 -0.013,其 Bias-corrected 95% CI 的区间和 Percentile 95% CI 的区间均包含 0,因此二者的中介作用效果没有明显差异。

表 6.13　感知效用性及感知愉悦性对设施设备与空间环境和满意度关系的中介效应

	标准化效应值	Bias-corrected 95% CI Lower	Bias-corrected 95% CI Upper	Percentile 95% CI Lower	Percentile 95% CI Upper
自变量—中介变量(a)					
设施设备与空间环境—感知效用性(a1)	0.098	0.022	0.418	0.015	0.349
设施设备与空间环境—感知愉悦性(a2)	0.154	0.071	0.421	0.062	0.334
中介变量—因变量(b)					
感知效用性—满意度(b1)	0.426	0.189	1.206	0.177	1.188
感知愉悦性—满意度(b2)	0.358	0.132	0.860	0.125	0.801
间接效应(a×b)					
设施设备与空间环境—感知效用性—满意度(a1×b1)	0.042	0.009	0.103	0.006	0.089
设施设备与空间环境—感知愉悦性—满意度(a2×b2)	0.055	0.021	0.157	0.018	0.139
直接效应(c')					
设施设备与空间环境—满意度	0.191	0.068	0.515	0.062	0.498
总效应(c)					
设施设备与空间环境—满意度	0.288	0.121	0.710	0.104	0.622
间接效应比较					
(a1×b1 - a2×b2)	-0.013	-0.095	0.113	-0.097	0.104

(七) 隐私安全和"跨省通办"满意度关系中感知效用性及感知愉悦性的中介作用

表 6.14 展示了在隐私安全和"跨省通办"满意度关系中,感知效用性及感知愉悦性的中介作用。首先,在自变量对因变量的总效应 (c) 的检验中,隐私安全对满意度的总效应值为 0.031,Bias-corrected 95% CI 的区间为 [-0.029, 0.187],Percentile 95% CI 的区间为 [-0.040, 0.165],均包含 0,因此总效应 (c) 不显著。其次,分别检验自变量对中介变量的影响效应 (a) 与中介变量对因变量的影响效应 (b)。其中,隐私安全对感知效用性和感知愉悦性的影响作用均不显著,但是感知效用性和感知愉悦性对"跨省通办"满意度的影响显著,因此系数 a 不显著,但系数 b 显著,需要进一步检验系数乘积 a×b;然而由表 6.14 可知,感知效用性 (a1×b1) 和感知愉悦性 (a2×b2) 的系数乘积均不显著,因此不存在中介效应。即在隐私安全和"跨省通办"满意度关系中,感知效用性及感知愉悦性的中介作用不显著,假设 H22 和 H37 未能通过检验。

表 6.14　感知效用性及感知愉悦性对隐私安全和满意度关系的中介效应

	标准化效应值	Bias-corrected 95% CI Lower	Bias-corrected 95% CI Upper	Percentile 95% CI Lower	Percentile 95% CI Upper
自变量—中介变量 (a)					
隐私安全—感知效用性 (a1)	0.029	-0.015	0.063	-0.018	0.054
隐私安全—感知愉悦性 (a2)	0.034	-0.006	0.082	-0.009	0.075
中介变量—因变量 (b)					
感知效用性—满意度 (b1)	0.426	0.189	1.206	0.177	1.188
感知愉悦性—满意度 (b2)	0.358	0.132	0.860	0.125	0.801
间接效应 (a×b)					
隐私安全—感知效用性—满意度 (a1×b1)	0.013	-0.045	0.072	-0.051	0.070
隐私安全—感知愉悦性—满意度 (a2×b2)	0.012	-0.045	0.072	-0.050	0.063
直接效应 (c')					

续表

	标准化效应值	Bias-corrected 95% CI Lower	Bias-corrected 95% CI Upper	Percentile 95% CI Lower	Percentile 95% CI Upper
隐私安全—满意度	0.006	-0.091	0.087	-0.093	0.085
总效应（c）					
隐私安全—满意度	0.031	-0.029	0.187	-0.040	0.165
间接效应比较					
(a1×b1-a2×b2)	0.001	-0.109	0.077	-0.115	0.074

综上所述，感知效用性在业务规范与协同、信息质量、人员素质、努力期望、设施设备与空间环境对"跨省通办"满意度的影响中发挥着部分中介的影响，假设H16、H17、H19、H20、H21成立。同时，感知愉悦性也在上述关系中发挥着部分中介效应，假设H31、32、H34、H35、H36成立。然而感知效用性和感知愉悦性在数字系统以及隐私安全对满意度的关系中没有发挥显著的中介作用，因此假设H18、H22、H33、H37不成立。

三 调节效应检验

为检验政策感知度的调节作用，本研究运用SPSS 23软件对感知效用性、感知愉悦性、政策感知度、"跨省通办"满意度的变量数据进行标准化处理，并得到感知效用性和政策感知度的交互项，以及感知愉悦性和政策感知度的交互项。此后采用层次回归分析法检验调节效应。

（一）政策感知度对感知效用性和"跨省通办"满意度关系的调节作用

表6.15展示了感知效用性和"跨省通办"满意度关系中政策感知度的调节效应。

表 6.15　　　　政策感知度对感知效用性和"跨省通办"
满意度关系的调节作用

变量	模型 1	模型 2	模型 3
性别	0.007	0.013	0.007
年龄	-0.005	-0.028	-0.038
受教育程度	0.009	-0.003	-0.007
收入	-0.010	-0.016	-0.041
感知效用性		0.091*	0.063*
政策感知度		0.085*	0.061*
感知效用性×政策感知度			0.109***
R^2	0.133	0.642	0.792
ΔR^2	0.112	0.601	0.773
样本量	836	836	836

注：*p<0.05，**p<0.01，***p<0.001。

首先将性别、年龄、受教育程度、收入 4 个控制变量和"跨省通办"满意度这个因变量加入模型 1（M1）中，以此构建基准模型，展现控制变量和因变量的关系；其次在模型 1 基础上加入感知效用性和政策感知度作为自变量，构建模型 2（M2）；最后将交互项"感知效用性×政策感知度"加入模型 2，以此构建模型 3（M3）。

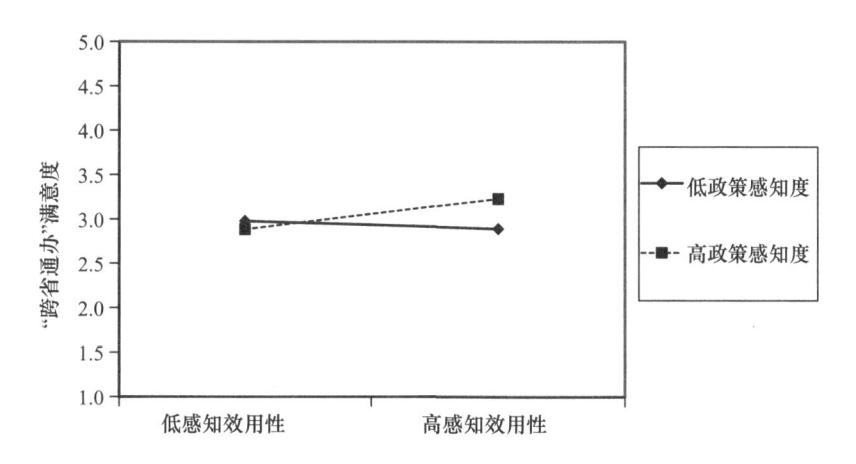

图 6.5　政策感知度对感知效用性和"跨省通办"满意度的调节作用

由表 6.15 可知,将交互项"感知效用性×政策感知度"加入模型 2 后,模型 3 的 R^2 值增加为 0.792,证明其解释力得到增强。交互项"感知效用性×政策感知度"对满意度的回归系数为 $\beta=0.109$($p<0.001$),证明政策感知度能够显著调节感知效用性对"跨省通办"满意度的影响,假设 H38 成立。

政策感知度对感知效用性和满意度关系的调节作用如图 6.5 所示。具体而言,高政策感知度所对应直线的斜率较高,证明对于高政策感知度的人群而言,感知效用性对他们的满意度有着更为强烈的促进作用。

(二)政策感知度对感知愉悦性和"跨省通办"满意度关系的调节作用

表 6.16 展示了感知愉悦性和"跨省通办"满意度关系中政策感知度的调节效应。

表 6.16　　政策感知度对感知愉悦性和"跨省通办"满意度关系的调节作用

变量	模型 1	模型 2	模型 3
性别	0.007	0.003	-0.024
年龄	-0.005	-0.019	-0.037
受教育程度	0.009	0.004	0.001
收入	-0.010	-0.028	-0.035
感知愉悦性		0.128 ***	0.108 ***
政策感知度		0.071 *	0.061 *
感知愉悦性×政策感知度			0.085 *
R^2	0.133	0.598	0.703
ΔR^2	0.112	0.557	0.671
样本量	836	836	836

注:* $p<0.05$,** $p<0.01$,*** $p<0.001$。

首先将性别、年龄、受教育程度、收入 4 个控制变量和"跨省通办"满意度这个因变量加入模型 1(M1)中,以此构建基准模型;其次在模型 1 基础上加入感知愉悦性和政策感知度作为自变量,构建模型 2

(M2);最后将交互项"感知愉悦性×政策感知度"加入模型2,以此构建模型3(M3)。

由表6.16可知,将交互项"感知愉悦性×政策感知度"加入模型2后,模型3的R^2值增加为0.703,证明其解释力得到增强。交互项"感知愉悦性×政策感知度"对满意度的回归系数为$\beta = 0.085$($p < 0.05$),证明政策感知度能够显著调节感知愉悦性对"跨省通办"满意度的影响,假设H39成立。

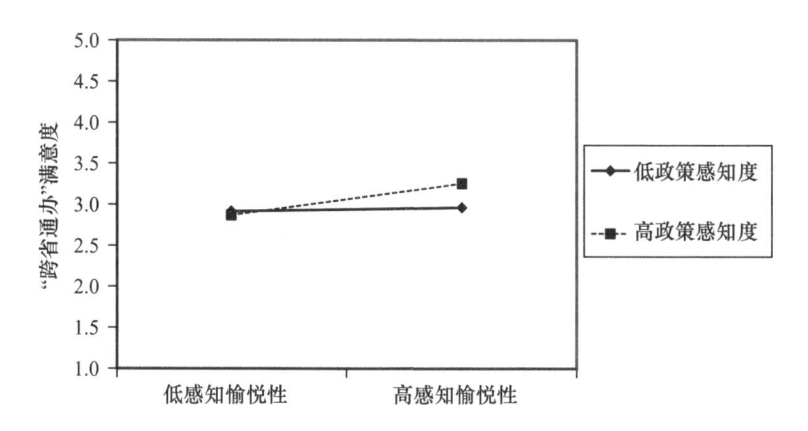

图6.6 政策感知度对感知愉悦性和"跨省通办"满意度的调节作用

政策感知度对感知愉悦性和满意度关系的调节作用如图6.6所示。具体而言,高政策感知度所对应直线的斜率较高,证明对于高政策感知度的人群而言,感知愉悦性对他们的满意度发挥更为积极的影响。

第四节 结果讨论

通过数据分析与模型检验后发现,假设H1、H2、H4、H5、H6、H8、H9、H11、H12、H13、H15、H16、H17、H19、H20、H21、H23、H24、H26、H27、H28、H30、H31、H32、H34、H35、H36、H38、H39成立,而假设H3、H7、H10、H14、H18、H22、H25、H29、H33、H37不成立。整体上看,39个假设中共有29个成立,10个不成立。后文将从五个方面对实证研究结果进行阐释。

一 直接影响路径分析

(一) 新要素、新内容的发现

本书通过扎根分析的质化研究,提炼出业务规范与协同这一新的变量。并且通过实证研究发现,在政务服务"跨省通办"中,业务规范与协同会对感知效用性、感知愉悦性以及满意度产生积极影响。在电子政务服务满意度的既有研究中,业务规范与协同并未作为影响满意度的重要因素受到检验,相关实证模型也未将其融入。因此,该变量作为一个全新的要素被纳入研究模型中,结果也证明了业务规范与协同对于"跨省通办"满意度的重要性,这对整体政府视角下的电子政务服务满意度研究具有良好的探索意义。业务规范与协同能够集中体现整体性治理的特征,符合政务服务"跨省通办"的业务特点。对于"跨省通办"而言,其业务规范既包括普通电子政务服务应该具备的精确性、准时性等,也包括标准化等较为特殊的规范。同时,"跨省通办"也讲究业务的协同性。如果"跨省通办"能够做到业务的规范化与协同化,办事群众在理性认知上会认为"跨省通办"服务具有效用,在感性情绪上会感到心情愉悦,并且会对"跨省通办"服务感到满意。

此外,本书还通过扎根分析的质化研究,对业务设备条件这一传统变量要素的内涵维度进行了拓展,将业务办理的空间环境和办理设备的泛在可及两个新维度融入其中,由此构建设施设备与空间环境这一全新变量。当前,既有研究只侧重于电子政务业务设备对满意度的影响,忽视了办理空间环境条件以及硬件设施泛在可及程度的作用。本书通过实证检验发现,设施设备与空间环境能够积极影响感知效用性、感知愉悦性和使用满意度。这个发现对于电子政务服务满意度影响要素的内涵拓展具有积极意义。因此,对于政务服务"跨省通办"而言,其不仅要注重对业务设施设备的建设投入,还需要同时关注业务办理的空间环境(比如政务服务大厅的灯光、电梯、停车场、绿植等)以及这些硬件设施是否泛在可及。

(二) 其他主要变量对"跨省通办"满意度的直接影响

从其他主要变量的直接影响作用来讲,信息质量对感知效用性、感知愉悦性以及满意度产生积极影响。该结果与相关已有研究结果相同

(明承瀚等，2016；Nulhusna et al.，2017；宋雪雁等，2018；Alkraiji，2020）。正如 T. Nam 所指出的，政务信息服务是构成电子政务服务的重要一环（Nam，2014）。在"跨省通办"服务中，高质量的信息服务意味着准确的信息内容、通顺的文字阐述、美观的排版设计等。高质量的信息服务能够让办事群众轻快流畅地预览信息内容，准确高效地把握好办理相关信息，从而帮助他们开展业务办理行为。高质量的信息服务能够让公众感知到政府部门所提供的信息服务是有用的，同时也能让他们心情愉悦，并且感到满意。因此，以"川渝通办"为代表的"跨省通办"服务需要加大信息服务质量建设，保障信息服务更新及时、内容可靠、容易理解。

同时，人员素质也在感知效用性、感知愉悦性以及满意度的交互中发挥积极促进作用。在既有电子政务服务满意度研究中，人员素质是影响满意度的重要因素，尤其是近年来该要素受到越来越多的重视，本研究的结果也证实了人员素质对于满意度的正面作用。由于"跨省通办"服务是一种新兴的电子政务模式，办事群众在办理过程中或多或少会碰到问题，进而产生与工作人员的互动。因此，工作人员良好的态度和专业的能力成为高质量"跨省通办"服务中必不可少的一环。对于政府部门而言，积极回应与解决公众遇到的办理问题，不仅能够打消公众在办事过程中的疑虑，让公众信任办事部门，更能通过对问题的及时处理，推动业务顺利高效地办结；对于公众而言，由于"政府解决公众碰到的办理问题"本身就属于"跨省通办"服务的一部分，如果公众的问题能够得到专业有效的解决，那么他们就会认为这些解答与支持是具有作用的；如果在互动过程中工作人员的态度良好，那么公众会感到愉快惬意，也会更满意。随着"跨省通办"服务的深入发展，与办事群众的良好互动不仅成为直面公众问题、解决公众问题的一次机会，也是具体了解当前服务缺陷、弥补服务漏洞的一次机会。

与很多已有研究的结果一致（Shyu，Huang，2011；Hussein et al.，2011；Cegarra et al.，2014；Zuiderwijk et al.，2015），本研究发现努力期望能够积极影响感知效用性和使用满意度。并且本研究的结果还进一步证明，在"跨省通办"中努力期望能够正向影响人们的感知愉悦性，即好用的操作能让人感到轻松愉悦。目前，"跨省通办"所包含的很多服务已经可以在线上进行办理,未来将会有越来越多的服务实现线上办理。因此,电脑、手机等工具会是办理"跨省通办"服务的重要依托,操作以及学习如何操作线上"跨省通办"服务的办理成了办事群众所必须面对的事情。"跨省通办"服务的操作使用方式越简捷、越容易上手,就越省时省力。所以对于以"川渝通办"为代表的"跨省通办"服务而言,如何设计服务的操作流程等是需要相关部门与系统设计者认真思考的问题。

此外,本研究还证明了感知效用性和感知愉悦性分别能对"跨省通办"满意度产生积极影响。感知效用性是从实用主义角度出发对"跨省通办"有用与否的理性认知,而感知愉悦性是从享乐性角度出发对"跨省通办"有用与否的情绪反应,在本书中二者共同构成了使用者对服务有用性的感知表达。以往研究对电子政务服务有用性的感知表达几乎都从服务的功能性、实用性角度入手,很少将使用者的情绪化特征加入对服务有用性的表达中。本研究的结果一定程度上弥补了这一不足。

二 中介作用的二重奏

(一) 基于实用主义的理性认知作为传递影响作用的中间介质

本研究发现感知效用性作为中介变量,能够传递业务规范与协同、信息质量、人员素质、努力期望设施设备与空间环境对满意度的影响。本书在文献回顾中谈到,在电子政务服务满意度领域,既有研究对影响要素和满意度之间中间介质的探寻,基本都从功能性、实用性以及客观环境等角度出发。本书中感知效用性作为中介变量,代表了办事群众对"跨省通办"服务实用主义层面的理性审视,因此感知效用性在中介效应上的积极作用印证了很多已有的研究结果(杨菲、高洁,2017;Hajiheydari,Ashkani,2018),证明这种基于实用主义的理性认知可以作为传递影响作用的中间通道。

(二) 新中间介质的实证发现:基于享乐性的感性情绪

在现有研究基础上,本研究进一步从使用者的感性情绪层面对影响"跨省通办"满意度的中间介质进行了探寻。结果证明,感知愉悦性这个体现感性情绪的要素能够积极传递业务规范与协同、信息质量、人员素质、努力期望、设施设备与空间环境对满意度的影响。这拓展了现有研究对电子政务服务满意度中间介质的探索视角，也反映出数字政府背景下人们对政务服务评价的新变化，即公众不再只看重政务服务的功能效用和实际结果，也越来越看重政务服务过程中服务带给自己的情绪体验。这一结果深刻反映出当前中国政务工作向"服务型政府"转型的变化。对感知愉悦性中介作用的实证发现，从理论上可以丰富与拓展现有研究模型，使研究模型能够更全面地解释与反映中国在转向"服务型政府"过程中人民群众出现的新变化，从实践上也可以为未来的政务服务工作开展提供启示。

（三）感知效用性与感知愉悦性中介效果的对比

中介效应的检验结果显示，感知效用性对信息质量影响力的中介传导作用要显著高于感知愉悦性。表明在对"跨省通办"的信息服务水平进行评价时，人们对信息服务功能效果的理性认知会发挥更大的作用，从而对满意度产生更强的传导影响。这可能是由于信息服务主要涉及文字内容分析，其对使用者理性认知的刺激更强烈，所以感知效用性能发挥更强的传导效果。此外，在与工作人员互动时则是另外一种情况。研究发现，感知愉悦性对人员素质影响力的中介传导作用要显著高于感知效用性。意味着在和工作人员互动时，人们的感性情绪会发挥更大的催化作用，从而对满意度形成产生更大影响。这可能是由于和工作人员的互动主要通过表情、对话、动作等方式进行，这些因素从感官上对人们的情绪会产生更直接的刺激，使感知愉悦性能够发挥更强的传导作用。

三 调节作用结果分析

除了中介效应，本书还发现政策感知度能够正向调节感知效用性和感知愉悦性对"跨省通办"满意度的影响。感知效用性作为使用者理性认知的反应，感知愉悦性作为使用者感性情绪的反应，二者都能够影响对于"跨省通办"满意度的评价。如何能够使这些理性认知和感性情绪要素更好作用于人们的满意度评价，本书得出的结论是需要增加人们对政策规章的熟悉度和支持度。在人们熟知"跨省通办"相关政策规章并且表示支持的情况下，人们更能准确体会到服务带来的效用和积极情绪，从而促进满意度形成。

四 不显著的影响因素

(一) 数字系统影响作用不显著的原因分析

然而,数字系统对感知效用性、感知愉悦性和满意度的影响都不显著,并且感知效用性和感知愉悦性也未能在数字系统和满意度形成之间发挥中介作用,根据对以"川渝通办"为代表的"跨省通办"服务进行分析,这一情况可能主要有以下几点原因。

第一,公众对数字系统质量重要性的感知较为模糊。即公众不认为数字系统质量的高低能够清晰体现出服务是否有用(效用和愉悦),并且不会因为系统质量的问题而显著改变自己对服务的满意度评价。有学者认为,对于那些刚开发不久的信息系统而言,由于使用者刚接触信息系统,对系统并不了解,因此会自动屏蔽掉很多对系统方面的评价,也会忽视掉系统对于优化服务的作用(Udo et al., 2012)。"川渝通办"作为"跨省通办"服务的重要一支,其系统建立时间较短,很多涉及系统部分的作用还不能被办事群众很好理解。例如,系统是否时常更新,现阶段往往不会被办事群众关注,因此他们会忽视时常更新对于维护系统稳定和促进业务办理的重要性;又如,系统可以兼容苹果、安卓等程序,意味着更广大的人群可以使用"川渝通办"服务,但在实际办理中,群众往往只关注系统能否兼容自己所用的设备,不会关心这种兼容性能否包容更多其他设备。由于办事群众对"川渝通办"系统及其功能的了解还十分有限,因此他们往往不会像感知业务办理质量与信息质量那样能够很好地直观感知到系统质量的功能和作用,也就不会把系统的某个优秀功能和提升办事效率直观而紧密地联系起来。这也导致办事群众不能明显感觉到系统质量对于服务有用性的体现,以及不能感受到系统质量对自己满意度形成的影响。

第二,当前线上服务建设还不够成熟。系统质量作为评价信息系统质量的要素,主要反映了线上信息系统的质量高低。由于当前"川渝通办"的线上服务建设还不够成熟,很多服务虽然有线上办理的选择,却不能完全实现线上"一条龙"式办理,一些办理流程还需要到线下进行。这导致在一些情况下,虽然办事群众使用线上系统办理了一部分政务事项,但是中途又经历了线下办理。因此在整体环节上,由于办事群众办一件事情既使用了线上系统，又经历了线下办理，他们对线上信息系统的作用感知大打折扣，并不笃定系统质量能够显著影响办事的过程，也不会因为系统质量形成满意或不满，而是对系统质量采取较为漠视的态度，因此其影响效果不明显。

（二）隐私安全影响作用不显著的原因分析

除了数字系统之外，隐私安全对感知效用性、感知愉悦性和满意度的作用也不明显。这意味着办事群众认为隐私安全的重要性不大，其不能反映出服务的有用性，也不能影响使用满意度的形成。导致这些结果的原因可能是人们对自身隐私安全的重视程度还不够高。

已有的一些研究表明，中国的信息系统用户对于自身的信息安全保护意识较为淡薄（吴娜等，2015；储节旺、李安，2016；Zhu et al.，2023）。这主要反映在以下两种心态上。其一，在一部分公众的心中，自己的隐私随着数字化社会的到来早已进入"透明化"时代，在这个时代没有所谓的隐私安全可言。因此，隐私安全这一要素在他们心中可能已不重要，因为在意也没有用。其二，对于另外一部分人群，尤其是很多老年用户以及落后地区的使用者而言，隐私安全这一概念及其意义在他们心中本身较为模糊，并且由于他们对信息系统技术的了解甚少，因此对使用信息系统过程中自身的隐私保护并不重视。

就"跨省通办"而言，由于其服务面向广大群众，因此也包括了以上两种人群。他们或是认为他们的个人信息早就被透露，因此"跨省通办"能否保护他们的隐私安全已经显得不那么重要；或是对隐私安全保护还没有形成有效的认知，无法理解这一抽象的概念及其价值，从而忽视隐私安全保护。由于对隐私安全保护的漠视，无论"跨省通办"服务在隐私保护方面做得如何，很多办事群众都不会把隐私保护和"服务效用""开心愉悦"联系起来，因此隐私安全保护不会显著影响这些人的满意度形成。

上述这些问题源自当前中国数字政府建设的现实困境。例如，人们对数字系统质量重要性感知的薄弱来源于当前线上服务系统建设不成熟，线上、线下服务系统没能有机结合。对于数字服务而言，其有一个从悬浮网络到深入现实的过程。目前，很多线上系统都是搭好了架子，但是内部的服务流程、内容、分工等都不完善，与线下服务无法有效结合，甚至存在脱离；还有一些系统在硬件建设上存在较大问题，时常出现系统不稳定的情况。这就使得很多服务系统不被办事群众依赖，数字系统质量的重要性不被认可。又如，人们对隐私安全的不重视反映出构建数字公民身份的困境。隐私安全是数字时代公民的重要权利，但是目前很多人并没有意识到这一点。这些问题应该在下一阶段中国数字政府的建设中被充分重视、有效解决。

五 政务服务"跨省通办"满意度形成机理总结

本书对政务服务"跨省通办"满意度的形成机理进行总结。其一，业务规范与协同、信息质量、人员素质、努力期望、设施设备与空间环境是人们能够接触的"跨省通办"的不同服务方面。在使用这些服务之前，人们会对它们的效果产生预期期望；而在实际接触这些服务后，人们会对它们的效果产生实际使用体验。实际使用体验与预期期望的对比形成了人们的期望确认水平，表现为对这些服务的评价水平（也就是问卷中对各个服务方面的测量）。

其二，对这些服务的评价水平高低会从理性与感性两条路径同时刺激人们的感知。从理性的路径上，服务水平的评价主要刺激人们对服务效用的认知，人们会通过对这些服务水平高低的判断，从而认知到服务是否具有效用、是否能真正帮助自己；从感性的路径上，服务水平的评价主要刺激人们的情绪感受，人们会通过对这些服务水平高低的评价，从而产生愉快或不愉快的情绪。通过理性认知与感性情绪的两条路径，人们对服务方面的评价会最终影响到他们对"跨省通办"服务的满意度。并且在其中，人们对"跨省通办"相关政策规定的了解与支持，能够使人们的理性认知和感性情绪更好作用于他们的满意度形成。

第五节 本章小结

本章首先在已有研究与扎根分析的基础上，开发出包含11个变量、46个题项的问卷量表，并对问卷量表进行派发和收集。此后，通过大样本实证研究，本章对研究模型及相关假设进行了分析与验证。研究结果发现：（1）业务规范与协同、信息质量、人员素质、努力期望、设施设备与空间环境对感知效用性、感知愉悦性和"跨省通办"满意度产生积极影响；（2）感知效用性、感知愉悦性能够积极影响"跨省通办"满意度；（3）数字系统、隐私安全对感知效用性、感知愉悦性和满意度的影响不显著；（4）感知效用性和感知愉悦性能够分别传递业务规范与协同、信息质量、人员素质、努力期望、设施设备与空间环境对满意度的影响，但是不能显著传递数字系统、隐私安全对满意度的影响；（5）政策感知度能够正向调节感知效用性、感知愉悦性对满意度的积极影响。根据研究结果，本章进一步展开讨论，通过与既有研究结论的对比明晰了本研究中结果发现的探索性意义，并归纳出政务服务"跨省通办"满意度的形成机理。

第七章

政务服务"跨省通办"满意度形成的组态效应分析

第六章虽然揭示出"跨省通办"满意度形成机理所蕴含的两条中介路径与一条调节路径,但是没有厘清各前置变量之间会通过怎样的相互组合关系促使满意度的形成。因此,本章采用模糊集定性比较分析法(fsQCA)探寻各前置要素的匹配模式和组态关系对"跨省通办"满意度形成的影响,以此对政务服务"跨省通办"满意度的形成机理进行拓展与补充分析。目前,已有越来越多国内外研究使用模糊集定性比较分析法(fsQCA)进行大样本数据分析(Ruiz-Mafe et al.,2018;易明等,2018;田晓旭等,2022)。本书引入该方法探究业务规范与协同、信息质量、数字系统、人员素质、努力期望、设施设备与空间环境、隐私安全、感知效用性、感知愉悦性、政策感知度所构成的相互组合对"跨省通办"满意度形成的影响,进一步识别出能够引起"跨省通办"满意度形成的要素组合状态。

第一节 基于模糊集的定性比较分析

一 定性比较分析概述

1987年,C. C. Ragin提出了定性比较分析(Qualitative Comparative Analysis,QCA)(Ragin,2000)。作为一种数据分析技术,定性比较分析意在通过前因条件和结果变量之间充分与必要的子集关系,探讨多重并发因果关系(Multiple Conjectural Cause)所导致的复杂现实现象,即触发某个现象的结果并不是单一的，而是可能由不同条件组态触发（迟铭，2021）。简言之，定性比较分析主要探讨了前因变量可以组成哪些条件组合以此促成结果变量的产生（Ragin，2000）。

已有研究认为，定性比较分析是定量与定性相结合的分析方法，其介于案例导向和变量导向之间（Garcia-Castro，Casasola，2011；甘春梅等，2021；孙丽文、李少帅，2021；Li，Bathelt，2021；Tang，Wang，2022）。由于定性比较分析可以兼顾案例导向和变量导向，因此能够集合定量数据和定性案例的优势，达成分析广度和知识深度的平衡（Wang et al.，2021）。定性比较分析注重等效性，这意味着前因条件的各种组合效果能够发挥相同的作用（Li，Bathelt，2021）。同时，定性比较分析中的案例被描述为一组用于分析因果关系的条件和结果，其中"条件"指代自变量，"结果"指代因变量（章文光、王耀辉，2018）。

二 模糊集定性比较分析的选择

清晰集定性比较分析法（Crisp-Set Qualitative Comparative Analysis，csQCA）、多值集定性比较分析法（Multiple-Value Qualitative Comparative Analysis，mvQCA）、模糊集定性比较分析法（Fuzzy-Set Qualitative Comparative Analysis，fsQCA）是较为常用的定性比较分析方法。

清晰集定性比较分析法主要用于处理复杂的二进制数据（迟铭，2021）。该方法通过二分法的分类条件，分配1（表示完全隶属）或0（表示完全不隶属）到每个条件，从而找到产生或不产生结果的条件组合。在清晰集定性比较分析中，案例或配置的数量为2的k次方，k表示所包含的条件（变量）数量，配置计算的关键过程是布尔最小化（陈璐，2021）。

多值集定性比较分析法是对清晰集定性比较分析法的扩展。该方法把条件变量当作多个分类而非二分类，从而增加变量信息。多值集定性比较分析法基于拓展二分法对清晰集定性比较分析法进行拓展，成为一种可以处理类别变量的方法（迟铭，2021）。

在实际的操作过程中，二分法或多分法的分析往往会造成数据丢失，这是因为很多情况下变量是连续性的，而非二分或者多分（Pappas，Woodside，2021）。鉴于此，模糊集定性比较分析法被提出。相较于其他两种定性比较分析法，模糊集定性比较分析法处理具有连续值的数据时可以保留更多信息（Tang，Wang，2022），而该方法已经成为使用定性比较分析法时的主要选择（孙丽文、李少帅，2021）。

最初，模糊集定性比较分析主要运用于小样本的案例分析。随着研究的深入，越来越多国内外的研究采用模糊集定性比较分析法对大样本进行分析。例如，R. Garcia-Castro 和 M. J. Casasola 采用该方法对46个国家共计6611份政策样本进行研究（Garcia-Castro，Casasola，2011）；也有学者采用模糊集定性比较分析法对680个样本进行分析（Ruiz-Mafe et al. ,2018）；易明等则运用模糊集定性比较分析法对341份员工问卷进行检验（易明等，2018）；张大伟等基于模糊集定性比较分析法对502个有效样本进行分析（张大伟等，2020）；陈明红等通过模糊集定性比较分析法对2530个视频进行了分析（陈明红等，2022）；田晓旭等使用该方法对362份问卷进行了研究（田晓旭等，2022）等。

模糊集定性比较分析法能够作为结构方程模型分析的重要补充。根据模糊集定性比较分析法，结果变量的形成并不只是依靠某一个前因条件的影响，而是多个前因条件之间进行一种或多种组合的作用结果（Ragin，2000）。因此，模糊集定性比较分析法可以深入探索导致某一结果发生的前因条件组合。目前，越来越多的研究开始将结构方程模型和模糊集定性比较分析两种方法进行结合（许芳等，2020；张大伟等，2020；李作学等，2021；Pappas，Woodside，2021；Rasoolimanesh et al. , 2021）。这种结合可以揭示前因要素的联动效应，了解前因要素之间可以通过怎样的路径组合影响结果变量，在分析社会科学中的很多复杂问题时能够提供更详细的信息（易明等，2018）。同时，结构方程模型和模糊集定性比较分析的结合能够增加模型在理论和逻辑基础上的解释能力，对于管理实践可以提出更细致、更具操作性的启示与建议（许芳等，2020）。

在本书中，虽然前文使用定量分析方法探寻了影响电子政务服务"跨省通办"满意度形成的前因要素，并且探究了如何通过中介效应和调节效应形成一套对满意度的影响机理，但是无法论证业务规范与协同、信息质量、数字系统、人员素质、努力期望、设施设备与空间环境、隐私安全、感知效用性、感知愉悦性、政策感知度能否通过，以及如何通过相互组合的方式去影响政务服务"跨省通办"满意度的形成。模糊集定性比较分析法并不注重对某一个因素作用影响的研究，而是注重对多

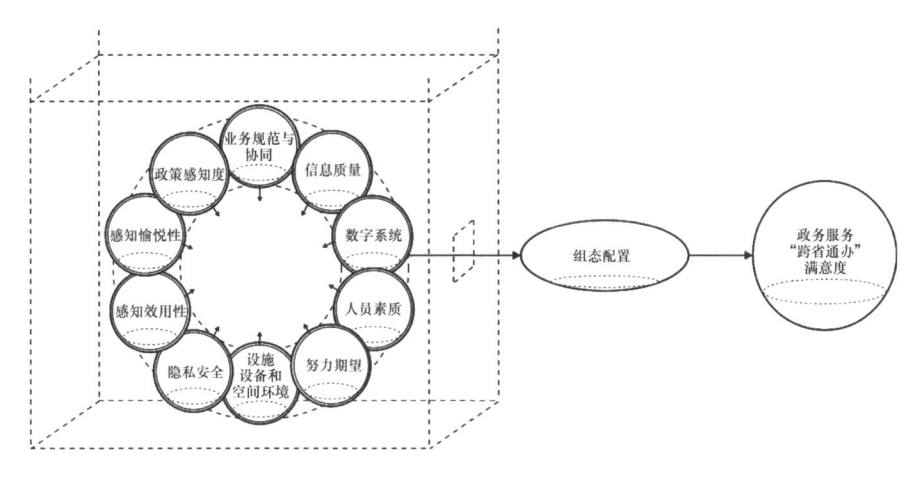

图 7.1 政务服务"跨省通办"满意度产生的组态配置框架

个因素的组合作用影响的探究。因此，本书选择采用模糊集定性比较分析法探究以上 10 个要素能够通过怎样的相互组合从而对政务服务"跨省通办"满意度的形成产生影响。图 7.1 展示了通过模糊集定性比较分析法探究各前因要素之间条件组态及其协同作用的思路。

第二节　数据收集与校准

一　数据收集与变量测量

遵照已有研究的规范（张大伟等，2020；陈璐，2021；俞兆渊，2022；田晓旭等，2022），模糊集定性比较分析所使用的样本来源和第五章一致，因此对数据收集过程此处不再赘述。模糊集定性比较分析以政务服务"跨省通办"满意度为结果变量，以业务规范与协同、信息质量、数字系统、人员素质、努力期望、设施设备与空间环境、隐私安全、感知效用性、感知愉悦性、政策感知度为条件变量。测量变量的量表根据已有研究与扎根分析形成，每个题项采用李克特五点法测量。

二　数据校准

本书依靠模糊集定性比较分析中最常用的分析软件 fsQCA3.0 进行组态效应分析。基于模糊集定性比较分析的常规分析步骤（Ragin，2000；

Ruiz-Mafe et al., 2018; 孙丽文、李少帅, 2021), 按照顺序依次进行数据校准、必要性分析、真值表构建、组态结果分析等。

数据校准是模糊集定性比较分析最基础的一步。校准后的数据集会运用到后续的分析之中。目前, 直接校准法是最常用的数据校准方法 (Ragin, 2000)。直接校准法需要指定与构成模糊集的三个定性锚点相对应的隶属度, 即完全隶属 (Full-in)、交叉点 (Cross-point)、完全非隶属 (Full-out); 然后运用这三个锚点将自变量和因变量的原始数值转化为 [0, 1] 数值; 其后对转化后的数值进行记录。

目前对于李克特五点法的数据校准中, 三个定性锚点的选择通常有以下两种: 一种是设置在 5%、50% 和 95% (Ragin, Fiss, 2008; 张大伟等, 2020; 陈明红等, 2022; 田晓旭等, 2022); 另一种是设置在 25%、50% 和 75% (Wang et al., 2021)。此外, 也有研究提出可以直接使用李克特五点法的最大点 (5)、中间点 (3) 和最小点 (1) 分别作为三个校准锚点 (Fiss, 2011; 江积海等, 2022; 李作学等, 2021)。根据已有文献做法, 本书选择 5%、50% 和 95% 作为三个校准锚点, 对数据进行校准。

在本研究中, 采用的原始数值是各变量指标的平均数, 使用 Calibrate 函数进行校准。表 7.1 为各变量的校准锚点。由于模糊集定性比较分析的数据分析过程会自动删除隶属度恰好在 0.5 的样本 (Ragin, 2000), 因此按照已有研究的建议 (陈璐, 2021; 俞兆渊, 2022), 将所有校准后的数据值加上 0.001。

表 7.1　　数据校准

	模糊集校准		
	完全隶属	交叉点	完全非隶属
业务规范与协同	4.17	3.33	1.50
信息质量	4.50	3.75	1.50
数字系统	4.25	3.25	1.50
人员素质	4.50	3.50	1.50
努力期望	4.50	3.50	1.50
设施设备与空间环境	4.50	3.50	1.50
隐私安全	4.20	3.00	1.20

续表

	模糊集校准		
	完全隶属	交叉点	完全非隶属
感知效用性	4.25	3.00	1.25
感知愉悦性	4.25	3.00	1.25
政策感知度	4.25	3.00	1.25
"跨省通办"满意度	4.50	3.50	1.50

第三节 分析与结果

一 必要性条件分析

必要性分析的意义在于研究某一个条件的存在与否会不会是导致结果变量形成的必要条件。简言之，就是检查当结果变量出现时，条件变量中的某个条件是否始终存在或者始终不存在。因此，为了确定业务规范与协同、信息质量、数字系统、人员素质、努力期望、设施设备与空间环境、隐私安全、感知效用性、感知愉悦性、政策感知度这些条件中是否有"跨省通办"满意度需要的，本书分析了"跨省通办"满意度存在/不存在的所有情况下，该条件是否总是存在/不存在。

必要性关系通过一致性（Consistency）和覆盖率（Coverage）进行检验。其中，一致性指标的计算公式为：

$$Consistency(Y_i \leqslant X_i) = \sum [\min(X_i, Y_i)] / \sum Y_i$$

覆盖率指标的计算公式为：

$$Coverage(Y_i \leqslant X_i) = \sum [\min(X_i, Y_i)] / \sum X_i$$

其中，X 代表校准后的条件集合，X_i 代表着校准后的条件集合 X 中第 i 个案例的隶属值；Y 代表校准后的结果集合，Y_i 代表校准后的结果集合 Y 中第 i 个案例的隶属值。

一致性衡量的是隶属于结果集合的样本同样也隶属于某一条件集合的程度，而覆盖率衡量的是条件变量对结果变量的解释程度（俞兆渊，2022）。根据目前广为运用的标准，在必要性分析过程中，大于 0.9 的一致性指标意味着该条件是必要条件，能够影响结果的产生；小于0.9的一致性指标意味着该条件不是必要条件，不能决定结果变量的产生（Rasoolimanesh et al.，2021）。另外，覆盖率的值越大，表明变量的解释力越强。

本书对业务规范与协同、信息质量、数字系统、人员素质、努力期望、设施设备与空间环境、隐私安全、感知效用性、感知愉悦性、政策感知度的必要性进行了分析。分析时既要考虑这10种条件变量对"跨省通办"满意度的必要性，同时也要考虑这10种变量对非满意度的必要性。必要性分析结果如表7.2所示。

表7.2　　　　　　　　　　单个条件的必要性检验结果

前因条件	"跨省通办"满意度		"跨省通办"非满意度	
	一致性	覆盖率	一致性	覆盖率
业务规范与协同	0.863	0.824	0.373	0.372
~业务规范与协同	0.414	0.413	0.884	0.863
信息质量	0.841	0.792	0.413	0.382
~信息质量	0.376	0.407	0.883	0.893
数字系统	0.816	0.867	0.426	0.412
~数字系统	0.432	0.446	0.822	0.831
人员素质	0.873	0.815	0.394	0.377
~人员素质	0.393	0.401	0.887	0.888
努力期望	0.862	0.831	0.381	0.385
~努力期望	0.430	0.417	0.873	0.863
设施设备与空间环境	0.829	0.824	0.385	0.383
~设施设备与空间环境	0.430	0.428	0.824	0.860
隐私安全	0.807	0.853	0.460	0.454
~隐私安全	0.483	0.489	0.812	0.805
感知效用性	0.889	0.896	0.411	0.368
~感知效用性	0.340	0.382	0.891	0.889
感知愉悦性	0.876	0.859	0.402	0.377
~感知愉悦性	0.368	0.385	0.866	0.840
政策感知度	0.843	0.821	0.416	0.389
~政策感知度	0.425	0.412	0.858	0.836

注：~表示条件缺席。

从表7.2可知，所有条件的一致性均小于0.9。因此，10种条件变量中，没有任何一个能够单独构成满意度或非满意度的必要条件。这就需要展开进一步的条件配置组合分析。

二 真值表构建

分析必要性之后，需要进行真值表的构建。其一，使用 fsQCA3.0 软件生成 2^k 行真值表，k 表示使用条件变量的数量，每行代表每个可能的组合因果条件；其二，使用一致性阈值和频数阈值对真值表进行精简，以确保观察效率（Ragin，2000）。根据已有研究的标准，对于小样本分析（少于50），频数阈值通常设定为1；而对于大样本分析（高于50），频数阈值可以设定为2或3（易明等，2018；武永超，2021；迟铭，2021；田晓旭等，2022）。

一致性阈值包括原始一致性阈值（Raw Consistency）和 PRI 一致性阈值（Proportional Reduction in Inconsistency）。根据已有研究的标准，原始一致性阈值通常设置为0.8（Ragin，2000；陈明红等，2022），而0.8也是 fsQCA3.0 软件的默认参数值。PRI 一致性阈值通常设置为0.7（李作学等，2021）或0.75（杜运周、贾良定，2017；王英伟，2020）。本书参考已有研究的做法（Ponsiglione et al.，2018；Li，Bathelt，2021），按照以下标准筛选组合因果条件（组态）：频数阈值大于等于2、原始一致性阈值大于0.8、PRI 一致性阈值大于等于0.75。并将达标的结果赋值为1，剩下未达到条件的赋值为0。

三 条件组态的充分性分析

复杂解、中间解、简约解是模糊集定性比较分析的三种结果。其中，复杂解能够尽可能展示出所有条件组合和结果变量间的关系。但是由于展示的组合往往过多且过于繁杂，复杂解会使后续的分析工作变得十分烦琐，不利于研究开展（韩娜娜，2019；闫敏等，2020；张国兴等，2021）。简约解使用全部逻辑余项进行反事实分析，对数据的要求较低。而中间解则是复杂解和简约解的平衡，位于两者之间（俞兆渊，2022）。因此，本书遵循已有研究的规范，通过中间解和简约解进行组态分析（Greckhamer et al.，2018；武永超，2021）。具体而言，本书对中间解和简约解进行依次对比，从而归纳并区分出核心条件与辅助条件。核心条件是指那些与结果变量具有很强因果关系的条件，即关键条件。通常情况下，核心条件会同时呈现在中间解和简约解中。辅助条件是指那些和结果变量之间关系较弱的条件，通常只出现在中间解中。

此外，本书通过检验一致性和覆盖率来评估充分性分析结果。充分性条件的一致性展现了某个条件或条件组合对于结果变量的重要性；而覆盖率展示了某个条件或条件组合解释的样本百分比，覆盖率越大，对于结果的解释程度也越大（Ragin，2000）。其中，一致性指标的计算公式为：

$$Consistency(X_i \leqslant Y_i) = \sum[\min(X_i,Y_i)]/\sum X_i$$

覆盖率指标的计算公式为：

$$Coverage(X_i \leqslant Y_i) = \sum[\min(X_i,Y_i)]/\sum Y_i$$

其中，X_i表示校准后的条件集合X中第i个案例的隶属值，Y_i表示校准后的结果集合Y中第i个案例的隶属值。

由于本书进行的是一种探索性研究，不能据此做出明确的反事实分析，所以在选择条件变量的何种状态会形成满意度或非满意度时，本研究选择了"Present or Absent"选项。

表7.3展示了对政务服务"跨省通办"满意度形成进行模糊集定性比较分析后得到的中间解。根据表7.3，模糊集定性比较分析的中间解有效识别出政务服务"跨省通办"满意度的四种前因条件组态，四种条件组态的一致性均大于0.9，意味着这些组态都具有参考价值（Woodside，2013）。而总体解的覆盖率为0.825，一致性为0.972，证明这四种组态的解释度较高，可以成为政务服务"跨省通办"满意度形成的充分条件组合。表7.4则展示了简约解，共识别出四种条件组态，一致性都大于0.8，证明这些组态同样具有参考价值（迟铭，2021）。简约解总体解覆盖率为0.983，一致性为0.803，证明这四个组态可以成为充分条件组合。

第七章 政务服务"跨省通办"满意度形成的组态效应分析

表7.3 满意度组态路径分析的中间解

条件组态	原始覆盖率	唯一覆盖率	一致性
TSQ * IQ * ~SQ * CS * EE * PS * PE	0.324	0.025	0.983
IQ * SQ * CS * EE * FC * PE * PEJ * PUA	0.754	0.070	0.980
TSQ * IQ * SQ * CS * EE * FC * PE * PEJ * PUA	0.701	0.017	0.983
IQ * SQ * EE * FC * ~PS * PE	0.714	0.029	0.978
总体解的覆盖率	0.825		
总体解的一致性	0.972		

注：*表示条件同时存在，~表示条件缺席；TSQ=业务规范与协同，IQ=信息质量，SQ=数字系统，CS=人员素质，EE=努力期望，FC=设施设备与空间环境，PS=隐私安全，PE=感知效用性，PEJ=感知愉悦性，PUA=政策感知度。

表7.4 满意度组态路径分析的简约解

条件组态	原始覆盖率	唯一覆盖率	一致性
EE	0.928	0.005	0.893
PE	0.987	0.066	0.813
PE * PEJ	0.832	0.091	0.845
TSQ * CS * PE	0.734	0.110	0.871
总体解的覆盖率	0.983		
总体解的一致性	0.803		

注：*表示条件同时存在，TSQ=业务办理质量，CS=帮助支持，EE=努力期望，PE=感知效用性，PEJ=感知愉悦性。

此后，通过将中间解和简约解合并得到前因条件变量的组态类型，合并的方式为将中间解和简约解中同时出现的条件标注为"核心条件"，将仅出现在中间解中的条件标注为"辅助条件"（Ragin, 2000）。结果如表7.5所示。

表7.5 影响政务服务"跨省通办"满意度的组态类型

前因条件	组态			
	1	2	3	4
业务规范与协同	●		●	
信息质量	·	·	·	·
数字系统	⊗	·	·	·

续表

前因条件	组态 1	组态 2	组态 3	组态 4
人员素质	●	●	●	
努力期望	●	●		●
设施设备与空间环境		·	·	·
隐私安全	·			⊗
感知效用性	●	●	●	●
感知愉悦性		●	●	
政策感知度			·	·

注：●表示核心条件存在；·表示辅助条件存在；⊗表示辅助条件不存在；空格表示该条件既可以存在，也可以不存在。

另外，在进行模糊集定性比较分析时，对结果变量的否定（非满意度）进行分析可以补充评估哪个条件或条件组合可以促使结果的否定。具体在本书中，对结果变量的否定进行分析可以了解哪个条件或条件组合可以使公众对政务服务"跨省通办"形成非满意的状态感受。按照相同的设置标准，即频数阈值大于等于 2，原始一致性阈值大于 0.8，PRI一致性阈值不小于 0.75，对哪些条件或条件组合可以导致非满意感受进行分析。得到的中间解结果如表 7.6 所示，得到的简约解结果如表 7.7 所示。根据中间解的结果，共有三条路径，总体一致性为 0.977，因此可以视为导致非满意度的充分条件组合。简约解包含两条路径，总体一致性为 0.914，可以视为导致非满意度的充分条件组合。此后将中间解和简约解结合，得到的前因条件组态类型如表 7.8 所示。

表 7.6　　　　　　　　非满意度组态路径分析的中间解

条件组态	原始覆盖率	唯一覆盖率	一致性
~TSQ * ~SQ * ~CS * ~EE * ~FC * ~PS * ~PE * ~PEJ	0.635	0.012	0.997
~TSQ * ~IQ * ~SQ * ~CS * ~EE * ~FC * ~PE * ~PEJ * ~PUA	0.695	0.072	0.979
~TSQ * ~IQ * ~SQ * ~CS * ~EE * ~FC * ~PS * ~PE * ~PEJ	0.647	0.048	0.961

续表

条件组态	原始覆盖率	唯一覆盖率	一致性
总体解的覆盖率		0.718	
总体解的一致性		0.977	

注：* 表示条件同时存在，~ 表示条件缺席；TSQ = 业务规范与协同，IQ = 信息质量，SQ = 数字系统，CS = 人员素质，EE = 努力期望，FC = 设施设备与空间环境，PS = 隐私安全，PE = 感知效用性，PEJ = 感知愉悦性，PUA = 政策感知度。

表 7.7　　　　非满意度组态路径分析的简约解

条件组态	原始覆盖率	唯一覆盖率	一致性
~ PE	0.790	0.009	0.987
~ TSQ * ~ FC * ~ PEJ	0.847	0.009	0.969
总体解的覆盖率		0.941	
总体解的一致性		0.914	

注：* 表示条件同时存在，~ 表示条件缺席；TSQ = 业务规范与协同，FC = 设施设备与空间环境，PE = 感知效用性，PEJ = 感知愉悦性。

表 7.8　　　影响政务服务"跨省通办"非满意度的组态类型

前因条件	组态 1	组态 2	组态 3
业务规范与协同	⊗	⊗	⊗
信息质量		⊗	⊗
数字系统	⊗	⊗	⊗
人员素质	⊗	⊗	
努力期望	⊗	⊗	⊗
设施设备与空间环境	⊗	⊗	⊗
隐私安全	⊗		⊗
感知效用性	⊗	⊗	⊗
感知愉悦性	⊗	⊗	⊗
政策感知度		⊗	

注：⊗ 表示核心条件不存在；⊗ 表示辅助条件不存在；空格表示该条件既可以存在，也可以不存在。

四 稳健性检验

对模糊集定性比较分析结果的稳定性检验,主要通过调整校准锚点、一致性阈值等方式进行(张明、杜运周,2019)。与已有研究一致(俞兆渊,2022),本书参考 P. C. Fiss 的做法(Fiss,2011),通过调整原始一致性阈值到 0.85 的方式进行稳健性检验,所得结果如表 7.9 所示。发现阈值调整后的前因条件组态结果没有发生明显变化,表明研究结果没有随着原始一致性阈值的变化而产生明显变化。

表 7.9　　　调整参数稳定性检验(原始一致性阈值调整)

调整一致性阈值后			
中间解			
条件组态	原始覆盖率	唯一覆盖率	一致性
TSQ * IQ * ~ SQ * CS * EE * PS * PE	0.324	0.025	0.983
IQ * SQ * CS * EE * FC * PE * PEJ * PUA	0.754	0.070	0.980
TSQ * IQ * SQ * CS * EE * FC * PE * PEJ * PUA	0.701	0.017	0.983
IQ * SQ * EE * FC * ~ PS * PE	0.714	0.029	0.978
总体解的覆盖率	0.825		
总体解的一致性	0.972		
简约解			
条件组态	原始覆盖率	唯一覆盖率	一致性
EE	0.928	0.005	0.893
PE	0.987	0.066	0.813
简约解			
条件组态	原始覆盖率	唯一覆盖率	一致性
PE * PEJ	0.832	0.089	0.842
TSQ * CS * PE	0.734	0.110	0.871
总体解的覆盖率	0.983		
总体解的一致性	0.797		

注:*表示条件同时存在;~表示条件缺席;TSQ = 业务规范与协同,IQ = 信息质量,SQ = 数字系统,CS = 人员素质,EE = 努力期望,FC = 设施设备与空间环境,PS = 隐私安全,PE = 感知效用性,PEJ = 感知愉悦性,PUA = 政策感知度。

此后，本研究通过调整校准交叉点进行稳健性检验。具体实施过程为将所有变量的交叉点由 50% 调整为 55%（陈璐，2021），其他处理方式不变。所得分析结果如表 7.10 所示。发现结果没有发生明显变化，证明模糊集定性比较分析的研究结果具有稳健性。

表 7.10　　　　调整参数稳定性检验（交叉点调整）

调整一致性阈值后			
中间解			
条件组态	原始覆盖率	唯一覆盖率	一致性
TSQ * IQ * ~SQ * CS * EE * PS * PE	0.690	0.093	0.983
IQ * SQ * CS * EE * FC * PE * PEJ * PUA	0.613	0.016	0.980
TSQ * IQ * SQ * CS * EE * FC * PE * PEJ * PUA	0.623	0.026	0.983
IQ * SQ * EE * FC * ~PS * PE	0.714	0.031	0.991
总体解的覆盖率	0.733		
总体解的一致性	0.983		
简约解			
条件组态	原始覆盖率	唯一覆盖率	一致性
EE	0.854	0.008	0.916
PE	0.937	0.050	0.895
PE * PEJ	0.775	0.098	0.901
TSQ * CS * PE	0.840	0.110	0.943
总体解的覆盖率	0.968		
总体解的一致性	0.858		

注：* 表示条件同时存在，~ 表示条件缺席；TSQ = 业务规范与协同，IQ = 信息质量，SQ = 数字系统，CS = 人员素质，EE = 努力期望，FC = 设施设备与空间环境，PS = 隐私安全，PE = 感知效用性，PEJ = 感知愉悦性，PUA = 政策感知度。

第四节　结果讨论

模糊集定性比较分析法的研究结果发现，10 个前因条件变量通过相互组合的方式一共可以形成四条组态路径影响"跨省通办"满意度的产生。本书对四条组态路径进行归纳与整理，将其总结为四种满意度的形成类型，分别是"服务有用驱动型满意""愉悦情绪催化型满意""综合水平衡量型满意""操作使用主导型满意"。以下分别对四种类型的特征进行阐述。

一 组态路径一："服务有用驱动型满意"

"服务有用驱动型满意"（TSQ * IQ * ~SQ * CS * EE * PS * PE）为第一种组态类型。在这种组态类型中，业务规范与协同、人员素质、努力期望、感知效用性作为核心条件存在，信息质量、隐私安全作为辅助条件存在，数字系统为不存在的辅助条件，设施设备与空间环境、感知愉悦性、政策感知度为可存在也可不存在的条件。"服务有用驱动型"的特点是主要以服务相关的软实力要素作为满意度的驱动器，而充当硬件的系统条件和设备设施即使缺失也不起决定性的作用。这种组态配置下，公众对政务服务"跨省通办"的有用程度评价会和业务办理的规范化与协同性、工作人员的专业性与态度、操作过程的容易程度等反映服务软实力水平的要素紧密结合，同时一定程度上再结合服务信息的流畅度与正确度、个人隐私安全的保护等方面，共同促进公众满意度的形成。也就是说，对属于这个组态类型的公众而言，他们并不看重系统、设施等较"硬"的条件，而是更看重业务办理效率、后台人员态度等较"软"的服务条件。当业务规范与协同、人员素质、努力期望、感知效用性的水平明显达到标准，信息质量、隐私安全的水平相对得到保障时，这些要素会共同发挥作用，促进高水平服务满意度的形成。

二 组态路径二："愉悦情绪催化型满意"

"愉悦情绪催化型满意"（IQ * SQ * CS * EE * FC * PE * PEJ * PUA）为第二种组态类型。在这种组态结果中，人员素质、努力期望、感知效用性和感知愉悦性作为核心要素存在，信息质量、数字系统、设施设备与空间环境、政策感知度作为辅助要素存在，而业务规范与协同、隐私安全可存在也可不存在。"愉悦情绪催化型满意"的主要特点是以对"跨省通办"服务的感性愉悦情绪作为催化剂，促成满意度的形成。在该组态模式中，人们在服务中感受到的愉快感、享受性等会对他们满意度的形成发挥重要作用，这些积极的感性情绪会和人员素质、努力期望、感知效用性一起成为刺激满意度的关键。因此对于这种类型而言，保障他们在服务中感受到轻松愉悦的情绪是十分重要的一点。

三 组态路径三："综合水平衡量型满意"

"综合水平衡量型满意"（TSQ * IQ * SQ * CS * EE * FC * PE * PEJ * PUA）为第三种组态类型。这种组态模式几乎包含了所有条件变量，其中业务规范与协同、人员素质、努力期望、感知效用性、感知愉悦性为核心条件，信息质量、数字系统、设施设备与空间环境、政策感知度为辅助条件，只有隐私安全可存在也可不存在。"综合水平衡量型满意"的特点是，公众对"跨省通办"的满意度是由几乎所有前因条件相互结合所作用而成的。对于这一类办事群众而言，他们并不会仅仅因为某一个条件达到标准就对"跨省通办"服务感到满意，而是需要"跨省通办"服务尽量做到面面俱到，他们才会感到满意。由于这类办事群众往往需要政务服务"跨省通办"在多个方面达到标准，这意味着他们对"跨省通办"服务在全面性和综合性方面的要求更高。因此，这类办事群众的存在对"跨省通办"服务的全面发展提出了更高的要求。

四 组态路径四："操作使用主导型满意"

"操作使用主导型满意"（IQ * SQ * EE * FC * ~ PS * PE）为第四种组态类型。在这种组态类型中，努力期望和感知效用性作为核心条件存在，信息质量、数字系统、设施设备与空间环境作为辅助条件存在，隐私安全作为不能存在的辅助条件，而业务规范与协同、人员素质、感知愉悦性、政策感知度则可存在也可不存在。"操作使用主导型满意"的特点是，"跨省通办"满意度的形成受到操作使用难易度的主导影响。具体来说，公众对政务服务"跨省通办"有用程度的评价会和操作使用的难易度紧密结合，同时一定程度上结合信息服务的正确性、信息系统的稳定性、设备的充足性等条件，共同影响"跨省通办"的满意度。对于这类群众而言，他们对"跨省通办"服务是否感到满意很大程度上取决于服务的操作使用是否容易，这可能是由于他们更需要简捷的操作来节约办理时间。另外，对于这一类办事群众来说，隐私安全是他们并不重视的环节，即使他们的个人隐私在一定程度上受到了侵犯，他们也不会因此而感到不满。所以针对这一部分人群,政务服务"跨省通办"需要优化提升的是操作使用的难易度,只有将操作变得更加容易,才能更好服务这类群众。

五 政务服务"跨省通办"满意度形成机理的补充分析

通过模糊集定性比较分析可知,本书研究模型中的 10 个前因条件要素通过相互之间的组合联动,一共可以形成四种组态类型促成满意度的产生。第一种组合是"服务有用驱动型满意",在这种组合中服务的"软实力"要素成为促成满意度产生的重要驱动因素,而数字系统作为前因条件则不需要存在;第二种组合是"愉悦情绪催化型满意",这种组合中感知愉悦性能够作为催化剂联合人员素质、努力期望等条件要素共同促成满意度的产生;第三种组合是"综合水平衡量型满意",这种组合包含了绝大多数前因条件,强调满意度是由绝大多数前因条件共同作用而成,因此"跨省通办"服务需要做到面面俱到;第四种组合是"操作使用主导型满意",这种组合中努力期望成为促成满意度形成的主导前因条件,它在信息质量等要素的辅助下刺激了人们的满意度感受。

以上四种组态类型揭示了 10 个前因条件之间会通过什么样的相互作用关系,从而促进"跨省通办"满意度的形成。这进一步深化了对政务服务"跨省通办"满意度形成机理的理解。

第五节 本章小结

本章围绕前因条件要素如何进行匹配组合才能够有效促进政务服务"跨省通办"满意度的形成展开分析,通过数据校准、必要性条件分析、真值表构建等步骤对"跨省通办"满意度形成的组态效应进行探究。根据分析结果,共得到四种组态,根据每种组态的特点进行整理归纳,总结出"服务有用驱动型满意""愉悦情绪催化型满意""综合水平衡量型满意""操作使用主导型满意"四种满意度形成类型。这帮助我们更加深入地了解到各个前因条件要素是如何通过组合的形式影响政务服务"跨省通办"的满意度,对"跨省通办"满意度形成机理进行了拓展解释与补充研究。

第八章

研究结论与展望

本章旨在对本书的主要研究结论进行总结,并在结论分析基础上提出对实践工作的管理启示,以助力政务服务"跨省通办"的发展。最后对本书存在的局限进行分析,并对未来相关研究的拓展进行展望。

第一节 主要研究结论

作为数字政府背景下的一种重要电子政务形式,政务服务"跨省通办"是构建区域协调发展格局的战略举措,是深化府际协同的创新场域,在推进国家治理体系和治理能力现代化、建设人民满意的服务型政府方面发挥着重要作用。然而,目前学界对于政务服务"跨省通办"的研究还十分稀缺,研究的缺乏不利于政务服务"跨省通办"的良好发展。本书致力于探究政务服务"跨省通办"满意度的影响要素以及形成机理。依托地缘优势,本书以成渝地区双城经济圈建设为背景,以"川渝通办"作为"跨省通办"的主要载体进行研究。

围绕政务服务"跨省通办"满意度形成机理这一主题,本书首先对电子政务服务满意度影响因素及其形成机理等相关文献进行回顾,明确当前研究局限。在此基础上,运用扎根分析对"跨省通办"满意度影响因素及其相互间关系进行探索,初步构建政务服务"跨省通办"满意度形成机理的理论模型框架。然后,结合现有研究和扎根分析结果提出研究假设,进而构建研究模型,并对研究模型的内在逻辑进行阐释。最后通过大样本实证研究对研究模型及假设进行检验,探索和挖掘出政务服务"跨省通办"满意度的形成机理,并使用模糊集定性比较分析法进一步拓展对"跨省通办"满意度形成机理的理解。本书把对"跨省通办"的研究视角拓展至个体使用者这一微观层面，所构建的理论模型为研究"跨省通办"满意度的形成提供了一个可参考的解释分析工具，反映出中国实践背景下"跨省通办"这一新兴电子政务服务的新特征。

本书主要的研究结论如下。

第一，"跨省通办"所涌现出的一些新要素特征影响着公众的使用满意度，与此同时，人们在某些方面对"跨省通办"还存在适应困境。

基于扎根分析的推演，本书提炼出多个可能与"跨省通办"满意度的评价有关的要素，并解析出每个要素的内在维度：业务规范与协同（精确性、准时性、标准化、多样性、协同性）、信息质量（时效性、易读性、正确性）、数字系统（灵活性、稳定性、统一性）、人员素质（态度、专业性）、努力期望（可操作性、习得性、辅助性）、设施设备与空间环境（业务设施设备、空间环境、泛在可及）、隐私安全（法律保护、技术保护、数据利用）、感知效用性（公平可靠、优质高效、集成便捷）、感知愉悦性（享受性、愉快感）、政策感知度（政策知晓度、政策认可度）。根据这些维度，本书结合已有文献，遵循规范的量表开发流程，开发出包含11个要素、46个题项的问卷量表，用于开展对"跨省通办"满意度形成机理的实证研究。这些成果对于"跨省通办"满意度的研究具有一定探索性意义与价值。

通过实证分析发现，业务规范与协同、信息质量、人员素质、努力期望、设施设备与空间环境、感知效用性、感知愉悦性能够对"跨省通办"满意度产生积极影响。其中，业务规范与协同、设施设备与空间环境是新的影响要素，其并未在已有研究的模型中出现过，能够较好体现出"跨省通办"服务的特征。对这些新要素的实证检验能够丰富与拓展现有电子政务服务满意度领域的研究结果。但同时，数字系统和隐私安全对"跨省通办"满意度的影响不显著。这可能反映出"跨省通办"服务在落地实施的过程中，中国公众存在对数字系统的认知模糊以及对隐私安全不那么重视等问题，证明还不能完全适应"跨省通办"服务的"数智"特征。因此在未来，如何优化服务并让公众紧跟服务更迭的步伐与特征，成为需要思考的重要问题。

第二，政务服务"跨省通办"满意度的形成机理主要由两条中介传导路径和一项调节作用构成。

本书通过对研究模型的构建与检验发现，政务服务"跨省通办"满意度的形成机理中主要包含两条中介传导路径和一项调节作用。具体而言，一条中介传导路径由感知效用性作为中间介质，其将业务规范与协同、信息质量、人员素质、努力期望、设施设备与空间环境的影响作用传递给"跨省通办"满意度。在认知层面反映出人们对业务办理规范、人员专业能力、操作难易程度、设施设备质量等方面的评价会转化为对服务效用水平的感知，从而影响满意度。这条路径体现出使用者从实用主义视角出发对"跨省通办"服务的审视。

另一条中介传导路径由感知愉悦性作为中间介质，将业务规范与协同、信息质量、人员素质、努力期望、设施设备与空间环境的影响作用传递给"跨省通办"满意度。在情绪层面反映出人们对上述服务方面的使用评价与体验会转化为自身情绪上的表达，即是否愉悦的感知，从而影响满意度。这条路径体现出使用者从享乐性视角出发对"跨省通办"服务的体验。

除此之外，政务服务"跨省通办"满意度形成机理中还包含一项调节作用，具体为政策感知度正向调节感知效用性和感知愉悦性对满意度的影响。证明使用者对"跨省通办"相关政策的了解和支持能够提升感知效用性和感知愉悦性对满意度的作用效果。

第三，随着中国对"服务型政府"建设的不断深入，公众不再只是看重政务服务带给自己的效用性，也越来越看重自身在政务服务过程中的情绪体验。因此，传统的府民关系框架可能正在发生改变。

传统行政框架下，府民关系中政府往往占据主导地位，强烈的"官本位"思想使政务工作中服务供给方（政府）与服务接受方（办事群众）对于服务的认知意识都较为薄弱。在这种情况下，人们去政府办事基本只关注事情有没有办好，而忽视了办理过程中自己的体验是否愉快。这也使现有文献忽略了对政务服务中办事群众情绪体验的研究。本书的研究结果证明，感知愉悦性不仅能显著影响"跨省通办"满意度，还能有效传递诸多前因要素对"跨省通办"满意度的影响。这显现出在"跨省通办"的服务过程中，人们不再和从前一样只求事情办好，而是同样看重自己所获得的情绪体验。随着中国在"服务型政府"建设上的不断推进，传统以"官本位"为主的府民关系框架可能正在发生改变，办事群众在接受服务中的自我意识逐步觉醒，未来他们会越发看重自身对于政务服务的情绪体验。本书对感知愉悦性的实证分析结果证明了这种变化，弥补了现有研究的不足，并且也为未来的政务服务工作提出了新的建议。

第四，人们对"跨省通办"的满意度可能存在四种不同类型，这勾勒出数字政府时代人们在使用与评价政务服务过程中心态的复杂性。

模糊集定性比较分析的研究结果发现，人们对"跨省通办"的满意度有着四种不同类型，分别是"服务有用驱动型满意""愉悦情绪催化型满意""综合水平衡量型满意""操作使用主导型满意"。其中"服务有用驱动型满意"以服务软实力要素为驱动，配合其他服务方面共同促成使用满意度的形成；"愉悦情绪催化型满意"以愉悦情绪为催化剂，配合其他服务方面共同促成使用满意度的产生；"综合水平衡量型满意"看重服务的全方位水准，要求服务做到面面俱到，从而形成对服务的满意度；"操作使用主导型满意"以操作要素为主导，配合其他服务方面共同促成使用满意度的产生。

这四种不同的满意度类型反映出使用者在接受"跨省通办"服务过程中对服务使用与评价的不同心态特征，展现了其中的复杂性。在数字政府时代，由于技术等要素的赋能作用，政务服务拥有了从前没有过的更多功能特征。这也使人们在接受政务服务过程中对服务的评价方面越来越多。例如本书中，人们对"跨省通办"的满意度可能以服务软实力要素为主导，也可能以情绪感受或者操作使用为主导。因此数字政府时代公众对政务服务的使用与评价具有显著的复杂性，这需要政府部门正视并且积极应对。

第二节 政策建议

综合本书的研究结果，对政务服务"跨省通办"提出以下几点建议。

1. 固本强基：夯实"跨省通办"办理质量，提升"跨省通办"协同效能

从全国层面上，坚持以人民为中心的发展思想，统一服务标准、优

化服务流程、改良服务方式,在政务服务"跨省通办"标准化、规范化、便利化方面不断取得提升,助力全国统一大市场建设,支持区域融合发展,为推进国家治理体系和治理能力现代化提供有力支撑。具体而言,首先拓展"跨省通办"服务范围,增加业务事项种类与数量。以聚焦群众关切、便利企业跨区域经营为出发点,根据需求大、覆盖广、频次高的原则不断扩充政务服务"跨省通办"业务事项。积极推动区域"跨省通办"的先行探索作用,吸取其中成功的服务事项进入全国"跨省通办"中。创建出办事群众真正需要的多元、高频、动态的办理事项清单,切实满足企业与个人办事需求;同时,完善"跨省通办"业务办理标准与规则。以标准化、规范化为原则,推动"跨省通办"业务名称、编码、类别、依据等基本要素在全国范围达成统一,推动受理条件、办理流程、申报材料、办结时限等在全国范围达成统一。加快建立与完善"全程网办""异地代收代办""多地联办"业务标准和操作规程,对业务流转程序、合作方式、职能职责等内容进行规范与明确,精细化与统一化申报表格格式、文本标准、提交数量等,真正做到办理业务的"无差别"和"同标准"。其次,着力提高"跨省通办"服务协同效率。采用线上审核、视频会议等电子政务方式提升业务办理的协作能力和联络水平,加快各部门协同办理速度,有效减少"跨省通办"办件审核次数及补件次数,切实解决办件传递、审查、转送等环节耗时长的问题,推动跨区域、跨层级协同办理效率更上一个台阶。再次,还需要重视"跨省通办"线下服务能力建设,推动线上线下服务的有机衔接。很多老年人、文化水平较低的群众存在电子设备运用能力较弱的问题,因此需要保留稳定的线下服务功能,确保线上能办理的业务线下也能办理,为老年群体和其他不熟悉电子设备使用的人群提供更多便利。最后,各地区各部门应加大宣传力度,通过政府网站、政务新媒体等及时发布与推广"跨省通办"相关政策信息,做好政策解读,确保企业和个人充分知晓、理解与支持"跨省通办"。

从"川渝通办"的地区层面上,深入贯彻党中央、国务院重大决策部署与川渝两省市党委和政府关于推动成渝地区双城经济圈建设的工作要求,不断优化"川渝通办"服务效能,助力川渝两地生产要素流通,造福川渝两地人民群众。具体而言,首先在落实前几批已经确定的"川渝通办"服务事项基础上，广泛收集与听取企业和个人意见，找准还未纳入"川渝通办"服务清单的高频需求事项，科学增加"川渝通办"服务内容与数量，避免层层签订协议、合作流于形式，充分发挥"川渝通办"先行探索的带头作用，打造种类多元、需求高频、动态更新的"川渝通办"服务事项，着力满足川渝两地人民异地办事需求。其次，加快"川渝通办"服务标准化、规范化建设。两省市相关部门要加快推动已有服务事项的标准化、规范化办理，针对受理条件、办理流程等方面制定规范的办事指南，统一线上线下办理方式，针对审批、制证、派发等环节统一标准，于"天府通办"和"渝快办"等平台对外展示。并且两省市相关部门及政务服务大厅要进一步明确"全程网办""异地代收代办""多地联办"等业务模式，真正做到两地业务"同标准可办"。再次，加强川渝两地协同合作，提升服务效能。加快两省市业务部门的对接合作，明确权责职能与任务分配，精简办事流程，进一步破解川渝地区异地办事"多地跑""往返跑"等现象，提升两地企业和个人办事效率，加快成渝地区双城经济圈发展速度。最后，仍然需要推进"川渝通办"服务线上线下的科学、有机衔接。成渝地区都是人口老龄化严重的地区，不能忽视以老年人为代表的群体不便使用电子设备的"数字鸿沟"问题。因此，要在政务服务大厅保留固定的线下服务窗口，确保线上能办理的业务线下也能办理，让"川渝通办"服务覆盖更多川渝人民。

2. 集成"增智"：优化"跨省通办"操作方式，改进"跨省通办"使用系统

从全国层面上，统一推进政务服务"跨省通办"操作优化工作，巩固提升在线系统质量水平。首先，按照"科学设计，应减尽减"原则，合理规划操作步骤，根据电脑、手机等不同平台的操作特点制定精简、有序、明确的操作流程，提升操作流畅性，减少操作过程中的干扰项，避免诸如"页面多次转跳""反复人脸识别"等重复性操作，提升"跨省通办"整体可操作水平。其次，提升政务服务"跨省通办"使用操作的可习得性，将"跨省通办"的操作方法和平时办事群众的习惯性紧密结合，创建出办事群众容易理解、上手较快的操作方式；同时，应当特别重视以老年人为代表的缺乏电子设备使用经验的群体，推行帮办代办、引导教办等服务，切实有效地辅助对操作电子设备有困难的人群，提升

政务服务"跨省通办"操作程序的适老化水平，开发专门针对老年人使用习惯与特点的操作模式，增加操作过程中的引导性。再次，提高"跨省通办"线上系统的稳定性，避免出现系统卡顿、黑屏、闪退等现象，碰到系统出现问题要在最短时间内修复，并告知办事群众。最后，加强"跨省通办"平台支撑和系统对接。从纵向上，推进垂直管理业务信息系统的有效对接；从横向上，推进地方各级政府部门业务信息系统以及各地区政务服务平台深度对接融合。打通"数据壁垒"，从信息系统上为部门的有效协作和人民的操作方便提供有力支持。

从"川渝通办"的地区层面上，以服务成渝地区双城经济圈建设为基本要求，切实根据地区实际情况，推进"川渝通办"使用操作的优化升级。首先，以"化繁为简"为原则，简化"渝快办""天府通办"中"川渝通办"服务的操作流程，明确操作顺序，避免诸如"多次弹窗""反复人脸识别"等操作干扰，提升整体操作流畅度与便利度。其次，针对老年人以及其他对电子设备操作困难的群体，在政务服务大厅开展帮办代办、引导教办等辅助服务，让更多川渝地区的办事群众能够顺利办理"川渝通办"服务；同时，提升"渝快办""天府通办"的系统稳定性，避免出现页面卡顿、系统崩溃等情况，有效缩短系统修复时间，增加"渝快办""天府通办"系统兼容性，便利操作过程。最后，深化"渝快办""天府通办"中"川渝通办"专区和全国一体化政务服务平台的对接融合，并加强"渝快办""天府通办"彼此的对接融合，畅通各层级使用平台与系统，方便办事群众操作使用。

3. 服务赋能：壮大"跨省通办"人才队伍，保障"跨省通办"愉悦体验

从全国层面上，加大人员资金投入，不断发展"跨省通办"人才队伍力量，提升业务相关人员整体素质，巩固完善咨询、投诉、查询等支持类服务，增加"跨省通办"服务的综合软实力水平。首先，加强政务服务"跨省通办"队伍专业性建设，增加资金投入，针对相关管理人员、窗口服务人员等研发设计专门性的培训课程，并通过现场教授、线上授课等形式推动各级政务服务大厅开展培训，提升服务人员的专业性与业务能力；同时，建立健全专业能力提升体系，探索相关职业技能认证标准，通过与薪水挂钩等方式鼓励相关业务人员参与职业技能学习和考试，

对获得职业技能证书人员进行表彰奖励。其次，强化业务窗口人员责任要求与服务意识，扭转"官本位"思想，优化工作人员服务态度，提升交流技巧与沟通水平，为办事群众提供有温度的业务服务，使办事群众在互动交流中获得开心愉悦的心情。最后，以专业性人才队伍为支撑，全面优化"跨省通办"业务支持服务，对咨询、投诉、查询等问题进行快速有效的处理，解决办事群众疑惑，为政务服务"跨省通办"的办理提供积极支持，为人民群众的愉悦体验提供有力保障。

从"川渝通办"的地区层面上，加快"川渝通办"人才建设步伐，提升业务人员业务支持能力与问题处理水平。首先，充分发挥"川渝通办"先行探索作用，探索推进政务服务综合窗口办事员持证上岗模式，联合川渝两地高校及社会力量开发政务服务综合窗口办事员初、中、高级培训标准，搭建培训体系，研发培训课程，通过专业授课、证件考试、持证上岗的方式提升业务人员的专业性，并通过将所持证件级别与薪资挂钩等方式调动业务人员积极性，保障服务能力。其次，开展一系列辅助培训课程，开设午间课堂、夜间课堂、周末课堂、网上课堂等，将专业性培训变为日常工作的一部分，不断更新与提升业务人员知识技能水平，做到学在平时、练在平时。最后，以专业性人才队伍为支撑，以有效服务沟通为桥梁，使"川渝通办"办理过程中的咨询、投诉、查询等问题得到有效解决，增加群众在办事过程中的愉悦情绪，助力成渝地区双城经济圈建设。

4. 线上线下：完善"跨省通办"设施环境，提高"跨省通办"信息水平

在全国层面上，不断升级完善"跨省通办"服务设施设备及硬件环境，持续提升服务信息化水平。首先，科学统筹规划设施设备布局，加大对乡镇（街道）、村（社区）一级布局投入，加大对西部落后地区设施设备建设，最大程度上平衡经济发达地区与经济落后地区的设施设备差距，帮助更多经济落后地区的人民使用上"跨省通办"服务。其次，不断优化各级政务服务大厅设施设备，合理增加大厅内自主办事设备的数量，保障业务窗口办理设备（高拍仪、摄像头、耳麦等）质量水平，推动有条件的政务服务大厅更新设施设备，鼓励自助办理机等新设备落地使用；另外，合理改善政务服务大厅办公环境，对损坏的座椅、射灯等

进行维修、更换乃至升级，维护政务服务大厅的环境质量，增加政务服务大厅的庄严性和权威性；加大数据保护力度，不断完善相关法律法规，实施科学的数据使用规范，提升在线政务平台防火墙水平，采用有效的技术手段切实保护使用者个人信息安全，守住数据安全底线。最后，增强"跨省通办"数据共享能力。强化全国一体化政务服务平台的数据共享枢纽功能，推动更多紧密关系个人和企业异地办事的医疗、社保、交通等领域数据共享，加快推进信息数据跨地区、跨部门互认，提升政务服务"跨省通办"信息化水平。

从"川渝通办"的地区层面上，加大区域内部设施设备的建设投入，加快提升"川渝通办"服务信息化水平。首先，川渝地区的经济发展并不完全平衡，在很多四川以及重庆的偏远山区，电子政务服务设施设备的建设还较为落后，因此需要加大对落后地区的设施设备建设，保障当地居民能够尽快享受"川渝通办"带来的福利。其次，要根据实际情况对政务服务大厅内的设施设备进行更新换代，保障自助办理区、业务办理窗口设施设备的数量及质量，并推动自助服务机等新设备落实使用，探索人工智能办理等新服务模式，不断满足办事群众的使用需求。再次，提升"渝快办""天府通办"中"川渝通办"专区的信息质量，确保业务相关信息及文字通顺易读、及时有效、正确无误。最后，着力推进川渝两地数据互通共享。充分发挥"川渝通办"先行示范作用，借助建设成渝地区双城经济圈的环境支持，率先推动川渝两地各级政府、部门针对医疗、社保、户籍、交通、教育、工商等高频服务进行数据的互通互享，打破"信息烟囱""信息孤岛"，提升合作效率与"川渝通办"服务信息化水平。

第三节　研究局限与展望

本书对政务服务"跨省通办"的主要因素以及形成机理进行了探究，获得了一些具有启发意义的结论，对理论与实践也具有一定贡献，但本书仍然存在一些局限，未来相关研究可以进一步完善。

第一，本书以成渝地区双城经济圈建设为背景，选择了"川渝通办"这一具有代表性的"跨省通办"专区为对象。由于历史渊源，川渝两地长期以来有着深入的融合与合作，因此"川渝通办"专区的开展实施也走在全国前列。但是，除了"川渝通办"，"跨省通办"还包括其他区域的服务专区。因此，本书的结论体现了"川渝通办"这一"跨省通办"专区的特点，主要用于支持成渝地区双城经济圈的发展，能否推广到全国所有的"跨省通办"服务还需进一步检验。未来可以继续对其他"跨省通办"专区进行研究，以此验证本书结论的适用性，同时拓展本书的研究发现。

第二，本书主要采用问卷方式进行数据收集，通过实地发放与滚雪球等方式对问卷进行收集。由于疫情以及时间、精力等因素的制约，本研究的样本可能存在选择性偏差风险（Selection Bias Risk），调查样本的全面性与代表性可能不充分。未来相关研究可以在提升研究模型普适性上入手，进一步扩大调查人群，尽量多地包含各层面、地区、年龄、文化等人群。

第三，本书中感知效用性和感知愉悦性发挥出部分中介作用，这意味着除了上述两个中介要素，还可能存在其他中介变量会传递业务规范与协同、信息质量、努力期望等因素对"跨省通办"满意度的影响。因此，未来研究可以继续探索其他可能存在的中介变量，进一步完善对政务服务"跨省通办"满意度形成机理的解释。

第四，与很多已有研究一样（钟喆鸣，2019；俞兆渊，2022；迟铭，2021；杨华，2021），本书所使用的是截面数据，属于偏静态研究，在因果推断上存在一定局限性。未来相关研究可以使用面板数据，进一步探讨政务服务"跨省通办"满意度的形成机理。

参考文献

一 中文文献

安琪、毕新华,2021,《移动网络社群用户团购信息采纳动因——基于信息生态视角的扎根理论分析》,《情报科学》第8期。

陈岚,2013,《基于结构方程模型的电子政务信息服务公众满意度评价》,《现代情报》第11期。

陈丽君、童雪明,2021,《科层制、整体性治理与地方政府治理模式变革》,《政治学研究》第1期。

陈璐,2021,《创新网络组织间合作绩效的影响机制研究》,博士学位论文,南昌大学。

陈明红等,2022,《弹幕视频播放量影响因素与组态效应》,《图书馆论坛》第6期。

陈涛、明承瀚,2014,《电子政务运维的服务质量评估模型与方法研究》,《电子政务》第2期。

陈向明,1999,《扎根理论的思路和方法》,《教育研究与实验》第4期。

程镝,2021,《政务服务中心服务质量公众满意度研究——基于H市政务服务中心"最多跑一次"改革》,《山东大学学报》(哲学社会科学版)第1期。

成俊会、李梅,2021,《一成不变,还是情随境迁?——基于扎根理论的多情境微博舆情评论行为的生成机制研究》,《情报杂志》第10期。

迟铭,2021,《企业虚拟品牌社区治理机制及其对顾客参与价值共创行为影响研究》,博士学位论文,吉林大学,第40页。

储节旺、李安,2016,《新形势下个人信息隐私保护研究》,《现代情报》

第 11 期。

邓慧兰等，2022，《顾客价值视角下拼购小程序营销创新研究——基于扎根理论的案例分析》，《南开管理评论》第 6 期。

董京京，2019，《消费者与商家在线体验式互动对其购买意愿影响的研究》，博士学位论文，吉林大学，第 75 页。

杜运周、贾良定，2017，《组态视角与定性比较分析（QCA）：管理学研究的一条新道路》，《管理世界》第 6 期。

方勇、吴素珍、张鹤达，2022，《基于扎根理论的双因素视角下企业基础研究行为模型与作用路径》，《科技管理研究》第 7 期。

方杰、温忠麟、张敏强，2014，《基于结构方程模型的多层中介效应分析》，《心理科学进展》第 3 期。

冯朝睿、徐宏宇，2021，《TOE 框架下电子政务服务效率及其影响因素研究——基于 DEA-Tobit 两步法模型》，《云南财经大学学报》第 7 期。

冯海龙、刘鸿进、刘俊英，2023，《情境时间、时间组织价值链与时基战略变革——基于医疗卫生产业组织样本的构建主义扎根理论研究》，《南开管理评论》第 6 期。

高斯芃，2020，《整体政府视角下"互联网＋政务服务"生态系统研究》，博士学位论文，中共中央党校，第 46 页。

高轩，2014，《西方发达国家政府部门间关系的几种模式及启示》，《理论视野》第 3 期。

甘春梅、黄玉莹、黄凯，2021，《过载对移动社交网络用户持续使用意愿的影响：基于 fsQCA 的分析》，《情报科学》第 11 期。

龚佳颖、钟杨，2017，《公共服务满意度及其影响因素研究——基于 2015 年上海 17 个区县调查的实证分析》，《行政论坛》第 1 期。

龚勤林、宋明蔚、韩腾飞，2022，《成渝地区双城经济圈协同创新水平测度及空间联系网络演化研究》，《软科学》第 5 期。

顾爱华、孙莹，2021，《赋能智慧治理：数字公民的身份建构与价值实现》，《理论与改革》第 4 期。

韩娜娜，2019，《中国省级政府网上政务服务能力的生成逻辑及模式——基于 31 省数据的模糊集定性比较分析》，《公共行政评论》第 4 期。

韩啸、李洁，2018，《基于期望确认的信息系统持续使用模型研究：一项荟萃分析》,《图书情报工作》第 1 期。

韩啸、黄剑锋,2019,《信息系统成功模型的荟萃分析——基于我国十年研究文献》,《图书馆论坛》第 3 期。

郝海波,2022,《整体性治理视阈下政务服务"跨省通办"的现实困境和实践进路——以婚姻登记"跨省通办"试点为例》,《中国行政管理》第 6 期。

何文盛等,2018,《"一事一议"财政奖补政策绩效偏差及影响因素——基于甘肃省 10 个县（区）的质化研究》,《公共管理学报》第 2 期。

和钰,2019,《社交媒介场域用户科学传播行为影响因素研究》,博士学位论文,大连理工大学,第 79 页。

黄璜,2020,《中国"数字政府"的政策演变——兼论"数字政府"与"电子政务"的关系》,《行政论坛》第 3 期。

黄平平、刘文云、孙志腾,2022,《基于 ISM-MICMAC 模型的政府数据开放中个人隐私保护影响因素分析》,《情报理论与实践》第 3 期。

贾哲敏,2015,《扎根理论在公共管理研究中的应用：方法与实践》,《中国行政管理》第 3 期。

江积海、刘芮、王烽权,2022,《互联网医疗商业模式价值动因的组态效应如何促进价值创造》,《南开管理评论》第 3 期。

蒋伟伟,2007,《基于 CCSI 模型的搜索引擎评价研究》,《情报科学》第 11 期。

蒋宇澄、谢广岭、周荣庭,2017,《我国科普网站用户使用意愿的理论模型建构》,《科学与社会》第 2 期。

金震宇,2021,《探究移动政务跨省通办的实现路径》,《中国信息化》第 12 期。

李宝杨,2015,《农民工对电子政务公共服务的采纳问题研究》,博士学位论文,浙江大学,第 63 页。

李辉等,2020,《"避害型"府际合作何以可能？——基于京津冀大气污染联防联控的扎根理论研究》,《公共管理学报》第 4 期。

李季,2020,《"十四五"期间电子政务发展趋势展望》,《行政管理改革》第 11 期。

李洁、韩啸,2019,《公民自愿、技术接受与网络参与：基于结构方程模型的实证研究》，《情报杂志》第2期。
李林，2003，《电子政务还是电子政府?》，《电子商务》第4期。
李晓华、李纪珍、高旭东，2022，《角色认同与创业机会开发：基于扎根理论的技术创业研究》，《南开管理评论》第3期。
李志刚、徐婷，2017，《电子政务信息服务质量公众满意度模型及实证研究》，《电子政务》第9期。
李作学、张传旺、马婧婧，2021，《驻村干部留任工作意愿影响因素研究——基于模糊集定性比较分析（fsQCA）方法》，《农林经济管理学报》第2期。
黎斌，2012，《微博用户持续使用意愿影响因素研究》，硕士学位论文，浙江大学。
黎春兰，2013，《图书馆云服务质量的模型及保证研究》，博士学位论文，武汉大学。
刘冰，2022，《"跨省通办"中数据共享的新挑战及协同治理策略》，《电子政务》第2期。
刘祺，2022，《省级数字政府改革的内在逻辑与推进路径》，《学习论坛》第3期。
刘思，2019，《创新社区用户介入程度对持续知识分享影响机制研究》，博士学位论文，广东工业大学。
刘武、杨雪，2007，《中国高等教育顾客满意度指数模型的构建》，《公共管理学报》第1期。
刘晓君等，2022，《跨学科知识的交叉与融合机制研究——以脑电技术为例》，《科技管理研究》第15期。
刘新燕等，2003，《构建新型顾客满意度指数模型——基于SCSB、ACSI、ECSI的分析》，《南开管理评论》第6期。
刘旭然，2022，《数字化转型视角下政务服务跨域治理的特征、模式和路径——以"跨省通办"为例》，《电子政务》第9期。
刘燕，2006，《电子政务公众满意度测评理论、方法及应用研究》，博士学位论文，国防科学技术大学。
刘震宇、陈超辉，2014，《手机银行持续使用影响因素整合模型研究——基于ECM和TAM的视角》，《现代管理科学》第9期。

马亮，2014，《企业对电子政务的满意度及其影响因素：中国大城市的实证分析》，《电子政务》第4期。

马亮，2019，《政务服务创新何以降低行政负担：西安行政效能革命的案例研究》，《甘肃行政学院学报》第2期。

马亮，2020，《"放管服"改革：理论意蕴与政策启示》，《江苏师范大学学报》（哲学社会科学版）第5期。

马亮，2021，《数字政府建设：文献述评与研究展望》，《党政研究》第3期。

马亮，2022，《网上办事不求人：政府数字化转型与社会关系重塑》，《电子政务》第5期。

马欣，2016，《新兴媒体条件下电子政务满意度评价研究》，博士学位论文，哈尔滨工业大学。

孟博，2022，《解决不动产登记"跨省通办"难点之思考》，《中国房地产》第7期。

孟天广，2021，《政府数字化转型的要素、机制与路径——兼论"技术赋能"与"技术赋权"的双向驱动》，《治理研究》第1期。

明承瀚、徐晓林、陈涛，2016，《公共服务中心服务质量与公民满意度：公民参与的调节作用》，《南京社会科学》第12期。

齐向华，2014，《图书馆电子服务质量评价量表的构建》，《情报理论与实践》第11期。

戚媛媛、邓胜利，2010，《交互式回答服务中用户行为影响因素的实证研究》，《情报杂志》第1期。

钱松岭，2019，《数字公民的过去、现在与未来——访美国"数字公民教父"Mike Ribble博士》，《中国电化教育》第9期。

秦彤阳，2018，《论密尔对功利主义的辩护》，《湖北经济学院学报》（人文社会科学版）第11期。

宋雪雁等，2018，《基于服务接触的电子政务门户网站知识服务质量影响因素研究》，《图书情报工作》第23期。

宋耘等，2022，《中国企业是如何重构全球价值链的？——基于扎根理论的研究》，《南开管理评论》第5期。

孙长索，2021，《铁路管理人员生涯适应力及其对职业成长的影响机理研究》，博士学位论文，北京交通大学。

孙昊，2021，《成渝地区双城经济圈金融引力测度及协同对策研究》，硕士学位论文，重庆工商大学。

孙丽文、李少帅，2021，《人工智能赋能对创新绩效的影响路径——基于模糊定性比较分析》，《科技管理研究》第 22 期。

孙建军等，2022，《双元创新价值链模型构建：基于扎根理论的企业创新模式研究》，《管理评论》第 5 期。

孙秀明、孙遇春、刘洁，2015，《政府服务中小企业"走出去"的质量评价——基于 SERVQUAL 模型的上海市实证研究》，《华东经济管理》第 1 期。

孙迎春，2013，《澳大利亚整体政府改革与跨部门协同机制》，《中国行政管理》第 11 期。

谭霞、付有龙，2020，《大学生线上英语学习满意度与持续学习意愿影响因素研究》，《外语电化教学》第 4 期。

唐长乐，2021，《基于扎根理论的政府开放数据价值共创影响因素研究》，《图书馆杂志》第 11 期。

唐重振、聂春蕊、唐煜金，2023，《多维创新：边贸转型背景下的边境治理——基于东兴市的扎根理论分析》，《公共管理学报》第 1 期。

汤志伟，2003，《探析电子政务的发展与研究》，《科学管理研究》第 4 期。

汤志伟、韩啸、吴思迪，2016，《政府网站公众使用意向的分析框架：基于持续使用的视角》，《中国行政管理》第 4 期。

田晓旭等，2022，《政务短视频用户持续参与的影响因素研究》，《情报杂志》第 4 期。

涂瑞德、操慧子、明均仁，2020，《虚拟学术社区用户采纳意愿的影响因素》，《图书馆论坛》第 2 期。

王长林、陆振华、冯玉强，2010，《国外评价信息系统成功研究述评》，《哈尔滨工业大学学报》（社会科学版）第 6 期。

王红利，2015，《教育研究新范式：扎根理论再审视》，《山西师大学报》（社会科学版）第 2 期。

王红漫、杨乐、普秋榕，2019，《基本医保城乡统筹新政实施状况研究——基于北京市居民政策知晓度与满意度的实证分析》,《科学决策》第8期。

王汇宇,2021,《基于浙江省民营企业家感知的营商环境满意度影响因素及机理研究》,博士学位论文,浙江大学。

王建明、王俊豪,2011,《公众低碳消费模式的影响因素模型与政府管制政策——基于扎根理论的一个探索性研究》,《管理世界》第4期。

王璐、高鹏,2010,《扎根理论及其在管理学研究中的应用问题探讨》,《外国经济与管理》第12期。

王璐瑶等,2019,《保护动机对社交网络用户隐私关注和隐私安全保护行为的影响研究》,《情报杂志》第10期。

王鹏、陈涛,2012,《电子政务中政府云计算战略研究》,《电子政务》第10期。

王卫、王晶,2020,《开放政府数据价值实现影响因素及其动力学分析》,《图书馆理论与实践》第3期。

王英伟,2020,《权威应援、资源整合与外压中和:邻避抗争治理中政策工具的选择逻辑——基于(fsQCA)模糊集定性比较分析》,《公共管理学报》第2期。

王正沛,2018,《基于期望确认理论的奖励众筹用户持续参与意愿研究》,《软科学》第10期。

文宏、崔铁,2015,《矩阵式结构、网格化管理与多机制保障——运动式治理中的纵向府际合作实现》,《四川大学学报》(哲学社会科学版)第3期。

文军、蒋逸民编,2010,《质性研究概论》,北京大学出版社。

温忠麟、刘红云、侯杰泰,2012,《调节效应和中介效应分析》,教育科学出版社。

温忠麟、叶宝娟,2014,《中介效应分析:方法和模型发展》,《心理科学进展》第5期。

吴娜等,2015,《泄露他人隐私行为意向的影响要素研究》,《科研管理》第11期。

吴江,2002,《推行电子政务与政府管理创新》,《国家行政学院学报》第S1期。

吴明隆，2010，《结构方程模型：AMOS 的操作与应用》，重庆大学出版社。

武永超，2021，《挂牌督办何以有效？——基于 38 起安全生产事故的 fsQCA 研究》，《中国行政管理》第 11 期。

夏青等，2022，《高校科研人员科研激情的影响因素研究——基于扎根理论方法的探究》，《科学学与科学技术管理》，第 6 期。

许芳等，2020，《微信用户后悔情绪影响因素与应对策略选择——基于 SEM 与 fsQCA 的研究》，《图书情报工作》第 16 期。

许晖等，2020，《民营企业制度机会捕获机制研究》，《管理学报》第 3 期。

许正良编著，2004，《管理研究方法》，吉林大学出版社。

徐晓林、张梓妍、明承瀚，2019，《公众信任、政务服务质量与持续使用意向——基于 PLS-SEM 的实证研究》，《行政论坛》第 3 期。

徐信贵，2016，《分权化改革下的政府治理碎片化可能及其应对》，《社会科学研究》第 3 期。

闫敏、张同全、田一丹，2020，《全面两孩政策下中国家庭关系的变化——基于 105 个案例的模糊集定性分析》，《人口与经济》第 6 期。

杨芳、王晓辉，2021，《数字赋能农村公共文化服务供需契合作用机理研究——基于扎根理论的质性研究》，《图书与情报》第 1 期。

杨菲、高洁，2017，《政府电子信息服务质量与公众持续使用意愿关系实证研究》，《图书情报工作》第 17 期。

杨根福，2015，《移动阅读用户满意度与持续使用意愿影响因素研究——以内容聚合类 APP 为例》，《现代情报》第 3 期。

杨华，2021，《基于消费者视角的互联网保险接受机制研究》，博士学位论文，西北大学。

杨贤传，2021，《城市居民绿色购买行为驱动机理与仿真研究》，博士学位论文，中国矿业大学。

叶璇，2012，《整体性治理国内外研究综述》，《当代经济》第 6 期。

易明等，2018，《时间压力会导致员工沉默吗——基于 SEM 与 fsQCA 的研究》，《南开管理评论》第 1 期。

于洋航，2019，《城市社区公共服务满意度对居民幸福感的影响机制研究》，博士学位论文，华中科技大学。

虞萍，2014，《影响企业电子商务成功的网站因素研究》，博士学位论文，中国农业大学。

俞兆渊，2022，《学术创业意愿形成机理的多视角整合研究》，博士学位论文，吉林大学。

曾凡军、梁霞、黎雅婷，2021，《整体性智治的现实困境与实现路径》，《中国行政管理》第12期。

曾维和，2008，《西方"整体政府"改革：理论、实践及启示》，《公共管理学报》第4期。

曾渝、黄璜，2021，《数字化协同治理模式研究》，《中国行政管理》第12期。

翟云，2019，《整体政府视角下政府治理模式变革研究——以浙、粤、苏、沪等省级"互联网+政务服务"为例》，《电子政务》第10期。

詹成付，2021，《抓实抓好两项补贴"跨省通办"惠泽残疾人群体》，《社会福利》第4期。

张大伟、陈彦馨、王敏，2020，《期望与确认：短视频平台持续使用影响因素初探——基于SEM与fsQCA的研究》，《现代传播》（中国传媒大学学报）第8期。

张国兴、林伟纯、朗玫，2021，《中央环保督察下的地方环境治理行为发生机制——基于30个案例的fsQCA分析》，《管理评论》第7期。

张涵、康飞，2016，《基于bootstrap的多重中介效应分析方法》，《统计与决策》第5期。

张明、杜运周，2019，《组织与管理研究中QCA方法的应用：定位、策略和方向》，《管理学报》第9期。

张明鑫，2021，《大学生社会化阅读APP持续使用意愿研究——沉浸体验的中介效应》，《大学图书馆学报》第1期。

张强强、霍学喜、刘军弟，2017，《合作社农技服务社员满意度及其影响因素分析——基于299户果农社员的调查》，《湖南农业大学学报》（社会科学版）第4期。

张晓卯，2020，《整体性治理视角下的节约型机关建设研究——以党政机关办公用房管理为例》，《中国行政管理》第6期。

张晓娟、刘亚茹、邓福成，2017，《基于用户满意度的政务微信服务质量评价模型及其实证研究》，《图书与情报》第 2 期。

张亚军等，2016，《用户抵制与信息系统成功实施的关系研究》，《管理学报》第 11 期。

张育英、明承瀚、陈涛，2016，《行政审批服务质量与用户满意度的实证研究》，《中国行政管理》第 1 期。

章文光、王耀辉，2018，《哪些因素影响了产业升级？——基于定性比较分析方法的研究》，《北京师范大学学报》（社会科学版）第 1 期。

赵保国、姚瑶，2017，《用户持续使用知识付费 APP 意愿的影响因素研究》，《图书馆学研究》第 17 期。

赵雪芹、邢慧，2019，《家谱知识服务平台用户持续使用意愿研究——以上海图书馆家谱知识服务平台为例》，《图书馆》第 3 期。

赵杨、高婷，2015，《移动图书馆 APP 用户持续使用影响因素实证研究》，《情报科学》第 6 期。

钟喆鸣，2019，《网购平台信息技术能力对消费者在线评价信息采纳意愿作用机理研究》，博士学位论文，吉林大学。

朱春奎、李文娟，2019，《电子政务服务质量与满意度研究进展与展望》，《湘潭大学学报》（哲学社会科学版）第 1 期。

朱冬亮，2012，《扎根理论视角下的农村家庭加工业契约治理》，《华中师范大学学报》（人文社会科学版）第 5 期。

朱多刚、郭俊华，2016，《基于 TAM 模型的移动政务用户满意度研究》，《情报科学》第 7 期。

朱国玮、黄珺，2006，《电子政府用户满意度测评研究》，《科研管理》第 5 期。

朱国玮、黄珺、龚完全，2006，《电子政府公众满意度测评研究》，《情报科学》第 8 期。

朱红灿、张冬梅，2014，《政府信息公开公众满意度测评指标体系的构建》，《情报科学》第 4 期。

朱侃、郭小聪、宁超，2020，《新乡贤公共服务供给行为的触发机制——基于湖南省石羊塘镇的扎根理论研究》，《公共管理学报》第 1 期。

朱永涵、王睿，2020，《突发公共卫生事件中网络政治参与影响要素的实证研究——基于公民自愿与社会价值交换的视角》,《情报杂志》第6期。

竺乾威,2008,《从新公共管理到整体性治理》,《中国行政管理》第10期。

邹凯、包明林,2016,《政务微博服务公众满意度指数模型及实证研究》,《湘潭大学学报》(哲学社会科学版)第1期。

二 英文文献

Abdulkareem, A. K., R. M. Ramli, 2022, "Does Trust in E-government Influence the Performance of E-government? An Integration of Information System Success Model and Public Value Theory", *Transforming Government: People, Progress and Policy*, Vol. 16, No. 1.

Aboelmaged, M. G., 2018, "Predicting the Success of Twitter in Healthcare: A Synthesis of Perceived Quality, Usefulness and Flow Experience by Healthcare Professionals", *Online Information Review*, Vol. 42, No. 6.

Abu-Shanab, E. A., A. Hassan, 2020, "Exploring the Factors Affecting User Satisfaction with Metrash2 System", *International Journal of Electronic Government Research*, Vol. 16, No. 1.

Ahmad, M. O., J. Markkula, M. Oivo, 2013, "Factors Affecting E-government Adoption in Pakistan: A Citizen's Perspective", *Transforming Government: People, Process and Policy*, Vol. 7, No. 2.

Akkaya, C., H. Krcmar, 2018, "Towards the Implementation of the EU-Wide 'Once-Only Principle': Perceptions of Citizens in the DACH-Region", *Electronic Government*, Vol. 6, No. 1.

Akram, M. S. et al., 2019, "Exploring the Interrelationships between Technological Predictors and Behavioral Mediators in the Online Tax Filing: The Moderating Role of Perceived Risk", *Government Information Quarterly*, Vol. 36, No. 2.

Alanezi, M. A. et al., 2012, "E-government Service Quality: A Qualitative Evaluation in the Case of Saudi Arabia", *The Electronic Journal on Information Systems in Developing Countries*, Vol. 54, No. 3.

Alawneh, A. et al., 2013, "Measuring User Satisfaction from E-government Services: Lessons from Jordan", *Government Information Quarterly*, Vol. 30, No. 3.

Alkraiji, A. I., 2020, "Citizen Satisfaction with Mandatory E-government Service: A Conceptual Framework and an Empirical Validation", *IEEE Access*, Vol. 8, No. 1.

Alkraiji, A. I., 2021, "An Examination of Citizen Satisfaction with Mandatory E-government Services: Comparison of Two Information Systems Success Models", *Transforming Government: People, Process and Policy*, Vol. 15, No. 1.

Alkraiji, A. I., N. Ameen, 2022, "The Impact of Service Quality, Trust and Satisfaction on Young Citizen Loyalty towards Government E-services", *Information Technology & People*, Vol. 35, No. 4.

Alshaher, A., 2021, "IT Capabilities as a Fundamental of Electronic Government System Success in Developing Countries from Users' Perspective", *Transforming Government: People, Process and Policy*, Vol. 15, No. 1.

Al-dweeri, R. M. et al., 2019, "The Effect of E-service Quality on Jordanian Student's E-loyalty: An Empirical Study in Online Retailing", *Industrial Management & Data Systems*, Vol. 119, No. 4.

Al-Fraihat, D. et al., 2020, "Evaluating E-learning Systems Success: An Empirical Study", *Computers in Human Behavior*, Vol. 102, No. 5.

Al-samady, A. A., 2017, "Governance Improvement Post E-government Adoption: A Case of Jordanian Public Entities", *International Review of Management and Marketing*, Vol. 7, No. 2.

Anwer, M. A. et al., 2016, "E-government Services Evaluation from Citizen Satisfaction Perspective", *Transforming Government: People, Process and Policy*, Vol. 10, No. 1.

Arif, M. et al., 2018, "Factors Affecting Student Use of Web-based Services. Application of UTAUT in the Pakistani Context", *The Electronic Library*, Vol. 36, No. 3.

Arquero, J. L. et al., 2022, "The Impact of Flow, Satisfaction and Reputation on Loyalty to MOOCs: The Moderating Role of Extrinsic Motivation", *Technology, Pedagogy and Education*, Vol. 31, No. 4.

Ashfaq, M. et al., 2020, "I, Chatbot: Modeling the Determinants of Users' Satisfaction and Continuance Intention of AI-powered Service Agents", *Telematics and Informatics*, Vol. 54, No. 1.

Athmay, A. A. et al., 2016, "E-government Adoption and User's Satisfaction: An Empirical Investigation", *EuroMed Journal of Business*, Vol. 11, No. 1.

Awwad, M. S., 2012, "An Application of the American Customer Satisfaction Index (ACSI) in the Jordanian Mobile Phone Sector", *The TQM Journal*, Vol. 26, No. 4.

Ayo, C. K. et al., 2016, "E-banking Users' Behaviour: E-serivce Quality, Attitude, and Customer Satisfaction", *International Journal of Bank Marketing*, Vol. 34, No. 3.

Bargas-Avila, J. A. et al., 2010, "ZeGo: Development and Validation of a Short Questionnaire to Measure User Satisfaction with E-government Portals", *Advances in Human-Computer Interaction*, Vol. 2, No. 1.

Batara, E. et al., 2017, "Are Government Employees Adopting Local E-government Transformation? The Need for Having the Right Attitude, Facilitating Conditions and Performance Expectancy", *Transforming Government: People, Process and Policy*, Vol. 11, No. 4.

Bearden, W. O. et al., 2001, "Consumer Self-Confidence: Refinements in Conceptualization and Measurement", *Journal of Consumer Research*, Vol. 28, No. 1.

Belanche-Gracia, D. et al., 2015, "Determinants of Multi-Service Smartcard Success for Smart Cities Development: A Study Based on Citizens' Privacy and Security Perceptions", *Government Information Quarterly*, Vol. 32, No. 1.

Bentham, Jeremy, 2010, *The Limits of the Penal Branch of Jurisprudence*, Oxford: Clarendon Press.

Bhattacherjee, A., 2001, "Understanding Information Systems Continuance: An Expectation-Confirmation Model", *Mis Quarterly*, Vol. 25, No. 3.

Bhattacharya, D. et al., 2012, "E-Service Quality Model for Indian Government Portals: Citizens' Perspective", *Journal of Enterprise Information Management*, Vol. 25, No. 3.

Bollen, K. A., R. Stine, 1990, "Direct and Indirect Effects: Classical and Bootstrap Estimates of Variability", *Sociological Methodology*, Vol. 20, No. 1.

Brislin, R. W., 1970, "Back-Translation for Cross-Cultural Research", *J Cross Cult Psychol*, Vol. 1, No. 4.

Camilleri, M. A., 2020, "The Online Users' Perceptions toward Electronic Government Services", *Journal of Information, Communication and Ethics in Society*, Vol. 18, No. 2.

Casimir, G., K. Lee, M. Loo, 2012, "Knowledge Sharing: Influencing of Trust, Commitment and Cost", *Journal of Knowledge Management*, Vol. 16, No. 5.

Cegarra, J. et al., 2014, "Applying the Technology Acceptance Model to Spanish City Hall", *International Journal of Information Management*, Vol. 34, No. 3.

Chan, F. K. et al., 2020, "Service Design and Citizen Satisfaction With E-government Service: A Multidimensional Perspective", *Public Administration Review*, Vol. 81, No. 5.

Chan, F. K. et al., 2010, "Modeling Citizen Satisfaction with Mandatory Adoption of an E-government Technology", *Journal of The Association for Information Systems*, Vol. 11, No. 10.

Chang, Y., D. Zhu, 2012, "The Role of Perceived Social Capital and Flow Experience in Building Users' Continuance Intention to Social Networking Sites in China", *Computers in Human Behavior*, Vol. 28, No. 3.

Charmaz, K., 2006, *Constructing Grounded Theory: A Practical Guide through Qualitative Analysis*, London: Sage Publications Ltd.

Churchill, G. A., 1979, "A Paradigm for Developing Better Measures of Marketing Constructs", *Journal of Marketing Research*, Vol. 16, No. 1.

Chen, L., A. K. Aklikokou, 2020, "Determinants of E-government Adoption: Testing the Mediating Effects of Perceived Usefulness and Perceived

Ease of Use", *International Journal of Public Administration*, Vol. 43, No. 10.

Chen, T. et al., 2021, "Ai-Based Self-Service Technology in Public Service Delivery: User Experience and Influencing Factors", *Government Information Quarterly*, Vol. 38, No. 4.

Danila, R., A. Abdullah, 2014, "User's Satisfaction on E-government Services: An Integrated Model", *Social and Behavioral Sciences*, Vol. 164, No. 3.

Davis, F. D., 1989, "Perceived Usefulness, Perceived Ease of Use and User Acceptance of Information Technology", *Mis Quarterly*, Vol. 13, No. 3.

Delone, W. H., E. R. Mclean, 1992, "Information Systems Success: The Quest for the Dependent Variable", *Information Systems Research*, Vol. 3, No. 1.

Delone, W. H., E. R. Mclean, 2003, "The Delone and Mclean Model of Information Systems Success: A Ten-Year Update", *Journal of Management Information Systems*, Vol. 19, No. 4.

Deng, L. et al., 2010, "User Experience, Satisfaction, and Continual Usage Intention of It", *European Journal of Information Systems*, Vol. 19, No. 1.

Deng, W. J. et al., 2013, "A Customer Satisfaction Index Model for International Tourist Hotels: Integrating Consumption Emotions into the American Customer Satisfaction Index", *International Journal of Hospitality Management*, Vol. 33, No. 3.

El-Gamal, S. et al., 2022, "E-government Service Quality: The Moderating Role of Awareness and the Mediating Role of Consistency", *International Journal of Electronic Government Research*, Vol. 18, No. 1.

Falco, E. et al., 2020, "User Acceptance of Technology: Statistical Analysis of Training's Impact of on Local Government Employees' Perceived Usefulness and Perceived Ease of Use", *International Journal of Electronic Government Research*, Vol. 16, No. 3.

Fiss, P. C., 2011, "Building Better Causal Theories: A Fuzzy Set Approach to Typologies in Organization Research", *Academy of Management Journal*, Vol. 54, No. 2.

Floropoulos, J. et al., 2010, "Measuring the Success of the Greek Taxation Information System", *International Journal of Information Management*, Vol. 30, No. 4.

Fornell, C., 1992, "A National Customer Satisfaction Barometer: The Swedish Experience", *Journal of Marketing*, Vol. 56, No. 1.

Fornell, C. et al., 1996, "The American Customer Satisfaction Index, Nature, Purpose and Findings", *Journal of Marketing*, Vol. 60, No. 3.

Garcia-Castro, R., M. J. Casasola, 2011, "A Set-Theoretic Analysis of the Components of Family Involvement in Publicly Listed and Major Unlisted Firms", *Journal of Family Business Strategy*, Vol. 2, No. 5.

George, A., G. Kumar, 2013, "Antecedents of Customer Satisfaction in Internet Banking: Technology Acceptance Model (Tam) Redefined", *Global Business Review*, Vol. 14, No. 4.

Gerpott, T., W. Rams, A. Schindler, 2001, "Customer Retention, Loyalty, and Satisfaction in The German Mobile Cellular Telecommunications Market", *Telecommunication Policy*, Vol. 25, No. 4.

Glaser, B. G., J. Holton, 2007, "Remodeling Grounded Theory", *Grounded Theory Review*, Vol. 4, No. 1.

Glaser, B. G., A. L. Strauss, 1967, "The Discovery of Grounded Theory: Strategies for Qualitative Research", *Social Forces*, Vol. 46, No. 4.

Goodman, J., S. Newman, 2003, "Understand Customer Behavior And Complaints", *Quality Progress*, Vol. 36, No. 1.

Greckhamer, T. et al., 2018, "Studying Configurations with Qualitative Comparative Analysis: Best Practices in Strategy and Organization Research", *Strategic Organization*, Vol. 16, No. 4.

Gupta, K. P. et al., 2016, "Critical Factors Influencing E-government Adoption in India: An Investigation of the Citizens' Perspective", *Journal of Information Technology Research*, Vol. 9, No. 4.

Hair, J. F. et al., 1998, *Multivariate Data Analysis*, New Jersey: Perntice Hall.

Hajiheydari, N., M. Ashkani, 2018, "Mobile Application User Behavior in the Developing Countries: A Survey in Iran", *Information Systems*, Vol. 77, No. 1.

Halchin, L. E., 2002, "Electronic Government in the Age of Terrorism", *Government Information Quarterly*, Vol. 19, No. 3.

Harfouche, A., A. Robbin, 2012, "Inhibitors and Enablers of Public E-services in Lebanon", *Journal of Organizational and End User Computing*, Vol. 24, No. 3.

Hsu, M. H. et al., 2007, "Knowledge Sharing Behavior in Virtual Communities: The Relationship between Trust, Self-Efficacy, and Outcome Expectations", *International Journal of Human-Computer Studies*, Vol. 65, No. 2.

Hsu, C. L., J. C. Lin, 2015, "What Drives Purchase Intention for Paid Mobile Apps? An Expectation Confirmation Model with Perceived Value", *Electronic Commerce Research and Applications*, Vol. 14, No. 1.

Hung, S. et al., 2013, "User Acceptance of Mobile E-government Services: An Empirical Study", *Government Information Quarterly*, Vol. 30, No. 3.

Hung, S. et al., 2009, "User Acceptance of Intergovernmental Services: An Example of Electronic Document Management System", *Government Information Quarterly*, Vol. 26, No. 4.

Hussein, R. et al., 2011, "E-government Application: An Integrated Model on G2C Adoption of Online Tax", *Transforming Government: People, Process and Policy*, Vol. 5, No. 3.

Hwang, K., M. Choi, 2017, "Effects of Innovation-Supportive Culture and Organizational Citizenship Behavior on E-government Information System Security Stemming from Mimetic Isomorphism", *Government Information Quarterly*, Vol. 34, No. 3.

Islam, M. T. et al., 2021, "Exploring Continuance Usage Intention toward Open Government Data Technologies: An Integrated Approach", *Vine Journal of Information and Knowledge Management Systems*, Vol. 12, No. 4.

Joa, C. Y., K. Magsamen-Conrad, 2022, "Social Influence and Utaut in Predicting Digital Immigrants' Technology Use", *Behaviour & Information Technology*, Vol. 41, No. 8.

Joo, Y. J. et al. , 2017, "Students' Expectation, Satisfaction, and Continuance Intention to Use Digital Textbooks", *Computers in Human Behavior*, Vol. 69, No. 7.

Ju, H. , L. Liu, Y. Feng, 2019, "Public and Private Value in Citizen Participation in E-governance: Evidence from a Government-Sponsored Green Commuting Platform", *Government Information Quarterly*, Vol. 36, No. 4.

Kalvet, T. et al. , 2018, "Cross-Border E-government Services in Europe: Expected Benefits, Barriers and Drivers of the Only-Only Principle", *European Governance*, Vol. 8, No. 3.

Kaur, P. et al. , 2018, "Why People Use Online Social Media Brand Communities: A Consumption Value Theory Perspective", *Online Information Review*, Vol. 42, No. 2.

Khalid, M. et al. , 2021, "An Empirical Examination of E-government Virtual Services: Mediating Role of Users' Perspective Usefulness", *Journal of Management and Research*, Vol. 8, No. 1.

Kim, M. et al. , 2015, "The Effects of Service Interactivity on the Satisfaction and the Loyalty of Smartphone Users", *Telematics and Informatics*, Vol. 32, No. 5.

Krimmer, R. et al. , 2017, "Exploring and Demonstrating the Once-Only Principle: A European Perspective", *Digital Governance*, Vol. 12, No. 3.

Kumar, R. et al. , 2021, "An Examination of the E-government Service Value Chain", *Information Technology & People*, Vol. 34, No. 3.

Kunstelj, M. et al. , 2009, "How to Fully Exploit the Results of E-government User Surveys: The Case of Slovenia", *International Review of Administration Sciences*, Vol. 75, No. 1.

Lankton, N. K. et al. , 2010, "Antecedents and Determinants of Information Technology Habit", *Information & Management*, Vol. 47, No. 6.

Lee, B. K. et al. , 2022, "The Effect of E-government Website Evaluation on User Satisfaction and Intention to Use: The Mediating Role of Warmth and Competence Judgment on Government", *Information, Communication & Society*, Vol. 15, No. 4.

Li, P. , H. Bathelt, 2021, "Spatial Knowledge Strategies: An Analysis of International Investments Using Fuzzy Set Qualitative Comparative Analysis (Fsqca)", *Economic Geography*, Vol. 97, No. 4.

Li, W. , L. Xue, 2021, "Analyzing the Critical Factors Influencing Post-Use Trust and Its Impact on Citizens' Continuous-Use Intention of E-government: Evidence from Chinese Municipalities", *Sustainability*, Vol. 13, No. 3.

Li, G. et al. , 2021, "Research on Key Influencing Factors of E-government Cloud Service Satisfaction", *Wireless Personal Communications*, Vol. 3, No. 4.

Ling, T. , 2010, "Delivering Joined-up Government in The Uk: Dimensions, Issues and Problems", *Public Administration*, Vol. 80, No. 4.

Lobato-Calleros, O. et al. , 2017, "Assessment of Satisfaction of Local Government as a Client of the Federal Government: Case Study of the Priority Zone Development Program", *Journal of Nonprofit & Public Sector Marketing*, Vol. 29, No. 2.

Maccallum, R. C. et al. , 1999, "Sample Size in Factor Analysis", *Psychological Methods*, Vol. 4, No. 1.

Mackinnon, D. P. et al. , 2007, "Distribution of the Product Confidence Limits for the Indirect Effect: Program Prodclin", *Behavior Research Methods*, Vol. 39, No. 3.

Magoutas, B. , G. Mentzas, 2010, "Salt: A Semantic Adaptive Framework for Monitoring Citizen Satisfaction From E-government Services", *Expert Systems with Applications*, Vol. 37, No. 1.

Mamun, M. R. A. et al. , 2020, "Emotional Satisfaction and Continuance Behavior: Reshaping the Expectation-Confirmation Model", *International Journal of Human-Computer Interaction*, Vol. 36, No. 5.

Mansoori, K. et al. , 2018, "Investigating Emirati Citizens' Adoption of E-government Services in Abu Dhabi Using Modified Utaut Model", *Information Technology & People*, Vol. 32, No. 1.

Marinković, V. et al. , 2020, "The Moderating Effects of Gender on Customer Satisfaction and Continuance Intention in Mobile Commerce: A Utaut-Based Perspective", *Technology Analysis & Strategic Management*, Vol. 32, No. 3.

Martono, S. et al., 2020, "Understanding the Employee's Intention to Use Information System: Technology Acceptance Model and Information System Success Model Approach", *Journal of Asian Finance, Economics and Business*, Vol. 7, No. 10.

Mellouli, M. et al., 2020, "E-government Success Assessment from a Public Value Perspective", *International Review of Public Administration*, Vol. 25, No. 3.

Mensah, I. K., 2018, "Citizens' Readiness to Adopt and Use E-government Services in the City of Harbin, China", *International Journal of Public Administration*, Vol. 41, No. 4.

Mensah, I. K., C. Luo, 2021, "Exploring Factors Determining Chinese College Students' Satisfaction With E-government Services: The Technology Acceptance Model (Tam) Approach", *Information Resources Management Journal*, Vol. 34, No. 3.

Mensah, I. K., J. N. Mi, 2017, "Citizens' Trust and E-government Services Adoption: The Role of Demographic Factors", *International Journal of Strategic Information Technology and Applications*, Vol. 8, No. 1.

Milakovich, M. E., 2012, *Digital Governance: New Technologies for Improving Public Service and Participation*, New York: Routledge.

Montagna, J. M., 2005, "A Framework for the Assessment and Analysis of Electronic Government Proposals", *Electronic Commerce Research and Applications*, Vol. 4, No. 3.

Moore, G. C., I. Benbasat, 1991, "Development of an Instrument to Measure the Perceptions of Adopting an Information Technology Innovation", *Information Systems Research*, Vol. 2, No. 3.

Morgeson, F. V. et al., 2011, "Misplaced Trust? Exploring the Structure of the E-government-Citizen Trust Relationship", *Journal of Public Administration Research and Theory*, Vol. 21, No. 1.

Morrison, T., M. Lane, 2005, "What 'Hole of Government' Means for Environmental Policy and Management: An Analysis of Connecting Government Initiative", *Australasian Journal of Environmental Management*, Vol. 12,

No. 1.

Nam, T., 2014, "Determining the Type of E-government Use", *Government Information Quarterly*, Vol. 31, No. 4.

Naranjo-Zolotov, M. et al., 2019, "Citizens' Intention to Use and Recommend E-participation. Drawing upon UTAUT and Citizen Empowerment", *Information Technology & People*, Vol. 32, No. 2.

Noor, M., 2022, "The Effect of E-service Quality on User Satisfaction and Loyalty in Accessing E-government Information", *International Journal of Data and Network Science*, Vol. 6, No. 1.

Nulhusna, R. et al., 2017, "The Relation of E-government Quality on Public Trust and Its Impact on Public Participation", *Transforming Government: People, Process and Policy*, Vol. 11, No. 3.

Nunnally, J. C., 1967, *Psychometric Theory*, New York: Mcgraw-Hill.

Oliveira, T. et al., 2016, "Mobile Payment: Understanding the Determinants of Customer Adoption and Intention to Recommend the Technology", *Computers in Human Behavior*, Vol. 61, No. 4.

Oliver, R. L., 1977, "Effect of Expectation and Disconfirmation on Postexposure Product Evaluations: An Alternative Interpretation", *Journal of Applied Psychology*, Vol. 62, No. 4.

Oni, A. A. et al., 2017, "Empirical Study of User Acceptance of Online Political Participation: Integrating Civic Voluntarism Model and Theory of Reasoned Action", *Government Information Quarterly*, Vol. 34, No. 2.

Orgeron, C. P., D. Goodman, 2011, "Evaluating Citizen Adoption and Satisfaction of E-government", *International Journal of Electronic Government Research*, Vol. 7, No. 3.

Osman, I. H. et al., 2014, "Cobra Framework to Evaluate E-government Services: A Citizen-Centric Perspective", *Government Information Quarterly*, Vol. 31, No. 2.

Pai, F., K. Huang, 2011, "Applying the Technology Acceptance Model to the Introduction of Healthcare Information Systems", *Technological Forecasting & Social Change*, Vol. 78, No. 6.

Papadomichelaki, X., G. Mentzas, 2012, "E-GovQual: A Multiple-Item Scale for Assessing E-government Service Quality", *Government Information Quarterly*, Vol. 29, No. 3.

Pappas, I. Q., A. G. Woodside, 2021, "Fuzzy-Set Qualitative Comparative Analysis (Fsqca): Guidelines for Research Practice in Information Systems and Marketing", *International Journal of Information Management*, Vol. 58, No. 1.

Parasuraman, A. et al., 1988, "Servqual: A Multiple-Item Scale for Measuring Customer Perceptions of Service Quality", *Journal of Retailing*, Vol. 64, No. 1.

Park, M. J. et al., 2015, "Trust in Government's Social Media Service can Citizen's Patronage Behavior", *Telematics and Informatics*, Vol. 32, No. 3.

Park, M, J. et al., 2014, "The Effect of Organizational Social Factors on Employee Performance and the Mediating Role of Knowledge Sharing: Focus on E-government Utilization in Mongolia", *Information Development*, Vol. 31, No. 1.

Peng, M. W., 2003, "Institutional Transitions and Strategic Choices", *The Academy of Management Review*, Vol. 28, No. 2.

Pignatiello, G. A. et al., 2020, "Decision Fatigue: A Conceptual Analysis", *Journal of Health Psychology*, Vol. 25, No. 1.

Pitt, L. F. et al., 1997, "Measuring Information Systems Service Quality: Concerns for a Complete Canvas", *MIS Quarterly*, Vol. 21, No. 2.

Podsakoff, P. M., D. W. Organ, 1986, "Self-Report in Organizational Research: Problems and Prospects", *Journal of Management*, Vol. 12, No. 4.

Pollit, C., 2003, "Joined-up Government: A Survey", *Political Studies Review*, Vol. 1, No. 1.

Ponsiglione, C. et al., 2018, "Configurations of Factors Affecting Triage Decision-Making: A Fuzzy-Set Qualitative Comparative Analysis", *Management Decision*, Vol. 56, No. 1.

Porumbescu, G. A., 2016, "Linking Public Sector Social Media And E-government Website Use to Trust in Government", *Government Information*

Quarterly, Vol. 33, No. 4.

Preacher, K. J., A. F. Hayes, 2004, "SPSS and SAS Procedures for Estimating Indirect Effects in Simple Mediation Model", *Behavior Research Methods, Instruments & Computers*, Vol. 36, No. 4.

Ragin, C. C., 2000, *Fuzzy-Set Social Science*, Chicago: University Of Chicago Press.

Ragin, C. C., P. C. Fiss, 2008, "Net Effects Analysis versus Configurational Analysis: An Empirical Demonstration", *Redesigning Social Inquiry: Fuzzy Sets And Beyond*, Vol. 240, No. 7.

Rahi, S. et al., 2019, "Integration of Utaut Model in Internet Banking Adoption Context", *Journal of Research in Interactive Marketing*, Vol. 13, No. 3.

Rasoolimanesh, S. M. et al., 2021, "The Combined Use of Symmetric and Asymmetric Approaches: Partial Least Squares-Structural Equation Modeling and Fuzzy-Set Qualitative Comparative Analysis", *International Journal of Contemporary Hospitality Management*, Vol. 33, No. 5.

Rawat, P., 2021, "A Policy Feedback and Socio-Technical Approach to E-participation (Pfstep): A Cross-National Analysis of Technology and Institutions to Explain E-participation", *Journal of Information Technology & Politics*, Vol. 18, No. 2.

Raza, S. A. et al., 2021, "Social Isolation and Acceptance of the Learning Management System (Lms) in the Time of Covid-19 Pandemic: An Expansion of the Utaut Model", *Journal of Educational Computing Research*, Vol. 59, No. 2.

Raza, S. A. et al., 2020, "Internet Banking Service Quality, E-customer Satisfaction and Loyalty: The Modified E-servqual Model", *The Tqm Journal*, Vol. 32, No. 6.

Roca, J. C. et al., 2006, "Understanding E-learning Continuance Intention: An Extension of Technology Acceptance Model", *International Journal of Human-Computer Studies*, Vol. 68, No. 6.

Rodrigues, G. et al., 2016, "Factors that Influence Consumer Adoption of E-government Services in the Uae: A UTAUT Model Perspective", *Journal of*

Internet Commerce, Vol. 15, No. 1.

Ruiz-Mafe, C. et al., 2018, "The Role of Emotions and Conflicting Online Review on Consumers' Purchase Intention", *Journal of Business Research*, Vol. 89, No. 2.

Sachan, A. et al., 2018, "Examining the Impact of E-government Service Process on User Satisfaction", *Journal of Global Operations and Strategic Sourcing*, Vol. 11, No. 3.

Saeed, K. A., S. Abdinnour-Helm, 2008, "Examining the Effects of Information System Characteristics and Perceived Usefulness on Post Adoption Usage of Information Systems", *Information & Management*, Vol. 45, No. 3.

Salim, M. et al., 2021, "The Role of Perceived Usefulness in Moderating the Relationship between the Delone and Mclean Model and User Satisfaction", *Uncertain Supply Chain Management*, Vol. 9, No. 2.

Santa, R. et al., 2019, "The Role of Trust in E-government Effectiveness, Operational Effectiveness and User Satisfaction: Lessons from Saudi Arabia in E-G2B", *Government Information Quarterly*, Vol. 36, No. 7.

Saxena, S., 2017, "Enhancing Ict Infrastructure in Public Services: Factors Influencing Mobile Government (M-Government) Adoption in India", *The Bottom Line*, Vol. 30, No. 4.

Schinka, K. C. et al., 2012, "Association between Loneliness and Suicidality during Middle Childhood and Adolescence: Longitudinal Effects and the Role of Demographic Characteristics", *The Journal of Psychology*, Vol. 146, No. 1.

Seddon, P. B., 1997, "A Respecification and Extension of the Delone and Mclean Model of is Success", *Information Systems Research*, Vol. 8, No. 3.

Seo, D., M. Bernsen, 2016, "Comparing Attitudes toward E-government of Non-Users versus Users in a Rural and Urban Municipality", *Government Information Quarterly*, Vol. 33, No. 7.

Serrano, C. I. et al., 2018, "Use of Expectation Disconfirmation Theory to Test Patient Satisfaction with Asynchronous Telemedicine for Diabetic Retinopathy Detection", *International Journal of Telemedicine and Applications*,

Vol. 8, No. 5.

Sharma, S. K. et al., 2018, "Mobile Applications in Government Service (Mg-App) from User's Perspectives: A Predictive Modelling Approach", *Government Information Quarterly*, Vol. 35, No. 4.

Shin, D., F. Biocca, 2017, "Explicating User Behavior toward Multi-Screen Adoption and Diffusion: User Experience in the Multi-Screen Media Ecology", *Internet Research*, Vol. 27, No. 2.

Shyu, S., J. Huang, 2011, "Elucidating Usage of E-government Learning: A Perspective of the Extended Technology Acceptance Model", *Government Information Quarterly*, Vol. 28, No. 1.

Sinha, S. et al., 2020, "Assessing Employers' Satisfaction with Indian Engineering Graduate Using Expectancy-Disconfirmation Theory", *International Journal of Manpower*, Vol. 41, No. 4.

Smith, M. R. et al., 2018, "Shaping a Valued Learning Journey: Student Satisfaction with Learning in Undergraduate Nursing Programs, a Grounded Theory Study", *Nurse Education Today*, Vol. 64, No. 2.

Song, T. et al., 2021, "Measuring Success of Patients' Continuance Use of Mobile Health Services for Self-Management of Chronic Conditions: Model Development and Validation", *Journal of Medical Internet Research*, Vol. 23, No. 7.

Soong, K. K. et al., 2020, "Factors Influencing Malaysian Small and Medium Enterprises Adoption of Electronic Government Procurement", *Journal of Public Procurement*, Vol. 20, No. 1.

Sorn-in, K. et al., 2015, "Factors Affecting the Development of E-government Using a Citizen-Centric Approach", *Journal of Science & Technology Policy Management*, Vol. 6, No. 3.

Strauss, A., J. M. Corbin, 1990, *Basics of Qualitative Research: Grounded Theory, Procedures, and Techniques*, Thousand Oaks: Sage Publications.

Suki, N., T. Ramayah, 2011, "Modelling Customer's Attitude towards E-government Services", *International Journal of Human and Social Science*, Vol. 6, No. 1.

Susanto, T. D., M. Aljoza, 2015, "Individual Acceptance of E-government Services in a Developing Country: Dimensions of Perceived Usefulness and Perceived Ease of Use and the Importance of Trust and Social Influence", *Procedia Computer Science*, Vol. 72, No. 1.

Tang, Z. et al., 2019, "The Effects of Social Media Use on Control of Corruption and Moderating Role of Cultural Tightness-Looseness", *Government Information Quarterly*, Vol. 36, No. 2.

Tang, G. J., F. Wang, 2022, "What Contributes to the Sustainability of Self-Organized Non-Profit Collaboration in Disaster Relief? A Fuzzy-Set Qualitative Comparative Analysis", *Public Management Review*, Vol. 24, No. 3.

Teng, C. I., 2018, "Look to the Future: Enhancing Online Gamer Loyalty from the Perspective of the Theory of Consumption Values", *Decision Support Systems*, Vol. 114, No. 8.

Tsai, G. Y. et al., 2017, "The Moderating Effect of Management Maturity on the Implementation of an Information Platform System", *Journal of Organizational Change Management*, Vol. 30, No. 7.

Tsai, L. L., Y. Xu, 2018, "Outspoken Insiders: Political Connections and Citizen Participation in Authoritarian China", *Political Behavior*, Vol. 40, No. 3.

Udo, G. J. et al., 2012, "Exploring the Role of Espoused Values on E-service Adoption: A Comparative Analysis of the US and Nigerian Users", *Computers in Human Behavior*, Vol. 28, No. 4.

Ullah, F. et al., 2021, "It's all about Perceptions: A Dematel Approach to Exploring User Perceptions of Real Estate Online Platforms", *Ain Shams Engineering Journal*, Vol. 12, No. 9.

Van Dyke, T. P. et al., 1997, "Measuring Information Systems Service Quality: Concerns on the Use of the Servqual Questionnaire", *MIS Quarterly*, Vol. 21, No. 2.

Venkatesh, V. et al., 2003, "User Acceptance of Information Technology: Toward a Unified View", *MIS Quarterly*, Vol. 27, No. 3.

Venkatesh, V. et al., 2012, "Consumer Acceptance and Use of Information

Technology: Extending the Unified Theory of Acceptance and Use of Technology", *MIS Quarterly*, Vol. 36, No. 1.

Venkatesh, V. et al., 2016, "Managing Citizens' Uncertainty in E-government Services: The Mediating and Moderating Roles of Transparency and Trust", *Information Systems Research*, Vol. 27, No. 1.

Verdegem, P., G. Verleye, 2009, "User-Centered E-government in Practice: A Comprehensive Model for Measuring User Satisfaction", *Government Information Quarterly*, Vol. 26, No. 3.

Wang, W., C. Wang, 2009, "An Empirical Study of Instructor Adoption of Web-Based Learning Systems", *Computers & Education*, Vol. 53, No. 4.

Wang, X. et al., 2021, "Configurational Differences of National Innovation Capability: A Fuzzy Set Qualitative Comparative Analysis Approach", *Technology Analysis & Strategic Management*, Vol. 33, No. 6.

Weaver, S., 1963, *Mathematical Theory of Communication*, New York: University Lllinois Press.

Weerakkody, V. et al., 2016, "Are U. K. Citizens Satisfied with E-government Services? Identifying and Testing Antecedents of Satisfaction", *Information Systems Management*, Vol. 33, No. 4.

Weiner, E., 1999, "The Meaning of Education for University Students with a Psychiatric Disability: A Grounded Theory Analysis", *Psychiatric Rehabilitation Journal*, Vol. 22, No. 4.

Werner, O., D. T. Campbell, 1970, *Handbook Cultural Anthropol*, New York: American Museum of Natural History.

Wimmer, M. A. et al., 2017, "Once only Principle: Benefits, Barriers and Next Steps", *Digital Governance*, Vol. 3, No. 4.

Wixom, B. H., P. A. Todd, 2005, "A Theoretical Integration of User Satisfaction and Technology Acceptance", *Information Systems Research*, Vol. 16, No. 1.

Woodside, A. G., 2013, "Moving beyond Multiple Regression Analysis to Algorithms: Calling for Adoption of a Paradigm Shift from Symmetric to Asymmetric Thinking in Data Analysis and Crafting Theory", *Journal of Business*

Research, Vol. 66, No. 4.

Xu, F., J. Du, 2018, "Factors Influencing Users' Satisfaction and Loyalty to Digital Libraries in Chinese Universities", *Computers in Human Behavior*, Vol. 83, No. 3.

Yang, H. et al., 2016, "User Acceptance of Wearable Devices: An Extended Perspective of Perceived Value", *Telematics and Informatics*, Vol. 33, No. 2.

Yap, C. S. et al., 2021, "Continuous Use and Extended Use of E-government Portals in Malaysia", *International Journal of Public Administration*, Vol. 44, No. 15.

Yeo, B. L. et al., 2016, "A Study of Malaysian Customers Purchase Motivation of Halal Cosmetics Retail Products: Examining Theory of Consumption Value and Customer Satisfaction", *Procedia Economics and Finance*, Vol. 37, No. 1.

Yilmaz, V. et al., 2021, "Measuring Service Quality of the Light Rail Public Transportation: A Case Study on Eskisehir in Turkey", *Case Studies on Transport Policy*, Vol. 9, No. 8.

Yoon, C., 2010, "Antecedents of Customer Satisfaction with Online Banking in China: The Effects of Experience", *Computers in Human Behavior*, Vol. 26, No. 4.

Yousaf, A. et al., 2021, "'From Technology Adoption to Consumption': Effect of Pre-Adoption Expectations from Fitness Applications on Usage Satisfaction, Continual Usage, and Health Satisfaction", *Journal of Retailing and Consumer Services*, Vol. 62, No. 4.

Yu, M. et al., 2020, "Unravelling the Relationship between Response Time and User Experience in Mobile Applications", *Internet Research*, Vol. 30, No. 5.

Zhang, N. et al., 2009, "Impact of Perceived Fit on E-government User Evaluation: A Study with a Chinese Cultural Context", *Journal of Global Information Management*, Vol. 17, No. 1.

Zhang, C. et al., 2019, "Evaluating Passenger Satisfaction Index based on Pls-Sem Model: Evidence from Chinese Public Transport Service", *Trans-

portation Research Part A, Vol. 120, No. 29.

Zhang, B. H., Y. H. Zhu, 2021, "Comparing Attitudes towards Adoption of E-government between Urban Users and Rural Users: An Empirical Study in Chongqing Municipality, China", *Behaviour & Information Technology*, Vol. 40, No. 11.

Zhao, X. et al., 2010, "Reconsidering Baron and Kenny: Myths and Truths about Mediation Analysis", *Journal of Consumer Research*, Vol. 37, No. 2.

Zhao, F. et al., 2014, "Effects of National Culture on E-government Diffusion: A Global Study of 55 Countries", *Information & Management*, Vol. 51, No. 7.

Zhu, Y. H., G. T. Kou, 2019, "Linking Smart Governance to Future Generation: A Study on the Use of Local E-government Service among Undergraduate Students in a Chinese Municipality", *Informatics*, Vol. 6, No. 45.

Zhu, Y. H. et al., 2023, "Does Gender Really Matter? Exploring Determinants behind Consumers' Intention to Use Contactless Fitness Services during the Covid-19 Pandemic: A Focus on Health and Fitness Apps", *Internet Research*, Vol. 33, No. 1.

Zhu, Y. H. et al., 2022, "It is Me, Chatbot: Working to Address the Covid-19 Outbreak-Related Mental Health Issues in China: User Experience, Satisfaction, and Influencing Factors", *International Journal of Human-Computer Interaction*, Vol. 38, No. 12.

Zuiderwijk, A. et al., 2015, "Acceptance and Use Predictors of Open Data Technologies: Drawing upon the Unified Theory of Acceptance and Use of Technology", *Government Information Quarterly*, Vol. 32, No. 9.

附 录

扎根分析访谈提纲

访谈主题	主要问题
对于采访人口的信息统计方面	(1) 请问您多大了？(2) 请问您的受教育程度是什么？(3) 请问您的户籍是在哪里？(4) 请问您在川渝地区住了多久？(5) 请问您大概用过多少次"川渝通办"服务？(6) 请问您都使用过哪些类型的"川渝通办"服务（比如社会保障、交通出行、户籍办理等）？
对"跨省通办"服务认知方面	(1) 您觉得从您的角度出发，"跨省通办"服务应该是什么样的服务？或者说它应该包含些什么？(2) 能否谈谈您对"跨省通办"的理解？
对"跨省通办"服务满意度现状方面	(1) 作为在成渝两地工作生活的老百姓，您对"川渝通办专区"的服务满意吗？如果满意，您对具体哪一方面或者哪些方面感到满意？如果不满意，您又是具体对哪一方面或者哪些方面感到不满意？(2) 能否请您列举一些最让您满意和最让您不满意的地方？
对"跨省通办"服务满意度形成机理方面	(1) 您对"川渝通办专区"的服务感到满意或者不满意的评判标准是什么？(2) 您觉得哪些方面能影响您对"川渝通办专区"服务的满意度评价？为什么是这些方面？(3) 您觉得未来在"川渝通办专区"服务的发展上还需要在哪些地方下功夫，政府应该怎么做才能提升您的满意度？(4) 能否结合您自身的办理经历说说您的想法或感受？
其他方面	(1) 能谈谈您在办理"川渝通办"过程中和政府打交道的一些感受吗？(2) 您对于我们国家的"跨省通办"服务发展有什么需求，想得到哪些方面的帮助？(3) 您对于"川渝通办"或者我们国家的"跨省通办"服务建设还有什么其他建议吗？

政务服务"跨省通办"满意度形成机理调查问卷

尊敬的女士/先生：

您好！本项调查旨在研究政务服务"跨省通办"满意度的形成。本次调查的"跨省通办"平台为"川渝通办"平台，调查仅用于学术研究目的，采用匿名制回答，您的信息将会被严格保密，调查题项的答案没有对错之分，请根据您的实际情况作答。整个调查会占用您 10 分钟左右的时间。科研不易，由衷感谢您的支持与配合！祝您生活顺心，阖家幸福！

一 调查前的两个问题：

请回答下面两题，如果其中任意一题选择"否"，本次调查将会提前结束，感谢您的支持与配合！

1. 请问您使用过"川渝通办"服务吗？

A. 是　　　　　　　　B. 否

2. 请问在使用"川渝通办"的过程中，您有碰到过问题并寻求工作人员帮助的经历吗？

A. 是　　　　　　　　B. 否

二 人口信息统计

1. 请问您的性别是

A. 男　　　　　　　　B. 女

2. 请问您的年龄是

A. 20 岁以下　　　　　B. 20—30 岁

C. 31—40 岁　　　　　D. 41—50 岁

E. 50 岁以上

3. 请问您的受教育程度是

A. 小学及以下　　　　B. 初中

C. 高中　　　　　　　D. 专科

E. 本科　　　　　　　F. 硕士及以上

4. 请问您的政治面貌是

A. 党员 B. 团员

C. 民主党派 D. 群众

5. 请问您的户籍是

A. 四川城镇户口 B. 重庆城镇户口

C. 四川农村户口 D. 重庆农村户口

E. 川渝以外省市城镇户口 F. 川渝以外省市农村户口

6. 请问您的年收入是

A. 50000 元以下 B. 50000—100000 元

C. 100001—300000 元 D. 300001—500000 元

E. 500000 元以上

7. 请问您在川渝地区居住多久了

A. 1 年以内 B. 1—3 年

C. 4—10 年 D. 10 年以上

8. 请问您使用过多少次"川渝通办"服务

A. 不到 5 次 B. 5—10 次

C. 10 次以上

9. 请问您都使用过哪些类别的"川渝通办"服务（可多选）

A. 社会保障 B. 交通出行

C. 就业创业 D. 户籍办理

E. 设立变更 F. 司法公正

G. 其他服务

三 "川渝通办"满意度相关调查

本部分是针对"川渝通办"满意度的调查，请仔细阅读每道题目，根据您的真实评价，选择 1—5 中您认为最合适的数字。数字代表您对问题的认可与评价程度："1"表示非常不同意、"2"表示比较不同意、"3"表示感觉一般、"4"表示比较同意、"5"表示非常同意。如果您认为某道题目您无法回答，请您跳过该题目，继续回答其他题目。感谢您！

编号	题项	非常不同意→非常同意				
1	"川渝通办"提供的业务办理精确而细致	1	2	3	4	5
2	"川渝通办"的业务办理在跨部门、跨区域、跨层级的联动协同上做得很好	1	2	3	4	5
3	"川渝通办"提供的业务办理能够准时办结	1	2	3	4	5
4	不同办理地点对"川渝通办"提交材料的要求（如数量、种类、格式等）是相同的	1	2	3	4	5
5	不同办理地点对"川渝通办"办理过程的规定（如步骤、时间、赴现场次数等）是相同的	1	2	3	4	5
6	我认为"川渝通办"业务事项的种类数量与覆盖面已经足够了	1	2	3	4	5
7	"川渝通办"提供的信息内容（如文字信息、附件材料等）能及时更新，具有时效性	1	2	3	4	5
8	"川渝通办"提供的信息内容读起来通顺易懂	1	2	3	4	5
9	"川渝通办"提供的信息内容在字体、排版、色彩等方面具有美观性	1	2	3	4	5
10	"川渝通办"提供的信息内容准确、无遗漏	1	2	3	4	5
11	我感觉"川渝通办"的系统程序会经常更新	1	2	3	4	5
12	"川渝通办"的系统程序能兼容多种程序（如苹果、安卓等）及多种使用渠道（如网页、手机App等）	1	2	3	4	5
13	"川渝通办"系统程序的速度（下载速度、加载速度）流畅而快速	1	2	3	4	5
14	"川渝通办"的系统程序具有稳定性，少有卡顿、闪退等情况	1	2	3	4	5
15	"川渝通办"办理过程中，工作人员能做出迅速、积极且充分的回应	1	2	3	4	5
16	"川渝通办"办理过程中，工作人员态度友好且负责	1	2	3	4	5
17	"川渝通办"办理过程中，工作人员拥有专业的知识	1	2	3	4	5
18	"川渝通办"办理过程中，工作人员拥有良好的沟通技巧	1	2	3	4	5
19	"川渝通办"的操作简捷流畅	1	2	3	4	5
20	"川渝通办"的操作容易让人学会	1	2	3	4	5
21	"川渝通办"提供了准确多样的操作引导	1	2	3	4	5
22	"川渝通办"提供了明显的针对老年、残障等群体的操作辅助模式	1	2	3	4	5

续表

编号	题项	非常不同意→非常同意
23	政务服务大厅为"川渝通办"的使用提供了充足、良好的公共设备	1　2　3　4　5
24	我拥有充足、良好的私人设备来使用"川渝通办"	1　2　3　4　5
25	政务服务大厅的其他空间环境（如灯光、座椅、电梯、绿植、停车场等）条件良好	1　2　3　4　5
26	"川渝通办"的使用设施在布局上具有泛在性，我随时随地都可以使用	1　2　3　4　5
27	我认为国家对于网络隐私安全方面的立法与司法状况成熟而完备	1　2　3　4　5
28	通过国家普法，我了解了网络隐私安全方面的立法与司法知识	1　2　3　4　5
29	我相信"川渝通办"对于网络隐私安全的技术防护水平与技术投入	1　2　3　4　5
30	我感觉"川渝通办"会经常通过不同的渠道收集我的个人信息	1　2　3　4　5
31	我感觉"川渝通办"对数据的利用不规范，我的数据被泄露了	1　2　3　4　5
32	我感觉"川渝通办"具有权威性，值得依赖	1　2　3　4　5
33	我感觉"川渝通办"公正可靠	1　2　3　4　5
34	"川渝通办"提高了我的办事效率	1　2　3　4　5
35	"川渝通办"使业务事项的办理变得更加便利	1　2　3　4　5
36	办理"川渝通办"过程中我受到充分的尊重	1　2　3　4　5
37	办理"川渝通办"满足了我的好奇心	1　2　3　4　5
38	"川渝通办"服务让我感到轻松和愉快	1　2　3　4　5
39	我了解"川渝通办"相关的大政方针	1　2　3　4　5
40	我了解"川渝通办"办理实施的具体规定	1　2　3　4　5
41	我支持现有"川渝通办"的相关政策	1　2　3　4　5
42	我认可"川渝通办"的政策前景	1　2　3　4　5
43	"川渝通办"是负责、廉洁的服务，对此我感到满意	1　2　3　4　5
44	"川渝通办"是能开诚布公、说到做到的服务，对此我感到满意	1　2　3　4　5
45	和我希望中的服务相比，我对现在的"川渝通办"感到满意	1　2　3　4　5
46	和我理想中的服务相比，我对现在的"川渝通办"感到满意	1　2　3　4　5

后 记

  本书在我的博士学位论文基础上完善而成，主要做出以下几点调整：一是在篇章结构上，本书将"量表设计与开发"单独作为一个章节呈现，以突出量表开发的系统过程；二是本书在行文过程中对各章节的部分图表及文字进行了删减与修改，使得各章节联系更加紧密。

  从博士研究生学习开始，我就一直致力于数字社会治理方面的研究。这既是时代浪潮所驱使，也是自身兴趣使然。我的第一篇文章是在一本SSCI期刊上发表，在接到录用通知时我无比兴奋，以至于将自己的手机摔坏。我有时在想，或许做研究就是如此一种光景，绝大多数时间都是寂寥乃至孤独的，只有少数时候可以开怀大笑。我知道，学术研究是一项需要长期投入的事业，而现在的我也只能算是刚刚启程。

  "跨省通办"是一项利国利民的好工程，对于凝聚各地区人民，优化营商环境，以及造福老百姓具有重要的作用。于是，我根据正在如火如荼建设的成渝地区双城经济圈进行了如此选题，以期为"跨省通办"发展贡献绵薄之力。非常感谢周振超及邹东升两位院长能够提供这样一个宝贵的机会，让本书能够撰写完成。希望未来有更多关于"跨省通办"的研究，也希望"跨省通办"能够建设得越来越好。

  此外，我想在此感谢张邦辉老师，作为我的导师，他一直不厌其烦地为我答疑解惑；以及我还想感谢王睿老师，是他的引荐让我得以开始学术生涯，而如今我们已成为亦师亦友的伙伴。本书的完成还要感谢重庆市高新区和成都市高新区的大力支持，以及董金昊老师的协助，也非常感谢中国社会科学出版社喻苗老师和周佳老师的悉心指导。

道阻且长，对于本书的不足之处，我愿意衷心听取大家的意见，并在未来的道路上砥砺前行。

最后，感谢所有在人生中帮助、包容过我的亲人、老师、朋友们。

朱永涵

2024 年 2 月 21 日于重庆